国家一流专业建设项目

重庆市智能金融研究生导师团队

重庆市金融科技与科技金融协同创新研究团队

重庆市重点基地研究项目重庆金融科技与科技金融协同创新研究项目

重庆市研究生教改重点数字化转型驱动金融硕士数据素养提升的人才培养模式研究

共同资助支持

Research on Innovation of
High Risk Management Mechanism in

VENTURE
CAPITAL

创业投资的高风险
管理机制创新研究

靳景玉　郑开焰　秦曾　廉然　◎著

中国财经出版传媒集团
经济科学出版社
Economic Science Press
·北京·

图书在版编目（CIP）数据

创业投资的高风险管理机制创新研究/靳景玉等著
. －－北京：经济科学出版社，2025.3
ISBN 978 - 7 - 5218 - 5715 - 3

Ⅰ.①创…　Ⅱ.①靳…　Ⅲ.①创业投资 - 风险管理 -
研究 - 中国　Ⅳ.①F832.48

中国国家版本馆 CIP 数据核字（2024）第 060574 号

责任编辑：刘　莎
责任校对：刘　昕
责任印制：邱　天

创业投资的高风险管理机制创新研究
CHUANGYE TOUZI DE GAOFENGXIAN GUANLI JIZHI CHUANGXIN YANJIU
靳景玉　郑开焰　秦　曾　廉　然　著
经济科学出版社出版、发行　新华书店经销
社址：北京市海淀区阜成路甲 28 号　邮编：100142
总编部电话：010 - 88191217　发行部电话：010 - 88191522
网址：www. esp. com. cn
电子邮箱：esp@ esp. com. cn
天猫网店：经济科学出版社旗舰店
网址：http：//jjkxcbs. tmall. com
固安华明印业有限公司印装
710 ×1000　16 开　26 印张　420000 字
2025 年 3 月第 1 版　2025 年 3 月第 1 次印刷
ISBN 978 - 7 - 5218 - 5715 - 3　定价：129.00 元
（图书出现印装问题，本社负责调换。电话：010 - 88191545）
（版权所有　侵权必究　打击盗版　举报热线：010 - 88191661
QQ：2242791300　营销中心电话：010 - 88191537
电子邮箱：dbts@ esp. com. cn）

序

国民经济快速健康发展越来越依赖科技创新及创新成果产业化的强力推动，科技创新及创新成果快速成规模的产业化则依靠创新金融工具，即创业投资的强力注入与助推。因此，科技创新与金融创新是推动经济增长的两股重要力量。我国"十四五"规划也明确提出贯彻新发展理念，"坚持创新在我国现代化建设全局中的核心地位，把科技自立自强作为国家发展的战略支撑"。科技创新及创新成果产业化，通常对融资需求，即创业投资巨大且充满风险。

创业投资或称风险投资，是将资金投向刚刚起步或还没有起步的高新技术企业或项目，旨在通过高新技术产品的产业化过程赚取高额利润的投资方式与过程；也是为国民经济增长提供强大动力，促进科技创新和科技成果转化，完善产业结构、培育企业竞争力，提高社会资源配置与利用效率等金融制度、金融政策与金融服务的系统性、创新性金融工具，是向科学与技术创新活动提供融资资源的政府、企业、市场、社会中介机构等各种主体及其在科技创新融资过程中的行为活动共同组成的一个体系，还是国家科技创新体系和金融体系的重要组成部分。

与一般非风投项目相比，创业投资普遍具有高投入、高风险、高收益等特征，因此在创业投资过程中会产生许多非风投项目所没有的重大风险因素。这些风险因素使创业投资者在进行创业投资的项目决策时，必须深入探讨项目实施风险的来源、构成，估计风险事故发生的概率及对投资者可能造成的损失，以判断其是否具有投资价值。这些也就构成了本书研究主题：创业投资高风险管理机制创新研究。因而，本书将在创业投资的高风险管理分析、投资组合理论及其应用、组合投资的经济学和管理学分析、创业投资的组合管理、创业投资的地域组合投资机制、创业投资的行业组合投资机制、创业投资的阶段组合投资机制、创业投资的工具组合投资机制、组合投资的组合设计等方面进行创业投资高风险管理机制创新研究。

通过研究我们将发现，创业投资即风险投资，可以通过对科技创业企业股权投资等方式，对战略性新兴科技创新产业的发展起着非常重要的推动作用。同时，它在资本市场的运作存在不确定性强、投资风险高的特征，需要通过有效的风险管理机制来管控或降低整个创业投资风险，提升投资效率和投资收益。研究结果表明，在智能金融、区块链、大数据环境下，组合投资和联合投资在创业投资中的应用将在很大程度上降低创业投资的运作风险。

首先，本书采用精准案例分析法对全国创业投资案例进行详尽研究，对创业投资行业的发展起着导向作用，而本研究探索创业投资高风险管理机制，丰富了创业投资理论内容。其次，本书从创业投资项目筛选的头部企业机制开始，到投资中的组合投资机制与联合投资机制，也将丰富创业投资的组合投资与联合投资理论。最后，本书将组合投资与联合投资相结合，为解决创业投资项目降低风险起到了重要作用。

本书由靳景玉进行统筹、审定和总撰稿。本书各章节具体分工为：第 1 章由郑开焰、刘芯妤、田宜承担，第 2 章由靳景玉、王新宇、唐浩文承担，第 3 章由靳景玉、杜丽梦、邓岚译承担，第 4 章由靳景玉、靳程、王永祥承担，第 5 章由郑开焰、罗康力、鲜雨彤承担，第 6 章由郑开焰、彭宇、鲜雨彤承担，第 7 章由廉然、刘婷婷、苏苗承担，第 8 章由廉然、周文雯、苏苗承担，第 9 章由廉然、陈毕星、何静承担，第 10 章由廉然、伍承领、黄梼承担，第 11 章由秦曾、彭灵基、罗莹莹承担，第 12 章由郑开焰、杨敏、罗莹莹承担，第 13 章由靳景玉、戴欢欢、邓银承担，第 14 章由秦曾、陶虹宇、何青峰承担，第 15 章由秦曾、陈析伽、齐应昌承担，第 16 章由秦曾、周澳、何青峰承担。

　　作为一本专著，我们的工作到此就告一段落，但作为对创业投资研究的探索者，我们的工作才刚刚开始。我们将以更加努力的工作来回报所有的老师、同学、朋友和同事的帮助和鼓励，回报所有对我们关爱的人，包括本书中所提到的和没有提到的相关研究领域的前辈。

　　本书得以出版并不意味着研究工作的结束。在本书定稿时，我们仍然感觉到许多问题尚未得以深入讨论，需要今后进一步研究。书中肯定还有不少缺点和不足，恳请学术界同行和广大读者给予指正和批评，不吝赐教。在参考文献中，限于篇幅，未能列出论文部分，还望同仁给予谅解。

靳景玉

2025 年 3 月

前言 Preface

    我国"十四五"规划提出贯彻新发展理念，"坚持创新在我国现代化建设全局中的核心地位，把科技自立自强作为国家发展的战略支撑"。现代化建设事业已日益依赖科技创新、科技自立及创新成果成规模产业化的强力推动，而科技创新及创新成果成规模的产业化则依靠创新金融工具，即创业投资的强力注入与助推，可见科技创新与金融创新是推动"十四五"规划顺利实施的两股重要力量。创业投资或称风险投资，是促进科技创新和科技成果转化，提高社会资源配置与利用效率的金融工具、金融制度、金融政策与金融服务的系统性、创新性安排，是国家科技创新体系和金融体系的重要组成部分。同时，创业投资的对象，即科技创新企业、科技创新项目等，都具有诸多不确定性，因而给创业投资带来较大风险。因此，针对创业投资的风险管理机制的研究具有较强的现实性。本书正是基于创业投资风险管理机制的创新研究，探讨创业投资风险产生的根源，研究解决对策和途径，具有较高的现实意义。

    本书就创业投资高风险管理机制的创新研究发现，创新与完善创业投资风险管理机制有助于管控或降低整个投资过程的风险，有效提高创业投资收益。研究发现，在智能金融、区块链、大数据环境下，组合投资和联合投资在创业投资中的应用均可在很大程度上降低创业投资风险。本书针对创业投资高风险管理机制的研究涉及的内容有高风险管理分析、投资组合理论及其应用、组合投资的经济学和管理学分析、创业投资的组合管理、创业投资的地域组合投资机制、创业投资的行业组合投资机制、创业投资的阶段组合投资机制、创业投资的工具组合投资机制、组合投资的组合设计等。通过针对创业投资风险管理机制的创新性研究，本书在完善创业投资乃至科技金融的风险管理机制的理论研究方面作出了重要贡献。

目 录
Contents

第1章 绪 论

1.1 创业投资的高风险管理研究背景与意义

1.1.1 创业投资的高风险研究背景

创业投资又称风险投资，是指为了获取高额利润，通过高新技术产品的生产经营，将资金投入处于发展初期或尚未发展起来的高科技公司或计划中。相对于普通投资而言，创业投资具有投资高、风险高、回报高的特点，具有明显的阶段性特征和时效性。正是由于其自身的特殊性，使得在进行创业投资时往往会产生很多不属于传统项目的风险因素。投资人在进行投资决策时，除对其进行一般的投资可行性研究之外，还应对其中新的各种危险因素进行详细的探讨。通过对风险事件的发生概率以及对投资者的潜在损失进行评价，量化风险的大小，从而对各种方案进行对比和筛选，以便确定投资价值。

同时，在创业投资领域，高回报与高风险是密不可分的。在投资者能够承受的风险水平下，投资者希望寻求尽可能高的回报，或将某一回报的风险降至最低，因此要选出一组最优的项目组合作为投资方案。投资计划的质量直接影响到投资的成败，这就需要在选择之前进行科学的评估和决策。一个好的投资计划可以在低风险的情况下获得预期的收益，而一个坏的计划通常具有高风险和收益波动。此外，由于项目之间存在一定的相关性，可以通过组合项目来补偿彼此的风险，从而降低投资组合的整体风险。

创业投资的高风险性主要是由创业投资对象的高风险性所决定的。首先，从企业的生命周期来看，创业投资的对象往往是处于种子期、初创期、成长期的创业企业，处于创业期的创业企业，其产品、技术、工艺还很不成熟，也没有得到市场的完全检验。高科技和新兴服务企业的创新性是因创业企业资产的特殊结构所造成的，这也意味着技术的不成熟、营销策略和市场前景的不确定。在发展初期的创业企业，其资产具有高度的无形性，包括创业企业家的商业秘密、技术秘密以及专利权等知识产权在内的被称为核心资产。创业投资者依赖于无形资产而对创业企业进行投资，不得不面对项目停滞的风险。尽管创业投资者对项目和企业的选择具有丰富的经验，在作出创业投资决策之前也会经过严格的尽职调查程序，但事实证明，并不是每一个创业投资项目都能获得预期的成功。例如，大部分科技创新企业的成功率只有20%～30%。因此，创业投资机构的投资应承担较大的风险。其次，从创业投资机构的资本投入产出周期来看，创业投资者主要投资于非上市股权，因此流动性低，投入产出周期长。创业投资者的资金往往是在企业成立之初投入的。他们一般要等很长时间，直到科技创新成功，企业上市。在此期间，可能需要不断注入新的资金。投资期限长，导致创业投资资金面临不可测的因素增加，不确定性的风险增加。再次，不同于大型成熟企业，创业企业只有较少的实物资产可以用作投资担保，而如果创业企业尚未建立良好的声誉，也会使投资具有更大的风险，因为缺乏可靠的运营历史和声誉可能导致投资者对企业的价值和前景产生怀疑，因此很难获得融资。创业资本家面临的挑战并不仅仅是融资的困难，风险资本的投入也可能导致股权和控制权的稀释，当创业企业无法通过其他融资渠道获得资金时，创业家通常会转向风险资本。这就意味着，创业企业几乎不会剩下未设定担保的资产。一旦由于泄密、商业化难度加大、增长减缓、项目前景不被市场看好等原因导致创业企业的无形资产价值被降低，创业企业就可能破产，随之一起付诸东流的就是之前的创业投资。最后，从企业的控制权限角度来看，创业投资者在资金投入之后，通常并不直接控制企业的决策权，也不参与企业的日常经营管理工作。创业投资机构对融资企业的把控是比较宽松的。融资企业的实际决策权利控制在实际控制人，即融资企业的大股东手中。因此，创业投资机构获得投资收益面临着诸多不确定因素，也是创业投资机构高风险的一个重要原因。

美国作为创业投资的发源地，培育了一批世界级的高科技企业，如IBM、英特尔、苹果、网景、雅虎、微软等。近年来，我国已经取得了以创业投资作为技术创新的政策工具的一些实质性进展，但与发达国家创业投资相比，还处于起步阶段，还有许多现实问题需要解决。其中，组合投资作为一种重要的微观机制，至今尚未得到很好的完善。本书对这些问题进行研究，希望通过深入探讨，构建一个系统的证券组合投资理论框架，通过这个框架，读者可以深入理解证券投资的基本原理和方法，并掌握有效的投资策略；鉴于我国创业投资资源的稀缺性和有限性，本书致力于提供有效的方法和思路，以节约和优化创业投资资源的利用；研究优化投资公司的投资战略，以提高投资效益和降低风险。通过科学的投资分析、风险管理和战略规划，投资公司可以更好地适应市场变化，实现长期的投资成功，使我国创业投资业健康快速地发展，加快国家经济的跨越式发展。

1.1.2　创业投资的高风险研究意义

在经济全球化的新形势下，创业投资受到了越来越多的重视，同时也对我国的经济发展起到了重要的促进作用，推动了我国市场经济的可持续发展。因此，要完善我国的市场经济体制，降低创业投资风险、全面了解创业投资的风险管理很有必要。

为使高风险分散，创业投资应该在不同的地区、行业、企业和项目上进行投资，而不应该只在一个行业、企业或项目上进行投资，这样才能保证成功项目的收入可以补偿失败项目的成本。在同一时间或连续对多个项目进行投资，这种方法被称为"组合投资"，即通过一些成功的项目所得到的高收益来补偿其他项目的亏损，而高技术领域的创新技术和高风险产品是创业投资的主要方向。创业投资公司在项目选择、资本投资、经营管理等方面都能有效地分散风险，使得投资公司在投资回报上处于相对平稳的发展阶段，从而有效地减少了投资风险。一般而言，在创业投资中，能够让投资者获得巨额利润的，往往就是在投资项目的七成亏损之后所剩下的三成。

创业投资公司在微观层面上扮演着创业投资的主要角色。为了实现预期收益，创业投资公司必须通过投资组合来规避风险，以确保投资回报符合预期。因此，确定最佳投资组合的方法成为创业投资公司成功的关键。最优投资组合需要考虑多个因素，包括投资组合中不同资产之间的相关性、预期回报率以及风险水平。通过采用合适的方法来确定投资组合，可以将组合的风险降到最低，并在给定的风险水平下实现最大化的投资收益，或者以预期收益率为目标最大化组合的收益，提高组合投资的成功概率。

从宏观上看，创业投资被视为知识和高新技术成果市场化和产业化的重要途径，被誉为推动新经济增长的引擎。创业投资在连接科技创新和实际应用之间架起了桥梁。它提供资金、资源和专业知识等支持，为科技初创企业和创新项目提供生态系统，帮助其将科技成果转化为市场可行的产品或服务。通过投资并培育这些创新公司，创业投资为科技成果的商业化和产业化提供了重要的动力和支持。它不仅提供了资本支持，还能够带来战略指导、市场渠道的开拓以及业务合作的机会，从而推动高科技成果向生产力的转变。

创业投资不仅关注科技成果的商业化，还重视人才的引进和培养。

它吸引并扶持具有创新能力和创业精神的人才，为他们提供资源和支持，使他们能够将科技知识和创新思维转化为创业实践，并通过创新创业活动推动经济增长和社会进步。

因此，创业投资在推动科技成果转化为生产力方面具有不可替代的作用。它促进了科技创新与市场需求的对接，加速了科技成果的应用和推广，推动了经济发展和社会进步。

1.2 创业投资高风险管理文献综述

1.2.1 创业投资文献计量分析

一个研究领域的宏观状态可以通过文献发布数量来反映。研究发展的总体趋势可以通过文献年代分布揭示。如图 1－1 所示，关于创业投资的研究从未停止。随着科教兴国战略的实施，以及中共中央、国务院《关于加强技术创新，发展高科技，实现产业化的决定》的提出，我国2000～2008 年创业投资一直处于稳步上升趋势，关于创业投资的发展研究也相应稳步上升。2008 年，随着美国次贷危机逐步加深，世界各国经济增长速度有所放缓，各国股市持续下跌，创业投资业的发展也受到了一定的影响。同年，我国《关于创业投资引导基金规范设立与运作的指导意见》的出台以及各项政策的推动，使我国创业投资行业仍保持了良好的发展态势，但投资趋于谨慎。2014 年 9 月，时任总理李克强在夏季达沃斯论坛上发表了关于"大众创业、万众创新"的演讲。2015 年，政府工作报告中提出，"推动大众创业、万众创新。这既可以扩大就业、增加居民收入，又有利于促进社会纵向流动和公平正义"。在此背景下，2014～2015 年实现了投资增长。

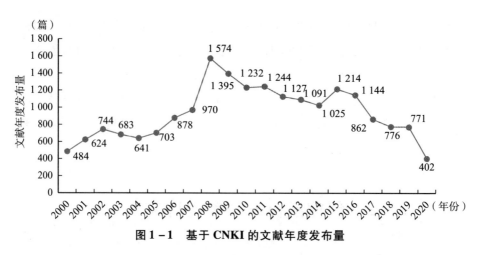

图1-1　基于 CNKI 的文献年度发布量

通过检索中国知网（CNKI）数据库的 500 篇文献，对创业投资的发展研究用 VOSviewer 软件进行可视化分析（见图 1-2）。我们常用高频关键词来分析某学科领域中的研究热点，从图 1-2 可看出，每一个圆圈的大小代表该关键词的权重，两个圆圈间的直接距离表示两个圆圈之间的亲缘性，如果亲缘性越强则距离越短，亲缘性越弱则距离越远。圆圈的颜色代表了各自的簇类。在创业投资发展研究中，"创业投资""科技金融""技术创新""风险管理"等词在关键词共现分析中高频出现，累计 108 次，揭示了技术创新与风险管理是创业投资的研究热点之一。

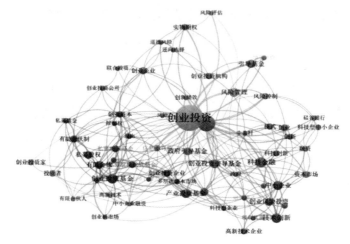

图1-2　创业投资发展研究文献关键词共现分析

1.2.2　风险管理文献综述

1. 风险管理理论

风险管理是为了实现人类追求安全和幸福的目标，这也是风险管理被称为一种特殊的管理功能的原因。风险管理理论结合了前人的经验和现代科技成果，涉及一些数学概念以及大量非数学和科学观点的一门新的管理科学。对于风险管理的定义，不同的学者提出了不同的观点。

在 1930 年的一个保险协会上，美国的所罗门·萧伯纳博士最早提出"风险管理"的概念，但他并没有给出具体的定义。

1972 年，创业企业家罗斯（Jerry S. Ros）出版的《风险管理案例研究》指出："风险管理是一种方法，用来处理纯粹风险并确定最佳管理技术。"

《美国管理百科全书》把风险管理的概念归纳为六大类：（1）在意外情况下，对所获得的财产进行有效的防护，防止其遭受损害或完全毁坏；（2）当出现有损或妨碍获利的意外事件时，保证公司或经营仍有持续获利的实力；（3）购买最必要的保险；（4）制定并监测尚未实行保险的风险处置工作；（5）在发生损失的情况下，监督迅速和适当地处理或保护投保险种，以尽量减少损失的影响，在未投保险种的情况下，监督执行预先制定的应急和灾害准备计划；（6）对已经发生的损失进行核对和分析，以防止未来的损失。

尽管关于风险管理有很多主张，但其共同点是风险管理可以减少风险造成的损失，这正是实施风险管理的目的。

2. 风险管理技术

风险管理的技术方法主要是风险分析和风险控制。

（1）风险分析

在创业投资项目的风险评估方面，泰吉和布鲁诺（Tyehjee & Bruno，1984）最为典型。首先，他们得出的美国创业投资项目的评价模型是基于问卷调查和因子分析，研究人员要求创业投资家对156家创业投资公司的90个案例进行打分，并对其包含的23个因素进行了调查。评分标准为4分（优）、3分（良）、2分（一般）、1分（差）。最后，该实证研究确定了16个重要因素。其风险企业的评价模型如图1-3所示。

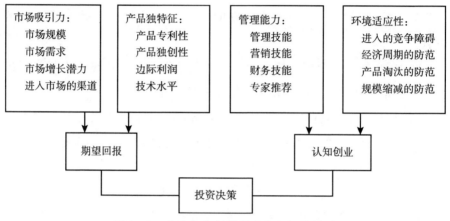

图1-3　泰吉和布鲁诺风险企业评价模型

在我国，从技术创新、技术转化两个方面进行研究，是较早的一个发展趋势。谢科范（1993）从企业自身能力、外部环境、项目难度和复杂性几个角度，对新产品开发的风险管理进行了较为系统的探讨。新产品的研发可分为技术、生产和市场三个方面，对新产品研发投资的不确定性、风险规律、更换时间成本规律等24种风险因素进行了分析；同时，本书还对风险评估、风险决策和风险预防方法等方面进行了研究。

（2）风险控制

对风险的规避和防范策略就是风险控制。风险分析的目的是控制风险（杨艳萍，2003）。通过对多个创业投资公司的比较研究发现，我国组织机构完善的创业投资机构通常设有投资决策委员会、专家咨询委员会和风险控制委员会等相关部门（付玉秀，2003）。

3. 风险管理手段

（1）声誉理论模型与创业投资家的激励约束

它是正规经济模型中用来反映声誉对人们行为决策的影响和经营者声誉机制作用机理的。克雷普斯（Kreps，1984）对不完全市场契约条件下买卖双方的行为调整过程进行了强调，提出可以通过买卖双方交易行为的反复发生来使"声誉"降低交易成本。此外，他还指出，建立"声誉"并不需要双方维持长期的贸易关系。只要一方长期存在，其经营行为能被别人观察到，"声誉"就能发挥作用。基于法马（Fama，1980）的思想，霍姆斯特罗姆（Holmstrom，1982）建立了代理人－声誉模型，该模型则直接说明了市场上的声誉作为替代物，可以替代显性激励契约。

具体来说，声誉机制通过对融资（吸引资本）的影响来鼓励和约束创业投资家，1989 年戴蒙德（Diamond）研究表明，在债务和股权资本市场的使用中起着重要作用的就是声誉。总体而言，基金持有时间越长，投资人的声誉效应越弱；反之，投资期限越短，创业者的声誉影响越大。实际上，创业者要想继续投资一项初创公司，就得在其基金投资达到一定程度或者每 3~5 年的时候再进行融资。创业者的声誉和经验对于我们是否能够获得新的资金至关重要，而创业投资者也将会更加努力地保持他们已经是一笔财富的名声。

（2）分阶段投资和中断机制

内尔（Neher，1999）相信，企业家可以通过其特有的人力资本来提高自己的项目价值。企业家常常会产生一种单向的许诺问题，这通常是因为企业家必须从外界获得资金。单向承诺问题是指企业家不能保证将来从这个项目中抽走他们珍贵的人力资源，因此他们和投资人的关系就会破裂。假定创业投资是一个完整的投资流程，风险只会带来一次收益，由于事后分离可能性的存在，创业者会提前向投资者保证有限的资金回报。因此，很多有利可图的项目没有得到资助。通过对初创企业的发展历程来看，可以解决单向的许诺问题。随着时间的推移，人力资本会逐步向项目自身转移。当初创企业成长时，可以吸纳更多的外来资金。

因此，创业投资家要解决信息不对称问题，控制投资风险，在投资时可以采用多轮次、分阶段的投资方法（Chan，1990；Trester，1998；Dirk，1998）。

创业投资家通常按照企业发展的不同阶段进行阶段性投资，很少一次性投入企业完成商业计划所需的全部外部资金。创业企业家意识到他们只能获得足够支持当前阶段目标的资金。这种认知驱使创业投资家采用阶段性资金注入的中断机制，以便保留放弃前景黯淡的项目的权利。通过分阶段注资，创业投资家在风险企业家停止对失败项目的投资之前，有权决定是否继续提供资金支持。这种权利对创业资本家来说至关重要，因为它使他们能够在项目前景不明朗时停止投资，只有在确保项目有望成功时才继续投资。

这种阶段性注资的方法使创业投资家能够控制和管理风险，将资金投入最具潜力和前景的项目中，并降低了对失败项目的风险暴露。同时，这种模式也为创业企业提供了更灵活的资金支持，与其成长阶段相适应。因此，通过按照不同阶段分别注资，创业投资家能够保持更好的资金控制和风险管理，并为创业企业提供有针对性的资金支持，从而提高项目成功的可能性。

（3）信息披露

米切尔（Mitchell，1995）认为，企业可以通过良好的信息披露来应对企业内部的信息不对称以及道德风险问题。相比上市公司的要求，创业企业的财务信息流程必须更为规范化、细致。另外，部分杰出的专业投资公司具有较长的运营周期，能带来收益，并且必须寻找相关机制来保护投资者利益，而不是将利润留在基金内部。同时，投资者必须谨慎选择，以避免虚假信息披露。斯维廷（Sweting，1991）也强调了会计信息在监管中的重要作用。

1.2.3　创业投资高风险文献综述

1. 创业投资失败率高

芬恩、梁和普罗斯（Fenn，Liang & Prowse，1995）提出创业投资遵循帕累托法则。帕累托法则即所谓的 80/20 法则，表明创业投资所投入的项目中，只有 20% 的项目会成功，剩余的 80% 则会失败。另一层含义就是，80% 的收入来自那些成功的 20% 的投资项目。学者萨尔曼（Salhman，1990）指出，在接受种子期和早期融资中，最终能成功上市的企业仅有 10% ~ 30%，34.5% 的创业投资项目最终会失败。

其实，即便是经过审慎评估，精挑细选，投下大量的钱，并请经理人协助创业者避开重重障碍，但最后能有几个项目获得成功就足以了。因此，20% 的成功率对创业者而言仍然是一个很好的预测。

2. 创业投资收益波动大

从总体上看，创业投资的完全失败率高达 30%，而 10% 的公司成功上市则能产生非常可观的回报。经过分析，在 1988 年之前的 11 年内，获得创业投资支持的公司，其总市值要高于同期无创业投资背景的公司的总市值（Salhman，1990）。

1990 年亨斯迈和霍本（Huntsman & Hoban）对创业投资的收益率和风险第一次进行了实证研究，研究发现了创业投资收益与风险关系的重要特征：一是创业投资失败的概率高达 1/6，二是创业投资的总体回报主要来自极少的取得成功并且获得巨额回报的项目。

在许多关于创业投资收益与风险的实证分析中，科克伦（John H. Cochrane）通过采用 1987 ~ 2000 年的数据，利用极大似然性方法修正了样本选择方差，分别计算出了平均、标准偏差、α 值和 β 值。研究涵盖了超过 7 000 家公司，是一项规模庞大、综合的统计分析。研究发现，创业投资的收益水平存在较大的波动，甚至可以说是高风险：对于首次公开募股或收购的企业，1~3 年的投资回报率平均为 8 倍，3~5 年的甚至超过 9 倍；不到六成的上市公司或被并购公司的利润都在 10 倍以上，还有大约 1/6 的利润低于 0，大约 1/3 的利润低于 100%。因此，公开发行或者被并购并不等于带来了巨大的利润。此外，学者徐绪松、郑海滨和熊保平（2002）也对成功实现 IPO 或并购的创业投资的收益进行了实证分析（见表 1-1）。

表 1-1 　　　　　　　IPO 或并购的收益——均值与标准差

投资期限	样本数（投资轮数）	净收益（%）		
		均值	标准差	中位值
全部	3 595	698	3 282	184
0~6 月	334	306	1 659	77
6 月~1 年	476	399	881	135
1~3 年	1 580	788	3 979	196
3~5 年	807	942	3 822	280
5 年以上	413	535	1 123	209

总的来说，创业投资就是伴随着高风险、高收益，虽然单个项目投资成功率低，但一旦某个项目成功，成功的项目收益极高，即创业投资的综合回报率高。

1.2.4 组合投资文献综述

1. "跨地域" 组合投资策略

"跨区域"的证券投资策略包含两个方面：一是指创业投资的合伙人来自不同的地区（国家）；二是创业投资的投资对象不限于本地。实证研究表明，创业投资的投资回报可以通过广泛的投资领域来提高。

（1）引入新的资源网络和专业技能优势，需要本地创业投资与跨国创业投资合作投资：①创业企业家与国外供应商、客户、金融家等商业伙伴建立业务联系需要跨国创业投资家的帮助，建立对外关系网络，提高创业企业家识别新商机的能力，帮助创业企业家成长甚至成为跨国公司；②在外国法律和商业规则的知识上，本土创业投资家需要跨国创业投资家提供其所不具备的知识和资源；③在创业企业家进入国外市场时，跨国创业投资家对创业企业家的品质和无形价值，起到了"背书"的作用（Makela & Maula，2005）。

（2）创业投资家的投资对象不局限于本地的益处在于：①创业投资成功退出的可能性是由于创业投资产业成熟的地区（国家）竞争激烈，同行聚集会加剧竞争（Stein，2006）；②投资多个市场（尤其是新兴市场）可以获得良好的投资环境，成本结构更低，投资机会新，交易条件更优惠（Dai，2009；Paeleman，2010）。

怀特等（White et al.，2002）指出，由于中国改革转型带来的巨大投资机会，中国市场迎来了大量的欧美创业投资，带来了大量投资机会，并通过联合投资吸引了大量跨国创业投资进入中国市场。

2. "跨行业和阶段" 组合投资策略

该组合投资策略综合考虑了行业差异的影响，构建了企业成长性和风险收益特征的发展阶段差异的投资组合，结合创业投资公司在特定行业和特定发展阶段的投资运营经验。一般来说，高额回报往往来自投资于特定行业或特定领域的企业发展阶段（Das，2003）。积累了丰富的经验和专业知识的创业投资公司，对特定的发展阶段和行业有着深刻的理解，可以在后续投资中产生"学习曲线"效应（Gupta & Sapienza，1992）。创业投资公司更擅长筛选投资项目，构建合适的交易结构，熟悉特定阶段的管理问题和行业竞争策略（De Clereq & Dimov，2003）；此外，它还积累了内部资源优势，这种优势是"难以模仿"的（Manigart，

1994），可以为企业提供有针对性的社会资源，如投资银行、律师事务所、会计师事务所等。尽管如此，不同行业、不同发展阶段的企业表现存在显著差异：

（1）企业成功退出的概率具有较高的行业截面误差，成功退出概率较高的是技术含量高的行业企业。2007年吉奥和施维恩巴赫（Giot & Schwienbacher）提出成功退出概率高于其他行业的是高科技、生化行业等"新经济"行业的企业，生物和互联网行业的企业可以在短期内实现IPO。2014年克拉伊乌斯和克劳斯（Kraeussl & Krause）通过他们的研究得出了生物技术、医药、健康和生命科学行业的企业更有可能通过IPO退出，而更可能通过并购退出的则是计算机、通信和媒体行业的企业等类似的结论。

（2）2009年，黑格（Hege）提出早期企业的投资对成功退出率有显著的负面影响。2003年，达斯表明，增加成功退出的概率可以通过从投资的早期阶段到后期阶段的过渡。后期投资组合企业能够成功退出的概率不到50%，而只有30%多的早期企业能够成功退出。默里（Murray，1998）总结了早期项目投资难以获得高回报的原因如下：①早期企业通常缺乏稳定的产品线和技术、广泛的客户群和明确的市场定位；②早期公司的估值基于的不是当前的现金流或公司资产，而是高度不确定的增长前景；③经营管理成本需要存在较大的收益倍数来补偿，因为通常前期企业的投资额小于后期项目的投资额。

3. 智能投资组合策略

随着信息化时代的到来和金融大数据的飞速发展，传统的统计手段已经无法适应巨大数据量对数据分析和计算技术的需求。因此，在应用人工智能技术进行投资组合管理和最优决策的研究中，已经有许多研究表明，与传统的统计模型相比，人工智能具有更好的处理非线性和非平稳特征的能力。

目前，国内外学者对交易或金融财务数据进行了归类、汇总，其中的方法主要有人工神经网络（Freitas et al.，2009）、进化算法（齐岳等，2015）、支持向量机（Paiva et al.，2019）等。在此基础上，派瓦（Paiva，2019）对资产的收益变化趋势利用支持向量机进行分类，采用了一种均值方差模型，对筛选出来作为投资组合的组合成分具有较高预期收益率的资产进行了优化，以达到最大的回报。

1.2.5　联合投资文献综述

1. 联合投资策略分析

在创业投资中的合同问题方面，1994 年阿德马蒂和皮德尔（Admati & Piderer）建立了 Admati - Piderer 模型，在融资合同安排下，存在固定的分离契约。他们认为，初始（领先）创业投资家在这份合同中的股份始终保持固定份额，任何新证券发行也不会改变他们的份额，并在未来的阶段性投资中进行相同的分离。根据此模型，该合约是考虑到阶段性融资协议中最佳连续性的普适的契约。

谢科范等（2004）研究了合资资本的风险非守恒特征，认为通过联合投资，每个投资者的风险低于每个投资者单独投资相同资本的同一项目的风险，联合投资达到降低投资风险的目的。他们还指出，联合投资可以更好地发挥联合投资的协同效应，因为它的关键要素存在互补性。马畅（2003）分析了合资企业的风险收益分担模式。研究指出，联合投资处于稳定状态只存在于当联合投资的收益和风险分担相对对称时。一旦联合投资的收益和风险分担出现不对称，联合投资就会处于不稳定的联盟状态，这种不稳定的状态可能会使联合投资失败。廖哲灵（2007）认为，当合资企业有多名创业投资人加入时，其中一名担任主要融资者和管理者，主要管理者的职位随项目轮换，这种安排既控制创业投资家的渎职行为，即道德风险，又有助于避免了重复监管，可以说是创业投资家相互下放监管权的机制。

2. 联合投资实证分析

第一个对创业投资中的联合投资机制进行实证检验的人是勒纳（Lerner）。他于1994年将研究对象确定为美国271家私营生物科技初创企业，考察了不同投资经验的创业投资公司在不同投资周期的偏好。相较于有经验者，首次投资的投资人倾向于选择经验相同的合伙人，投资后期经验中等的投资人更倾向于选择与自己相同或略逊色的合伙人，进入后期的合伙人要小于早期的合伙人。笔者认为，这是因为投资后期可能会出现"粉饰效应"。

洛基特和赖特（Lockett & Wright，2001）将英国的创业投资市场视为发达市场，并从英国创业投资组织（BVCA）中选择了60家投资不同阶段初创企业的创业投资机构作为研究样本（反馈率为58.8%）。通过一系列调查问卷，他们调查了CEO、执行者、主管和助理，并应用了U检验、双检验、符号检验等统计方法，从传统金融理论的视角分析了创业投资机构进行联合投资的原因。根据传统金融理论的观点，联合投资能够实现投资组合的多样化，从而降低风险（Smith & Smith，2000）。通过采取联合投资方式，创业投资机构能够选择不同的项目进行投资，以降低单一投资所带来的风险。

王艳和侯合银（2010）利用社会网络分析方法对中国创业投资的联合投资网络进行了研究，探讨了其结构特征，包括密度、中心性和距离等方面。研究结果显示，中国的共同投资网络呈现出非凝聚力的社会网络特征，表现出权力和地位分配不平衡的情况。在这个网络中，那些处于"结构洞"位置的创投机构通常是最突出的一些机构，并与其他显著的创投机构有关联。此外，经验较少的创业投资机构更倾向于与知名的创业投资机构进行联合投资。

刘志阳和江晓东（2010）首先进行了档案式实证研究，对中国创业投资市场的联合投资网络绩效进行了分析。研究结果显示，在中国的联合投资网络中，度中心性和入度中心性对联合投资绩效产生了正向影响。

这表明参与中国创业投资市场的联合投资可以带来更高的投资回报。这种影响的原因在于，网络中的创投机构能够减少信息不对称，分享更多的项目机会，并整合自身的资源优势，为目标企业提供更多的增值服务。通过参与联合投资，创投机构能够更好地发挥其在网络中的度中心性和入度中心性，增加了与其他机构的联系和合作机会，从而提高了投资回报率。

1.2.6　生态圈文献综述

1. 生态圈的理论研究

1866 年，德国的生物学家第一次提出了生态学概念。生态学是研究生物体与其周围环境的关系的一门科学。美国生态学者奥德姆认为，生态学是对自然界的构造与作用进行研究的一门学科。他建议将"生态系统"这个概念从生物世界扩展到整个人类社会。英国生态学家坦斯勒在"生态系统"这个术语的基础上，引入了热力学中的能量循环概念，将生物及其生活环境看作一个有机的整体。1993 年，马世骏以人类生态学为理论依据，建立了一个社会经济自然复合生态系统模型。

生态系统的概念最初起源于生物学。从生物学的角度来看，一个健康运行的生态系统须具备三个基本要素：物种多样性、相互依赖关系和自我繁殖能力。随着经济学的发展，这一概念也被引入商业领域，并被定义为由多个经济主体构成的商业生态系统（肖红军，2015）。在自然生态系统中，实现双赢的前提是各生物体为彼此的生存和繁衍作出贡献与价值。而商业生态系统则是通过构建多边群体机制，使各个群体在核心集团的推动和驱动下实现协同共赢的系统（胡瑞冬，2018）。

2. 生态圈的特征

（1）共生性

共生性指的是生态系统中各个组成部分之间相互依赖的关系。分工和专业化是生态系统中各组成部分实现共生的基础。同时，随着组织的不断专业化和技术的复杂化，加强了生态系统内各组成部分之间的相互依赖性（Kapoor & Furr, 2015）。在生态系统中，组织需要形成资源、技术和能力的互补，才能实现共生。成员组织必须与整个创业生态系统相适应，将自身的资源和能力与其相匹配，以实现健康发展。

（2）自治性

自治性指的是创业生态系统的各个组成部分相互配合，形成一个完整的商业生态闭环。在这个生态系统内部，各个组织之间的交易通常无须依赖外部资源，而可以直接在系统内部完成。此外，由于生态系统内部组织之间存在着互利共生的关系，它们之间的交易成本通常低于与外部组织进行交易的成本。这使生态系统更倾向于拒绝外部资源和机会，而通过内部的互补来实现发展。

（3）进化性

作为一个有机企业，创业生态系统会随着技术创新等环境的变化不断改进和完善自身。然而，这个改进过程不是一蹴而就的。在生态系统中，每个组织不可能同时进行升级和改进。要实现真正成功的创新，需要有企业或组织发起创新，并在外部环境发生变化时相应地作出调整（Kapoor & Lee, 2013）。因此，在创业生态系统中，实现整体升级和强化往往始于一些在技术或政策方面具有领导力的先驱者发起创新和变革，然后逐步引导生态系统的其他组成部分跟随。

（4）溢出效应

创业生态系统的收益和产出并不仅局限于系统内部，而是能够对外部产生广泛的影响。它能够持续孵化新的创业企业，从而增加就业机会，推动技术商业化过程，塑造区域的创业文化，吸引更多的投资和人才。这些因素对于促进经济增长和复苏起到关键作用（Riddle, 2010）。与此同时，创业生态系统通过人才的流动和知识的溢出效应，不断输出人才和知识，从而推动整体经济的创新发展。

3. 生态系统理论在经济管理中的应用研究

随着生态学的发展，不同学者深入研究了生态学，特别是从生态系统的角度对企业组织、个体、商业生态系统和工业生态系统进行研究，并取得了一定的成果，社会经济运行的研究也因此有了新的思路。

关于企业与商业这两个生态系统，1996 年詹姆斯·摩尔（James Moore）从企业与企业生态环境水平的关系出发，认为有更多的企业组织向着商业生态系统演进，并且提出了组织生态系统的概念。同时，詹姆斯·摩尔更提出了商业生态系统的概念。这个概念的本质是以协同进化理论、企业生态理论和自组织理论等为基础，认为企业应该"与生物有机体参与生物生态系统一样"，"把自己看成是商业生态系统有机体的一部分"，而且明确了作为一个企业组织，企业应该把自己看成是广泛的经济生态系统和不断进化的环境中的一部分。此外，2002 年，我国学者韩福荣和徐艳梅在关于合资企业稳定性和生命周期的研究中提出了共生理论，该理论强调共生是企业生存过程中企业成长的原因之一。

在关于产业生态系统方面，产业生态系统的基本内涵与商业生态系统的基本内涵是相通的。赵玉林（2002）认为，当企业进入成长期后，单靠优惠政策还不能满足高新技术产业开发区的需求。它与自然界的生态系统类似，既要有良好的环境，还需要强大的相关功能和催化剂，更需要丰富的营养。

2003 年，黄鲁成提出的生态系统的观点被引入中国区域创新系统。他认为，区域技术创新系统的特征和运行机制可以利用组织生态学和生态系统生态学的规律来研究。

1.3 创业投资风险管理内容

1.3.1 创业投资风险管理的基本流程

创业投资风险管理的基本流程包括风险识别、风险评估、风险控制和效果评估等环节，如图 1 - 4 所示。

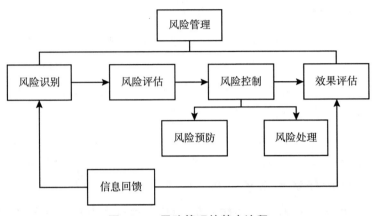

图 1 - 4　风险管理的基本流程

资料来源：任天元. 创业投资的运作与评估［M］. 北京：中国经济出版社，2000.

1. 风险识别

风险识别通常是风险管理的首要步骤，涉及对风险项目可能产生的风险和潜在影响因素进行调查、分析和确定的过程。其主要任务是了解风险产生的原因、现有条件以及可能带来的重大后果；其目的在于提高对风险的感知和发现能力。风险识别过程可以应用多种方法，各种方法都有不同的适用特点、优缺点。在实践中，选择适当的方法非常重要，以适应不同情况的需求。

2. 风险评估

在风险识别之后，下一步是对风险进行评估，并根据具体情况对其进行大小分析。目前，研究领域已经发展出定性、定量和综合三种方法。定性方法包括层次分析法（AHP）和德尔菲法，而灵敏度分析和模糊数学方法则侧重于定量研究，蒙特卡罗仿真和 CIM 模型则致力于综合分析。

3. 风险控制

在风险识别和评估过后，明确了风险管理的主题，需要采取相应的措施来积极应对可能导致或加剧损失的因素，即进行风险控制。常见的风险控制方法有风险预防和风险处理两个方面。风险预防是指预先采取一定的措施来避免风险因素的发生，包括风险规避、抑制和分散等方法。而当风险发生并造成一定损失时，需要采取有效的措施来弥补风险带来的后果，这被称为风险处理。

4. 效果评估

风险管理的效果评估是指对风险管理方法的有效性和成本效益进行分析、检查和修正的过程。由于当前环境和风险因素的变化，对风险的认知和管理水平往往会经历不同的阶段。此外，风险管理措施和方法是一个持续改进的过程。因此，在进行风险管理效果评估时，应贯穿整个风险管理过程。

1.3.2　创业投资的风险管理

1. 创业投资风险的分阶段重点控制

为了减少不确定性，缓解信息不对称，形成中断机制，可以选择进行分阶段重点控制。在初级阶段，首先应该确保该技术的可行性，掌握该项技术的最新发展方向，提高研发技术。在关于初期尝试产品营销上，可以采取联合投资银团的投资方式来测试市场的容量和潜力，在成长期时，市场风险将是重点，这个时候风险投资企业应该积极拓展市场份额，进一步细分市场，加大营销力度，完善营销网络，扩大企业的市场份额；在退出阶段，主要选择合适的退出时机，实施投资的动态评估，成功的风险投资企业应加快培育和引导上市，确保获得最大利润和及时退出。

2. 创业投资风险的全过程管理

（1）创业资本投入前的风险管理对策

第一，商业银行、风险投资公司以及风险投资提供者等往往是集体投资方式的风险投资主体。这种管理办法控制了投资企业内部工作人员发生重大差错的风险，或者产生了合资企业欺诈行为的道德风险。第二，分散投资。因为风险投资具有高风险性的特点，风险投资机构将会紧密地对风险投资项目的风险进行评估，从而决定是否在该项目上投入大量资金，从资金较少到业务的缓慢进行，投资额可以正常化，可以避免风险投资，提高成功率。第三，辛迪加投资模式。在风险投资过程中，共同投资一个投资项目的有多家风险投资机构。资金不足的问题在一定程度上可以用辛迪加投资解决。通过这种方式，风险投资机构可以实现优势互补，降低错误投资决策的概率。

（2）创业资本投入后的风险管理对策

首先，金融产品的选择是规避风险的关键。风险投资通常会选择可转债和可转换优先股，因为它们的功能是其他金融工具不能相比的。它们的共同点是，按照风险公司的协议定价，投资人可以在一定时间内享有一定的权利，但不承担购买公司普通股份的义务。通过对复杂金融工具的灵活使用，可以有效地控制风险，减少维持投资收益的成本。其次，是创业投资的后续管理和控制。董事会的成立可以更好地进行企业管理，及时获取信息，从而监控初创企业的各种活动，而且可以为企业提供战略、财务、收购等方面的财务和管理意见，以及关于证券发行和制定企业发展战略。企业发展战略的关键在于对企业的发展要素条件、竞争条件等的深刻认识和理解，因为企业发展具有高风险性、动态性、不确定性和可替代性，风险规避具有十分重要的作用。

第2章 创业投资高风险管理的理论分析

2.1 创业投资高风险概述

一般而言，创业投资是一种将资金投入具有很高风险的高新技术开发领域，在成功后退出，从而取得高资本收益的商业投资行为。其本质是将风险资金投资于一个项目群，出售或者上市其中成功的项目，将所有者权益变现从而实现风险资本的退出，一两个项目的成功不仅能弥补其他失败项目带来的损失，而且投资者还能从中获得巨额收益。创业投资家虽然能从一两项成功的创业投资项目中获得巨大的收益，但现实中创业投资的成功率是非常低的。据最新调查研究显示，创业投资支持的创业企业失败率高达75%，也就是说，创业投资中10个项目大概也就两个项目能够成功。想要成功地获取创业投资收益，关键在于投入的项目是能取得高倍回报的，与最初的投资额相比要有十倍、二十倍，甚至百倍之多，这样才可能弥补在其他项目上的亏损，在总投资额上做到收益多亏损少。创业投资高风险主要体现在以下几个方面。

2.1.1 创业投资的对象是技术创新的高新企业

这类企业多为高风险性的初创企业，而创业投资的资金多用于企业的研发活动，当企业的研发活动或者其他高风险项目未能按照预期的成果转化时，创业投资的资金只能亏损。根据美国的一份研究报告，在美国每十个申请的专利中能称为创新的只有一个。实际上，许多企业的产品开发成功率是非常低的，即使在西方发达国家（如美国），也只有两成到三成的产品开发成功率。在国外，还有人调查了91项技术创新，结果如表2-1所示。

表 2-1 　　　　　　　　　　91 个研究项目成功与失败情况

	调查的研究开发项目	成功的项目	失败的项目	
			技术性失败	非技术性失败
总数（个）	91	29	15	47
比例（%）	100	32	16	52

由表 2-1 可知，成功的项目数为 29 个，占总数的 1/3；而失败的项目数为 62 个，占总数的 2/3。由此可见，在企业技术创新难以得到回报时，创业投资也难以实现盈利。

2.1.2 创业投资以权益资本形式为主

创业投资是一种不具有抵押和担保形式的投资，而且将高新企业的种子技术、设计思想和处于起步阶段的创新小企业作为投资对象，这类企业具有很多的不确定性。对比常规的经济活动，高新技术企业要进行技术创新，则需要投入更多的人力、物力、财力与时间。一旦所投资的项目没有成功，那么投入的资金将血本无归。

2.1.3 创业投资具有较长的投资周期

众所周知，长期投资本身具有较高的风险，尤其是在创业投资中，涉及将大量资金投入初创高新技术企业。一般情况下，创业投资的周期在 3~5 年，甚至可能延长至 7~10 年。在此期间，高新技术企业面临市场中众多的不确定因素，同时也面临多种风险考验，如市场风险、利率风险和管理风险等。能否顺利存活下来，存在着极大的不确定性。因此，创业投资本身具有高风险的特征。

2.2　创业投资风险的特点

创业投资通过私募方式募集资金，投资于未上市的创新型中小企业，旨在承担高风险并追求高回报。典型的创业投资回收期为 4~6 年，成功则可能带来巨额收益，反之则可能全盘损失。创业投资的高风险主要体现在以下三个方面。首先，创业投资主要针对初创阶段的中小型高科技企业，规模较小且无法提供抵押或担保。由于创业投资的对象是技术或思想，其能否经受住市场检验并转变为实际生产力存在巨大的不确定性，因此技术风险、市场风险和管理风险在创业投资中占据重要位置。其次，创业投资属于中长期投资，回收期较长，导致资金流动性下降。最后，创业投资需要连续投资，因此需要大量资金，并且初期很难准确估计具体金额。

创业投资结合了金融和高科技，在高新技术开发与生产中运用资金具有极高的风险，旨在迅速将科技成果转化为商品。创业投资是高新技术产业化过程中资金有效使用的技术系统。创业投资的核心是对高风险项目或企业进行投资。这些高风险项目或企业往往具有开拓性或创新性特征，主要存在于信息产业、生命科学、替代新能源、医疗机械、人工智能等高科技领域。

创业投资的投资对象通常是中小企业，这是因为拥有稳定市场和技术含量高的产品或企业容易获得一般金融投资支持。然而，对于高新技术产品而言，一方面，由于无法提供抵押或担保，在传统的融资途径上很难获得资金支持，只能另辟蹊径；另一方面，由于技术、管理、市场、政策等多方面的风险，即使是发达国家中的高新技术企业产品研发成功率也只有两三成。然而，一些投资人看到成功项目的回报率很高，因此愿意将资金投入其中。

根据接受创业投资的企业发展的不同阶段，一般可以分为四个阶段，包括种子期、导入期、管理期、退出期，各个阶段所要面临的风险也有所不同（见表 2 - 2）。

表 2 - 2 高新技术企业不同发展阶段比较

发展阶段	经营特征	资金需求	风险程度	风险类型
种子期	研发、试制样品	需求量小	最大	技术风险
导入期	市场试销	显著增加	很高	市场风险、管理风险
管理期	争取利润	需求量大	高	市场风险、管理风险
退出期	上市、被并购	需求量大	最小	变现风险

2.2.1 创业投资风险的区域集聚

从国内外创业投资的现状来看，地域性是创业投资一个很明显的特点，从美国创业投资协会调查数据可以发现，加利福尼亚州、马萨诸塞州和纽约州是美国创业投资的主要聚集地，硅谷则是加利福尼亚州的主要聚集地，这些地区集中了 70% 的风险资本和 60% 的创业投资公司。我国的创业投资主要集中在北京市、上海市、深圳市，从 2010 年起到现在，北京市创业投资总额达到 2 609 001.93 元，投资数量达到 21 447 项，上海市次之，投资总额达到 1 155 237.45 元，投资数量达到 11 865 项。2010 年 1 月至 2019 年 4 月 25 日的前十大创业投资省份如图 2 - 1 所示。

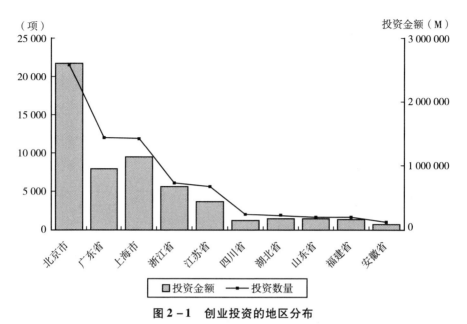

图 2 - 1　创业投资的地区分布

资料来源：Zero2ipo 清科 - 投资界．笔者整理．

2.2.2　创业投资风险的行业聚集

创业投资主要投向开拓性和创新性较强，能带来巨大投资回报的高成长性项目，主要以新型高新技术行业投入为主，如软件开发、互联网、通信、电子信息、生物医药、人工智能、环保节能等领域。如图 2 - 2 所示，2010 年 1 月至 2019 年 4 月 25 日，风险资本在各个行业的投入中，互联网行业的投资最高，为 1 534 886.7 元，投资项目达到 17 121 个，金融行业的投资紧随其后，达到 1 338 331.41 元，投资项目数量达到 4 883 个。

2.2.3　资本种子期的风险特点

创业企业家通常以一种创新想法、新技术或新发明为基础，启动他们的创业之路，这通常被称为种子期，这时企业正处于初始阶段。对于

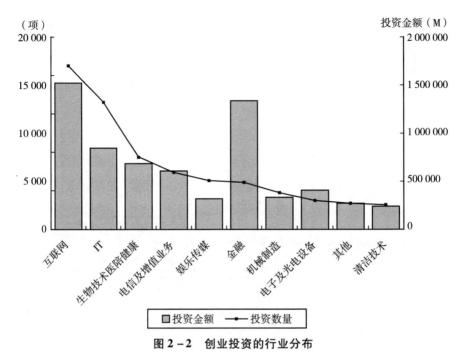

图 2 - 2　创业投资的行业分布

资料来源：Zero2ipo 清科 - 投资界. 笔者整理.

创业企业家来说，他们面临着诸多挑战。企业的未来战略目标可能不够清晰，因为他们仍在不断探索和试验中；管理团队可能相对匮乏，管理制度可能还未完善；自有资金可能有限，几乎没有固定资产。对于风险投资者而言，决定是否投资种子期企业是一项相当艰难的选择。预测未来产品的定价和预期收益常常充满不确定性，市场和行业调研也颇具挑战性。因此，风险投资者通常依赖他们的经验和洞察力作出投资决策，而一旦投入资金，就很难轻易退出。种子期企业面临众多未知因素，风险多样且潜在破坏性极大。

1. 管理风险

在种子期的风险企业还未形成完整的管理团队，缺乏专业的管理人员和健全的组织架构。因此，对企业的风险进行全面且准确的评估变得困难。通常情况下，评估更多地依赖于创业者的管理经验、能力、品格特质以及过往的绩效记录。

2. 技术风险

风险企业以一项技术或发明开启一项创业，技术方面面临的困难和不确定性非常大，大多数技术都不够成熟，需要不断改进和完善。如果技术的竞争力不够，先进性不能远远超越其他同类产品，那么就很容易被取代或者淘汰；如果技术的寿命期限不长，未来存续时间就注定了项目的失败。

3. 市场风险

产品市场瞬息万变，且创业企业产品的市场潜力是否强劲、市场推进的难易程度、未来市场的规模都非常模糊，如果顾客的需求发生转变，那么以顾客为基础的市场就会发生转变，产品难以继续推广，万一出现更强大的竞争对手，产品市场的压力也会如野兽般袭来。

4. 财务风险

财务风险一般通过资产、负债等财务数据的具体数值判断，而种子期的公司只能大致判断未来的规划是否合理，预期未来的投资报收率、财务评估工作都很有难度，需要大量的市场和行业调研，种子期的企业筹资困难，很容易出现资金链断裂的可能。

2.2.4 资本导入期的风险特点

在资本导入期，企业开始将产品推向市场，进行产品市场调研，建立生产基地以及进行小规模试制等活动，并持续进行研发和试制，以期在技术和产品领域取得突破。与此同时，企业在这一阶段面临着较大的研发支出和管理费用支出，同时营业收入几乎为零。企业正处于起步阶段，管理团队尚未完善，仍面临着相当大的技术风险和管理风险。

1. 技术风险

在这一阶段，企业开始将产品推向市场，并建立生产基地。然而，企业面临着技术转化风险，即能否顺利高效地将产品引入市场，并满足市场对产品数量的需求。技术的难易程度会对企业产生不同的影响力。某些简单的技术可能容易被模仿或超越，同时企业也需要考虑技术的市场适应性，以及消费者对产品的接受程度。

2. 市场风险

在产品进入市场初期，由于缺乏知名度和健全的销售网络，导致市场对产品的接受度较低，市场增长缓慢。这也带来了生产方面的竞争压力，因为企业只能依赖单一的原材料供应途径，导致价格过高且制造成本超出预期。主要问题包括以下几个方面：难以确定市场对新产品的接受能力，难以确定市场接受产品的时间，难以对产品在市场上的扩散速度进行准确预测，以及难以确定产品的市场竞争力如何。

3. 财务风险

在当前阶段，企业正在积极扩大生产规模并着手开发新一代产品。然而，这个阶段需要大规模的资金支持，而资金短缺的可能性非常大。对于风险企业来说，渡过这个所谓的"死亡峡谷"是相当幸运的，因为大多数企业在这一阶段不得不终止经营。

2.2.5 资本管理期的风险特点

管理期的企业已经建立了相应的生产设施，初步产品或服务已经能够基本满足市场需求。此外，它们在产品规格和性能的调整方面更加灵活，以更好地适应市场的变化。企业对于产品的开发、定位以及市场需求把握得更全面。同时，它们已经组建了完整的管理团队，各成员在分工方面明确并尽责。尽管企业的费用仍在逐步增加，但已经开始有了收入。与前两个阶段相比，企业所面临的风险大大降低。企业计划提升其生产和服务能力，生产更具竞争力的产品以占据市场份额，从而增加销售量并实现更多盈利，因此在这一阶段需要大量的资金支持，作为早期进入者的风险企业必须抢占行业领先地位，以确保市场份额达到一定规模，这是后期成功进行首次公开发行（IPO）的前提。创业投资机构在对这个阶段的企业作出投资决策时，应将企业的获利稳定性、财务结构与组织健全程度、防御替代产品能力、回收期长度等几方面结合起来考虑，在管理上具有很大的风险。

1. 管理风险

资本管理期的风险企业已经进入规模化生产阶段，其管理团队已经非常强大。然而，关键在于企业的经营管理是否符合法律法规要求，同时需要建立稳定的财务结构以实现预期的高收益。面对庞大的生产体系，企业需要加强管理团队的管理理念、管理能力和制度规范化，以确保经营活动的合法性和高效性。

2. 市场风险

企业开始进入规模化生产阶段，积极拓展新的生产能力和服务能力，旨在建立强大的竞争力并全面占领市场。取得行业领先地位是每个风险企业的目标，以便更好地实现创业投资的回报并获得高额利润。同时，企业也需谨慎应对潜在的替代产品的出现，以保护自身的市场份额。

2.2.6　资本退出期的风险特点

在成熟阶段，公司已基本满足上市条件，为了进一步发展，公司开始规划资本筹集的计划。为了顺利上市，公司着手进行多元化经营，开拓新的市场和产品，以维持稳定的收入增长并开辟全新的利润增长空间。

通过市场定位和特定主题的包装，公司能够成功上市并获得高溢价。此时，创业投资机构在投资决策时需要综合考虑多方面因素。这些因素包括被投资公司是否能成功上市、投资者对该公司的接受程度，以及财务操作的效果等。投资决策需要基于综合分析，以确保投资成功并实现投资回报。

风险企业在不同发展阶段可能吸引风险资本的投入。在创业投资的早期阶段，创业投资机构主要投资于种子期、导入期和管理期的风险企业，追求对规模较小的企业获得更高的回报率。随着创业投资行业的繁荣，大量资金涌入风险资本市场，推动创业投资机构增加对后期发展阶段企业的投资。

2.3　创业投资高风险的原因分析

创业投资的过程伴随着高风险和高收益，要想在获得高收益的同时做到尽量避免风险，对创业投资过程进行风险分析是必不可少的。风险识别便是一个很重要的阶段，风险识别是系统地归类已有的或可能发生的风险，以便进行全面的识别，只有正确识别风险才能更好地处理风险，从而做到有效管理。风险识别应从以下几个方面入手：（1）在创业投资过程中应考虑哪些风险？（2）是什么原因导致了这些风险？（3）这些风险会带来什么样的后果？

2.3.1　市场风险产生的创业投资的高风险

市场风险是指市场的波动性可能导致投资损失的潜在风险，即产品能否顺利在市场上流通。产品难以成功销售的原因主要有以下几点：（1）产品定价过高，未能符合客户对性价比的期望；（2）市场定位与实际情况不符，营销宣传或产品本身质量存在问题。市场风险是创业投资者和风险企业所面临的重要风险之一，而市场风险的大小关键在于新产品是否能完美匹配市场需求。

1. 市场进入风险

新产品进入市场时往往会面临各种问题和风险。许多用户对新产品持观望态度，主要是因为采用新产品需要承担更高的转换成本。此外，在新产品进入市场的评价方法和指标上缺乏完整的评价体系，如果将其他产品的评价体系套用到新产品上，可能造成误导。因此，新产品进入市场通常需要经历漫长的适应期。若没有相应的市场推广策略，这个适应期可能还会延长，导致新产品库存积压，资金周转受阻，以及风险资本的退出受阻。

2. 市场容量风险

即使产品成功进入市场，市场容量仍然是企业需要解决的重要问题。市场容量对于产品开发的总市值和商业总价值起着决定性的作用。产品的研发过程需要投入巨大的资金，如果新产品所面对的市场容量不足，将导致在研发过程中无法回收投资，使得风险企业的经营陷入困境。

3. 市场环境风险

国家相关政策法规也是新产品投放市场时需要认真考虑的重要因素。新产品进入市场的不确定性和风险在很大程度上取决于政策的变动。举例而言，若某一行业的发展规模受到政策限制，那么市场容量将成为新产品进入该行业的重大挑战。此外，政策对该行业产品准入的限制也会带来风险，如政府对价格的调整可能导致产品面临贬值的风险等。另外，高科技企业很容易受到知识产权保护的影响。如果没有一个健全的知识产权保护环境，许多盗版产品可能会影响正版产品在市场上的竞争地位。

2.3.2 技术风险产生的创业投资的高风险

技术风险是创业投资过程中可能出现的一种风险，当技术遭遇问题时，可能导致创新受阻，让风险资本回收变得困难。创业投资非常注重风险企业所掌握的先进技术，因为风险企业的可预期性和高成长性来自技术的先进性、独特性和市场适应性。只有技术具有独特性，创业投资才能获得可观的回报。然而，技术风险也是技术商品化和市场化过程中不可忽视的一种风险。

1. 技术前景的不确定性

处于研发阶段的技术具有很大的发展前景不确定性，主要体现在以下几个方面：首先，无法确定技术能否达到预期目标并完全实现其设计功能；其次，无法确定在新技术形成的初期是否存在缺陷，并且研发者能否及时完善和发展它；最后，无法确定技术转化为产品后，能否成功进入市场并经受市场的考验。所有这些因素都有可能导致创业投资最终走向失败。

2. 技术的寿命周期风险

如今，随着全球科技迅速发展，技术手段日益强大，科研设施不断完善，各个领域的技术相互交叉渗透，从而大幅缩短了产品的生命周期。高新技术产品因其快速更新和短寿命周期的特点而受到重大影响。如果无法在规定的时间内完成产品的研发，就必须重新定义该技术的先进性，因为其他产品的出现可能会取代该技术，这将对风险企业和创业投资者造成巨大的损失。

3. 技术的效果风险

每项技术的开发都追求良好的预期结果。然而，研发出的新产品可能带来的副作用是研发者无法准确预测的，这可能会对环境造成污染并破坏生态平衡，从而受到政府的限制，给新技术的实施带来困难。

4. 技术的外部环境风险

通常情况下，一项技术的研制成功需要具备配套技术的支持。尤其对于重要技术项目而言，要达到相关标准，就必须将来自不同领域和专业的技术相互结合。然而，由于配套技术的不成熟或标准化程度不高，新技术的研制可能会面临风险。此外，一旦成功研制出技术，产品推向市场也会受制于生产设备、原材料、生产工艺条件等外部环境的限制，从而可能错过产品进入市场的最佳时机。

2.3.3　决策风险产生的创业投资的高风险

决策风险指的是由于错误决策可能导致的损失风险。由于高科技产品的快速更新、强烈创新性和大规模资本投入特点，企业需要准确地预测市场和技术的发展趋势，否则可能面临无法预料的损失。因此，科学性和时效性是风险企业在制定产品定位、技术选择、资金投入等决策时最为重要的参考因素。如果管理者不能准确把握项目的复杂性和可变性，在没有全面分析的情况下草率作出决策，很大程度上会导致经营的失败。据美国企业家协会和科技情报协会的调查显示，由于决策失误而导致技术项目失败的比例达到30%。

2.3.4　道德风险产生的创业投资的高风险

道德风险是指从事经济活动的个体在追求自身效用最大化时可能采取的行动对他人产生不利影响的风险。道德风险存在于以下情况下：经济行为者无法承担由于不确定性、信息不完全或有限合同带来的全部损失或收益，因此他们无法承担行动的全部后果或获得全部好处。在作为投资委托人的创业投资商和作为投资代理人的风险企业之间，即使在正式签订投资协议之后，仍可能存在信息不对称的问题，被称为"事后信息不对称"。这种信息不对称体现在两者的目标不同，前者追求最大化的投资回报，而后者追求最大化的个人货币收入和非货币收入。

同时，企业真实的利润分布、产品进展状况、技术的可靠性等内部数据都由风险企业的管理者掌握，创业投资商很难仅通过企业财务报表来全面了解企业的实际状况。在这种情况下，由于信息不对称，创业投资商对于风险企业的行为和状况了解不足，而风险企业的管理者却占据明显的信息优势。这可能使风险企业的管理者出于自身利益而采取损害创业投资商利益的行动。这种由于信息不对称而导致一方侵蚀另一方利益的风险被称为道德风险。道德风险的发生主要有两种情况：一是风险企业管理者的前进方向达不到创业投资商的预期目标；二是企业经营者在经营过程中作出的决策出现严重失误，导致利益受到损失。无论出现哪种情况，创业投资商的风险资本都会因此遭受重大损失。

2.4 创业投资高风险管理的措施

风险管理一个很重要的途径就是如何针对风险选择适当的风险管理工具进行有效的控制。风险是客观的，风险管理者虽然让风险完全消失，但可以通过风险管理措施来降低风险，把风险带来的损失降到最小。风险管理工具主要包括风险回避、风险自留、风险预防、风险转移四种措施，本章后面还会重点介绍组合投资、联合投资在高风险管理中的风险分散作用。

2.4.1 创业投资的风险回避

风险回避是一种策略，旨在避免可能导致损失的风险，因此选择不执行某项计划或方案。在创业投资领域，风险回避意味着创业投资者在作决策时会倾向于选择那些风险较低的领域、项目和计划来进行投资，而会回避那些风险较高的，比如不投资高风险的创业领域、技术创新项目或方案。

尽管通常说高风险伴随高回报，但并不意味着一味追求高风险就能确保高回报。在创业投资中，关键是要确保高风险和高回报之间的平衡，而不是盲目承担巨大风险。这需要仔细考虑是否值得冒险，是否有足够的能力来承担这些风险，并且要充分考虑可能的后果。因此，在创业投资决策中，风险回避是一种谨慎的策略，旨在确保风险与潜在回报之间的良好平衡。

风险回避应遵循以下几点原则：第一，不必要的风险应选择回避；第二，企业自身不能承受的风险应选择回避；第三，可控性、可转移性、可分散性较弱的风险应选择回避；第四，回避客观风险为主，主观风险为辅。

与其他方法相比，风险回避能够通过完全避免风险的发生，从根本上消除与风险相关的损失。相比之下，其他方法只能降低损失发生的概率或减轻损失的严重程度。风险回避旨在尽早阻止风险的发生，这样做不仅具有较高的安全保障系数，而且方法简单易行、全面且彻底，还较为经济高效。

首先，风险回避需要管理者对风险事件的存在、发生概率以及损失程度等能够有全面的把握。如果管理者对风险的了解不足，盲目进行风险回避可能会导致错失风险带来的收益机会。其次，风险回避意味着放弃某种计划或方案的实施。经济活动往往伴随着收益和风险，并且追求高收益通常需要承担一定的风险。当风险回避时，我们需要放弃承担这种风险所带来的机会和收益。因此，风险回避可以被视为一种消极的防御措施，通常在风险带来的潜在收益小于风险造成的损失时使用。最后，风险回避在实际运用中存在一些局限性。选择风险回避意味着要停止或放弃某项计划，这可能会扰乱正常的生产经营活动秩序。此外，某些风险无法完全回避或预测，所以风险回避无法提供绝对的安全保障。因此，在实际应用中，风险回避需要谨慎权衡，灵活运用各种风险管理策略，如风险转移、风险减轻和风险承担等，以最大程度地优化风险与回报之间的平衡，并确保整体风险管理的有效性。

2.4.2　创业投资的风险自留

风险自留，又称为风险承担，是指企业主动承担风险的行为，这可以是经过理性考虑的，也可以是非理性的。对于风险自留，企业可以采取内部控制措施来应对风险，弥补由风险带来的损失，或者干脆不采取任何措施来应对潜在的风险项目。风险自留通常以两种形式存在，分为有计划的和无计划的风险自留。

无计划的风险自留可能源于多种原因，如未能充分发现风险、未能足额购买保险、保险机构提供的赔偿不足以弥补损失，或者非保险转移合同未包括可能发生的损失等。与之相对，有计划的风险自留也可称为自保，其面临的风险通常较小，因为在有计划的风险自留中，企业会充分计划如何应对潜在的风险，并制定弥补措施，例如将损失列入费用、建立内部风险基金、设立外部风险基金或者寻求融资。

与此不同，无计划的风险自留只能依赖自有资金或者借款来应对风险，一旦资金不足，可能会对项目的正常运行产生不利影响。因此，在风险自留策略中，有计划的方法更有可能提供更好的风险管理和应对风险的能力，而无计划的风险自留则更容易受到资金短缺等因素的制约。

2.4.3　创业投资的风险预防

风险预防是一种风险管理措施，通过采取各种措施来消除或减少可能引发风险损失的因素。在创业投资项目中，通常创业投资方以现金方式提供资金，而技术拥有者则以技术知识产权作为投资。为了平衡风险，特别需要关注以下几个方面。

1. 健全公司治理结构

除了普通股以外，可转换优先股和期权通常是创业投资的主要投资工具。在信息不对称存在的情况下，这就要求我们在签订协议时进行全面的考虑。比如在协议中约定附条件释放股权，也就是在项目成立时给予技术出资者较小的出资比例，同时说明如果企业通过该技术产生经济效益，创业投资方可以将部分股权释放给技术出资方，这样就可以让技术出资者全心研发技术，通过技术创造的效益获取更多股权，充分体现出技术的价值。

2. 低财务风险

在进行尽职调查时，必须深入了解被投资企业的真实状况，其中最关键的是核查被投资企业的全部资产是否合法合规。此外，对被投资企业的财务报表应进行仔细分析，以验证账目的真实性，同时需要在可靠的基础上对企业未来的主要财务指标进行预测。

3. 决策程序

投资决策是一个极为重要的过程，必须确保业务投资流程的操作规范性。严格遵守投资项目的各项制度是至关重要的，包括尽职调查、专家评审、独立审计和上会决策等多个制度。严格执行这些制度的规定不仅符合风险管理的要求，也是提高投资收益的必要前提。

4. 明确退出机制

退出是创业投资的重中之重，它可以帮助成功的投资者实现其资本投入的投资收益，也可以帮助失败的投资者收回部分投资本金，尽量减少损失。资本退出通常包括 IPO、股权转让、原股东或管理层回购和清算四种方式。无论采取哪种方式退出，风险企业都会因此产生深远的影响。

5. 投资方特殊权利的约定

为使投资方的收益得到保障，可在投资协议中作以下内容的约定：优先股形式投资并享有特殊表决权、出让股权优先权、重大事项决策权、优先分配剩余财产、分期释放股权等。

2.4.4　创业投资的风险转移

风险转移是指风险承担主体主动将风险转移到其他主体进行承担的方式。风险转移在经济的正常运行中是非常有必要的。比如财产保险，一旦财产出现大的损失，保险公司会进行赔偿不至于让公司陷入破产的困境，美国"9·11"事件正是进行了财产保险，保险公司承担了这些损失。由于企业将风险转移到保险公司，在风险发生时，企业经营不会受到毁灭性的影响。

风险转移通常有三种形式。一种是转移会引起风险及损失的活动，比如出售已过时的生产线或设备，称为风险控制型转移。它是将所有权进行转移，是风险转移的一种重要形式。另外两种是将风险及损失的有关财务后果转嫁出去，如通过变更合同等方法将某些潜在的损失后果转移给合同的另一方。其中一种形式是通过保险，即将标的物进行投保，如果发生损失将由保险人承担；另一种形式为非保险转移，即除保险转移外，旨在转移财务后果的方式，其典型形式就是联合投资，即吸收各种各样的创业投资参与到项目中来，而随着各创业投资公司的参与，创业投资项目的风险便会被分摊，此时虽然收益也会被分摊，但企业承担的风险也会少很多。

2.5　创业投资高风险管理理论

创业投资过程中伴随着高风险和高回报，关键在于如何将承担的高风险转化为高回报，因此有效的创业投资高风险管理至关重要。高风险管理的目标一方面是降低项目风险，争取最大化的回报，另一方面是主动管理创业投资中的高风险，包括识别、评估和判断风险，并相应地作出调整。这既有利于项目的发展，也有助于全面把控项目。创业投资高风险管理采用科学的方法来降低风险，以确保经济活动顺利进行。成本是创业投资高风险管理过程中需要注意的一个重要方面，选择的管理方式应符合成本合理化的原则。此外，风险管理不是一成不变的，而是需要根据生产的不同阶段制订相应的风险管理方案。根据情况的不同，及时制定适当的策略，以应对不同的风险挑战。

重要的是，在创业投资高风险管理中，需要采取系统性和综合性的方法。这包括建立有效的风险识别和评估机制，精确把握风险因素，制定风险规避和应对策略，以及建立有效的监测和反馈机制，不断提高管理举措的灵活性和适应性。

2.5.1　创业投资中的委托—代理理论

1. 委托—代理理论

现代企业的基础建立在生产的大规模、技术创新的复杂性和内部层级制管理上，基本特征呈现出两权分离的特点，委托—代理关系和代理人问题便随之产生了。在现代企业中，因为所有权与经营权分离，企业的所有者股东和管理者便存在一个委托代理关系，前者是委托人，后者是代理人。这样在管理者持有的股份不充足时，所有者和管理者之间便会存在利益冲突。现代公司的发展呈现出一种把所有者控制演化为经营者控制的转变，这便对占据绝对主导权力的股东的地位形成了威胁。当委托—代理理论旨在解决委托人和代理人之间存在的利益冲突和信息不对称时，就出现委托人对代理人的激励问题。根据张维迎（1996）的研究，委托—代理理论旨在形式化解决一类特定问题，即委托人希望代理人按照其意愿行事，但代理人的行为和自然状态的已知分布函数并不为委托人所直接了解。委托人只能观察到一些受代理人的自然随机因素和行动共同影响的变量。委托人的任务是如何基于这些观测变量来奖惩代理人，以激励代理人采取符合委托人利益的行动。因此，建立一个有效的委托—代理机制不仅能够降低代理成本，还能更好地满足委托人的利益。公司治理结构作为一种良好的制衡机制，源自公司的委托—代理制度，成功地应对了公司内部的委托—代理问题。这种结构有效地解决了不同权利主体之间的监督、激励和风险分配问题，为公司的顺利运营提供了合适的解决方案。

2. 委托—代理理论产生的问题

（1）创业投资中的双重委托—代理关系

双重委托—代理关系在创业投资过程中明显存在。第一重委托—代理关系体现在外部投资人和创业投资公司（创业投资家）之间。前者是信息劣势者，后者是信息优势者，其中外部投资人是资金的所有者，资金的经营者则是创业投资公司，外部投资人将自己的资金提供给创业投资公司，创业投资公司将收益作为使用资金的代价支付给外部投资人。在创业投资领域，第二重委托—代理关系体现在创业投资公司和创业企业（创业者）之间。创业投资公司作为所有者，而创业企业则由经营者来管理。在这种关系中，创业投资公司处于信息劣势地位，而创业企业则处于信息优势地位。创业投资公司向创业企业提供资金，而作为对利用资金的回报，创业企业向创业投资公司支付一定的收益。创业投资公司在这种双重委托—代理关系中处于中间人的位置，它既是代理方，又是委托方。

（2）委托—代理中的逆向选择和道德风险问题

在创业投资中，代理方即创业企业团队通常处于信息优势的位置，拥有关于项目和创业投资家能力等方面的有利信息。由此产生了两种委托—代理关系的问题，即逆向选择和道德风险。如果这些问题不能有效解决，将对创业投资的运作产生影响。逆向选择和道德风险在不同的时间点发生。前者是指在融资签约之前，存在信息不对称的情况；后者则是指在融资签约之后，存在信息不对称的情况。在创业投资中，代理人（创业企业团队）无论是面临逆向选择还是道德风险，都会对企业经营和委托方的利益产生严重影响。

在委托—代理理论中，完善的激励约束机制是解决代理问题最重要的手段。它能够最大限度地降低道德风险和逆向选择行为的发生。通过合理构建激励约束机制，可以使代理人全心全意地致力于为委托人获取最大化的利益，同时将代理成本最小化。在这个过程中，代理人将委托人的利益视作自己的利益，从而既激发了代理人的积极性，又保护了委托人的利益。在创业投资中，逆向选择和道德风险问题可以通过适当的制度设计和契约安排加以减轻。同时，建立一套完整的激励约束机制也是至关重要的。这样的机制能够有效解决这两个问题，从而实现降低代理成本和化解代理风险的目标。

2.5.2 创业投资中的信息不对称理论

1. 信息不对称理论

创业投资的整个过程可以简单地视为一项交易。资金供给方，即创业投资者，通过提供资金购买风险企业的股权，而资金需求方，即风险企业，将股权出售给创业投资者以获取资金。然而，在信息不对称存在的情况下，如果交易双方没有收集到足够的信息，那么双方的利益很可能受到损害。

在创业投资过程中，双方的行动都需要收集信息，并对其进行处理。然而，信息的获取和处理并不是免费的，存在一定的成本。因此，只有当信息成本能够通过交易带来的收益得到足够的补偿时，交易双方才会有达成交易的意愿。信息分为公开信息和私人信息。公开信息顾名思义是交易双方都能获得的信息，私人信息即交易一方私密的信息。私人信息的收集十分困难，需要巨大的经济成本和丰富的人力资本资源。创业投资市场参与者的不同意味着收集和处理信息的成本也会不同，再加上规模效应的存在，这就对创业投资的分工和专业化进一步提高了要求。在这种情况下出现了一些中介机构为创业投资各方或创业投资各阶段进行服务，创业投资市场又进一步细分为更多的子市场。

信息不对称可根据创业投资的特性进行多方面划分。首先，在创业投资的内容方面，可以将其划分为融资阶段、投资阶段和退出阶段的信息不对称。其次，依据时间的不同，可以将信息不对称分为投资前和投资后两个阶段。最后，从参与者的角度来看，可以将信息不对称分为创业投资者与创业企业家之间、创业投资者与风险投资家之间以及风险投资家与风险企业之间的不对称信息。

2. 创业投资中信息不对称产生的问题

（1）逆向选择问题

逆向选择的问题在信息不对称存在的情况下，在创业投资的每一过程中都可能会发生。在资金筹集的过程中，面临众多的风险投资家筹集资金，选择合适的风险投资家来管理自己的资金是风险投资者需要考虑的重要问题。在资金的投资过程中，有两个方面存在着逆向选择：一是风险投资者选择风险投资家，二是风险投资家选择风险企业。

（2）道德风险问题

道德风险可以分为两种情况。首先，风险投资家可能出于自身利益最大化的目的而损害风险投资者的利益；其次，风险企业可能损害风险投资家的利益，因为二者的目标并不完全一致。当风险投资家和风险企业在目标上存在差异时，就会出现这种情况。风险投资家主要追求在承担风险时获得合理的回报，控制董事会，以及掌控表决权等。而风险企业的主要目标则是确保控股地位，控制筹集资金成本，获得合理的收益等。为了降低道德风险或防止其发生，有效的激励和约束机制是至关重要的。在有效的激励约束机制下，风险投资家或风险企业家能够尽可能将自身利益与投资者的利益联系在一起，并采取有利于投资者利益最大化的行动。

2.5.3　创业投资中的实物期权理论

1. 实物期权理论

传统的投资决策分析方法要求管理者在面对一个投资机会或项目时作出果断的选择，然而这种方法存在一些缺陷。根据现代决策理论的观点，这种方法只将项目的起始时刻作为唯一的决策点，是一种简化的过程。然而，这种决策分析方法只在分析者已经完全掌握了与项目决策相关的所有信息，并且不会有新的信息出现的情况下才是可行的。

如此简单和机械的决策过程在现实中很难实现。事实上，决策所需的信息会随着时间的推移不断积累和更新，换句话说，投资决策需要在不同阶段进行，这也被称为序列决策。在项目管理中，管理者需要从项目开始一直到结束，覆盖项目的每一个阶段，每个分阶段的决策形成了一个决策序列。每一个决策都代表着前一个阶段的结束和下一个阶段决策的开始。因此，在每一个决策点上，决策者都面临着新的选择。他们可以参考前面各阶段决策的实际结果，结合当时所掌握的信息作出决策，从而拥有一个灵活的选择权，也被称为期权。

这样我们便可以将投资项目或机会看成是由一个或多个期权组成的。但是这些期权与金融期权不同，因为它们的标的资产不同，这类期权的标的是投资项目，它们是设备、土地等实物资产，所以也能将此类期权定为实物期权。在投资进行的一些时点，投资者可以根据新获得的信息和不确定性状况的变化，重新评估最初决定投资的项目选择。特别是在市场不够明朗的情况下，企业可以被看作是购买了一项实物期权，允许企业在有利时执行该期权，同时在等待市场情况变得更加清晰的过程中，这个期权也会创造价值。这个期权的价值源于企业可以选择是否执行它，因此，实物期权方法允许在创业投资中最大限度地控制潜在损失，并潜在地带来巨大的回报。实物期权方法是一种全新的决策思想和评价模式，其理论意义和应用价值在创业投资中十分重要，这种方法强调了灵活性和适应性，有助于企业更好地应对不确定性，从而更有效地管理投资风险和机会。

2. 创业投资中的实物期权特性

创业投资家拥有的期权是可以根据投资标的环境和个人情况进行调整的权利，但并非强制性的调整。创业投资涉及的不确定性，以及期权本身的权利和义务的不确定性对称关系决定了期权因素在创业投资中的存在。经济活动普遍存在不确定性，任何环节的变化都可能产生积极或消极的影响。在期权中，期权持有者可以选择是否行使权利，这使得在面临利弊不确定的情况下，创业投资者能够灵活决定是否执行期权以获得收益。当发生对自身有利的情况时，可以选择行使期权；而在不利情况下，可以选择放弃执行期权，仅须支付少量期权费用。因此，期权的灵活性使创业投资者能够在投资过程中选择对自身有利的方向，从而规避不利因素的影响。这种灵活性使期权在创业投资中起到重要作用，让投资者能够更好地适应不确定性，作出有利于自身的决策。

（1）灵活性期权

灵活性期权使创业投资公司能够在未来调整其投资计划。这种期权主要用于挖掘项目或投资决策中所包含的灵活性因素的价值，从而帮助投资者更好地评估项目并进行项目管理。灵活性期权在投资决策和项目评估中的运用有助于创业投资公司识别风险、管理风险以及选择最佳的投资时机。因此，拥有这些灵活性期权的创业企业与没有这些期权的企业的价值是不同的。在对创业企业进行估值时，创业投资公司也必须考虑到企业所拥有的这些灵活性期权的价值。

（2）成长性期权

要评估创业企业的长期发展战略，需要考虑成长性期权，它可以增加创业企业未来提高生产能力或竞争力的潜在机会。通常，成长性期权的价值在创业企业面临新的选择机会时显现出来。与灵活性期权相比，成长性期权需要更高的投入、伴随更高的风险，并且直接受益较小。然而，成长性期权的优势在于与创业企业的战略规划密切相关，与企业的发展紧密相连。因此，识别和利用成长性期权有助于提升企业价值并促进长期战略规划的发展。在创业投资过程中，由于期权的这一特性，创业投资者会根据当前创业投资项目的前景情况作出投资决策。如果前景看好，他们会选择投资；而如果前景不明朗或不太乐观，他们可能会推迟投资或选择放弃。这种灵活性使创业投资者能够更具针对性地选择投资机会，以更好地适应市场变化和项目发展的不确定性。

2.5.4　创业投资中的投资组合理论

1. 投资组合理论

行业投资即进行创业投资时选择不同行业、不同业务领域，因为在一个投资组合中，资产之间的相关性越小，投资组合对风险分散得越散。所以，投资者应该根据自身需要，在多个行业构建创业投资组合，以降低非系统性风险。在市场不确定的条件下，在不同类型的资产上配置资金，达到最优的资产组合，对于创业投资这种高风险的投资具有重要意义。

在对创业投资进行组合时也要遵循五个阶段的发展轨迹，阶段不同所面临的风险也不同，做到每个阶段都要制定与之相符的组合投资，做到最大化地减小风险。具体来说，种子期的创业企业在产品、营销模式和团队建设等各方面都十分欠缺，这个阶段的投资风险最大；起步期的企业初建成，开发出来的产品处于接受市场检验的阶段，故风险其次；

扩张期的企业不断扩大规模，在市场上占有一席之地，拥有良好的产品、营销模式和团队建设，投资风险也就相对减少了；成熟期的企业在各方面的条件都处于十分成熟的状态，此时风险最小；重建期的企业面临着企业破产或是投资重建，在原有的企业规模上可以对重建投资进行慎重考虑。综上所述，各个阶段面临的风险大小都是不一样的，所以积极利用投资组合理论可以帮助创业企业减少在投资的不同阶段的风险。

2. 基于投资组合理论的创业投资运作策略

（1）拓宽筹资渠道

目前，外资是我国创业投资资金的主要来源。除此之外，其他资金来源对于创业投资也具有重要意义。政府在鼓励创新创业方面扮演着关键角色，通过提供资金支持和政策引导等方式，鼓励创业投资的发展。同时，国内企业和金融机构也可以成为创业投资的资金来源，通过投资合作等形式提供支持。此外，其他渠道的资金，如引入社保基金、促使商业银行和保险公司积极参与，以及引导民营资本参与等方式，也可以为创业投资提供更多的资金来源。多元化的资金来源可以增加创业投资的资金池，提供更广阔的投资机会。这不仅有助于满足创业企业的融资需求，还可以促进创新创业生态系统的发展。因此，积极拓展资金来源并引入更多的参与主体是推动我国创业投资健康发展的重要举措。

（2）努力培养创业投资专业人才

一个出色的创业投资项目不仅需要资金，还需要高度专业化的人才。只有经验丰富且专业的人才，才能有效地将资金用于项目，并将其推向成功。在复杂的创业投资过程中，专业领域的人才变得至关重要，特别是需要涵盖经济、管理、法律等多个领域专业知识的复合型人才。目前，我国创业投资市场的发展迫切需要拥有这些多方面专业知识的人才。

（3）创办创业投资信息交流与共享平台

政府可以在创业企业和投资者之间充当重要的中介角色，对双方的交流和合作起到关键的推动作用。这种协助有助于创业企业迅速获得资金用于研发，同时也使投资者能够快速找到适合投资的企业以获取回报。这种协同作用有效地解决了高新技术创业企业融资难的问题。政府的影响力在这一过程中起到了重要作用，它建立了信息交流和共享的平台，极大地提高了创业投资成功的机会。通过政府的介入，创业企业和投资者能够更加高效地互相匹配，从而推动了创新和经济发展。这种协同努力有助于创造更加有利于创新创业的环境，同时也有助于政府更好地充当促进经济增长的角色。

（4）完善创业投资管理

创业投资的项目需要进行专业化运作和管理，创业投资双方当事人要按照当初合同的约定自觉履行义务，为创业投资项目全心全意出力，为最后创业投资项目的成功倾尽全力，并最终实现高额收益。这就要求双方当事人完善创业投资项目的管理，提高项目管理效率，因为只有在管理体系健全和完备的条件下，创业投资才能有序地发展。

（5）发展多元化退出机制

创业投资项目的运作是一个循环往复的过程，涵盖了资金的筹集、投入、撤出和再次投资。在这个过程中，创业投资者特别关注资金的退出环节，因为这不仅能够收回之前的投资资金，还有可能获得预期的投资回报。基于此，我国积极推进多元化的创业投资项目退出机制的发展变得至关重要。这样的退出机制不仅为创业投资者提供了多样化的选择，还能增加创业投资项目的成功率。

通过建立多元化的退出机制，创业投资者可以选择不同的退出路径，如股权转让、上市、并购等。这样一来，创业投资者可以根据投资项目的特点和市场状况灵活选择最合适的退出方式。同时，多元化的退出机制也为投资者提供了更有吸引力的投资机会，促进了创业投资市场的繁荣和成熟。我国积极发展多元化的创业投资项目退出机制不仅有助于提高创业投资者的投资回报率，还能吸引更多资本进入创业领域，推动经济的创新和发展。这些努力将为创业投资提供更广阔的发展空间，同时也为投资者和创业者创造更多的机会和价值。

第3章 项目选择的头部企业机制

3.1 创业投资项目选择的理论基础

创业投资是以股权资本的形式把资金投向高新技术开发领域，待项目成熟后通过股权转让的方式获取收益的投资行为，其运作流程主要分为五个阶段：资本筹措、选择投资项目、谈判和签约、经营风险企业、风险资本退出。其中，项目选择是创业投资中至关重要的一个阶段，合理地选择项目能够优化资源配置，实现价值最大化，降低投资风险，增加投资人的收益。

3.1.1 创业投资项目选择评价的含义

创业投资项目选择是指以产品和技术为基础，以企业为载体，以团队管理为关键，以超额利润为目标，既注重市场需求分析，又强调风险企业竞争优劣势和企业外部环境机会与威胁，结合项目的成长性进行项目筛选，为投资决策提供参考的一项工作。

创业投资的项目主要来源于创业企业家、政府机构、高校和科研院所、高科技成果交易会等，而创业投资机构则需要根据自身需要从众多项目中选择合适的项目进行投资。创业项目选择主要分为快速筛选、审慎调查、价值评估三个步骤。

第一步，快速筛选。创业投资机构需要根据风险企业提供的商业计划书对投资项目的投资额、出资占股比例、投资企业的核心业务、创业企业家自身素质等进行简要分析，并结合机构自身的投资偏好，如投资领域规模、投资阶段要求、地域偏好等进行分析，初步筛选投资项目。

第二步，审慎评估。基于双方目的和利益的冲突，风险企业存在刻意隐瞒或提供虚假信息的情况，所以在通过初步筛选之后，创业投资机构需要结合项目所需资金及占比、机构投资风险、未来退出方式等因素，对风险企业的核心技术、主推产品、创新能力、市场前景、未来成长性与盈利能力、财务状况、管理团队进行综合分析，并对企业进行尽职调查，确保企业提供资料的真实性，降低逆向选择风险。其中，对于创业者及其管理团队的分析是审慎调查的重点之一，特别是对初创企业而言，在公司并没有成熟的产品技术和正向盈利时，创业者自身的素质往往是创业投资机构进行判断的一个决定性因素。

第三步，价值评估。创业投资机构会结合风险企业的情况出具创业投资项目选择评价调查报告，详细地分析投资项目的企业概况、资产状况、财务状况、技术研发情况、管理团队情况以及市场状况，并对项目的预期风险和预期收益进行估测，确定企业的价值，并据此作出投资决策。一般而言，对于企业价值的评估方法主要分为市场法、收益法和成本法三大类。

3.1.2　创业投资项目评价指标体系

最初，创业投资项目评价的重点是财务方面，忽略了创业企业家的自身素质、企业核心产品服务等方面的内容。随着研究的深入，项目评价指标体系逐步完善，将更多的影响因素纳入评价体系中，提出了几种经典的模型。本节总结了国外学者提出的几种经典的项目评价指标，以及当前著名创业投资机构采用的评价指标。

1. 国外研究综述

威尔斯（Wells，1974）通过实证分析的结果得出一套指标体制，该指标体系选择了12个重要的指标，并按照指标的重要程度进行排序，依次分别为管理保证、产品、市场、营销技巧、技术、营销计划、财务技能、制作技能、获得中介推荐、其他参与者、产业技术、变现方法，各指标的权重见图3-1。其中，管理保证平均权重最高，为10.0；变现方法的平均权重最低，仅为2.3。

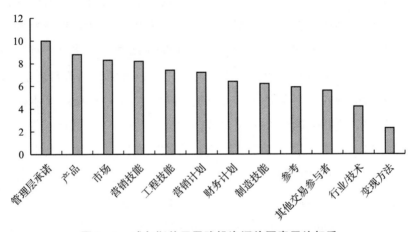

图3-1 威尔斯关于风险投资评价因素平均权重

泰吉和布鲁诺（Tyebjee & Bruno，1984）提出了20世纪风险投资项目选择的经典模型。他们选择46位风险投资家，运用问卷调查与因素分析结合的方法，最终得出了项目选择的五项指标，即市场吸引力、产品差异化、经营管理能力、风险承受能力、变现能力，具体的二级指标及比例见图3-2。

麦克米兰和纳希姆哈（MacMillan & Naeasimha，1985）基于对14位风险投资家的调查数据，最终归纳整理出六大类共27项标准，这六大类指标分别为创业者个性、创业者经验、产品服务特性、市场特性、财务考虑、风险企业团队组成相关标准。在项目评价的二级指标中，风险投资家普遍更为看重创业企业家自身的素质，并将创业者所具有的充沛活力、创业家对目标市场的熟悉程度、产品专利技术、目标市场增长潜力以及 5～10 年内的回报率作为最关键的因素，具体评价因素及比例见图 3－3。

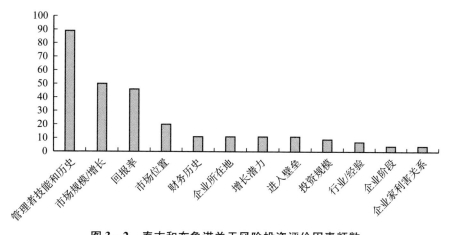

图 3－2　泰吉和布鲁诺关于风险投资评价因素频数

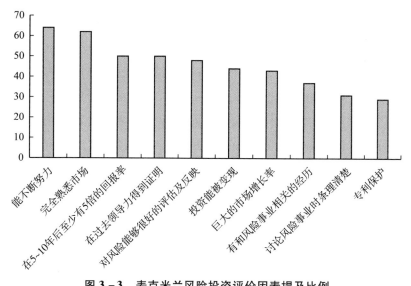

图 3－3　麦克米兰风险投资评价因素提及比例

2. 知名创业投资机构项目评价指标

随着创业投资行业的蓬勃发展，当前的投资环境发生了较大的变化，在结合国内外学者提出的创业投资评价体系的基础上，本节列举了三家著名创业投资机构的投资评价体系，具体投资行业及评价指标见表 3 – 1。

表 3 – 1　　　　　　　知名创业投资机构项目选择常用指标

创业投资机构	投资行业	评价指标
红杉资本	互联网、移动互联网、医疗健康、环保能源、电子商务	行业政策、行业前景、市场规模、项目商业模式、项目技术优势、创业者执行能力、创业者道德品质
创新工场	移动互联网、互联网金融、文化娱乐、硬件、人工智能	行业偏好、市场认知度、创业者学习能力、创业者抗压能力、创业者沟通能力
AC 资本	互联网、移动互联网、本地生活、教育、电子商务、社交网络	市场规模、商业模式、创始人经历、创始人背景、创始人学习能力、创始人领导能力、创始人创业情怀、创业者信念、创业团队互补性

资料来源：互联网资料及投资机构官网。

当前，国内外各个创业投资机构项目选择体系之间存在一定的差别，但其重点大都集中在管理团队能力、创业者自身素质、企业商业模型、市场以及项目受益者几个方面。在分析行业前景以及市场规模的基础之上，大多创业投资机构都把考察的重点集中在创业者素质上，并针对创业家的学历背景、行业工作经验等方面进行重点考察，判断创业家是否具有良好的抗压能力以及坚定的创业信念。在所投行业的选择上，创业投资机构主要偏向于高新技术行业，并重点集中于互联网行业的投资，这对高新技术行业的发展具有极大的推动作用。

3.2　头部企业特征分析

头部企业是指在行业中具有巨大的影响力、号召力，能够在行业中起到示范和引领作用，并且能够对其所在国家、地区和行业内部作出重大贡献的企业。一般而言，头部企业具备以下几个特征。

1. 市场规模大

头部企业能够在行业中具有稳固的地位，与企业的规模密不可分。企业从初创期过渡到成长期，最终成长为头部企业的过程，也是企业规模逐步扩大的过程。根据调查研究发现，90% 以上的头部企业都是行业内的大型企业，企业可以凭借规模经济的优势，完善企业上下游的产业链，寻找廉价的生产环境和资源，降低生产成本，个别头部企业甚至可以凭借其垄断地位控制生产要素的价格，进一步压低生产成本，同时扩张企业的销售渠道，增加销售量，进一步占领市场份额。

2. 经济效益好

根据 2019 年《中国统计年鉴》的数据，以工业企业为例，全国规模以上大中小型工业企业共有 378 440 家，利润总额为 66 351.4 亿元，其中大型企业 9 103 家，利润总额为 32 129.4 亿元；中型企业 49 778 家，利润总额为 15 520.5 亿元；小型企业 319 559 家，利润总额为 18 701.5 亿元。小型企业的数量占企业总数的比例达 84.44%，但其利润总额占总利润的比例仅为 28.19%；而大型企业的数量占比虽仅为 2.41%，但其利润占比却高达 48.42%。由上述数据可知，头部企业都具有十分强大的盈利能力，虽然企业占比不大却能够创造出很大的市场价值，在市场中具有很大的竞争力，市场占比巨大，在行业中具有较强的引领能力和号召力。

3. 产品具有市场竞争优势

头部企业凭借其巨大的生产规模、稳定且丰厚的现金流，能够在行业中占据大部分的市场份额。此外，头部企业还会形成自身的企业文化和企业品牌。企业文化是企业在生产经营与管理中创造的具有企业独特

特色的精神财富。企业文化体现了企业经营管理中的传统价值观和人文
精神，代表了企业的凝聚力，是企业发展的不竭动力，其包含企业的经
营理念、经营方针、经营目的、经营形象等在内的所有内容。企业品牌
作为一种无形资产，能够体现出企业产品高质量、高品质的特征，依靠
企业品牌进行宣传能够在消费者群体中形成巨大的影响力，能够进一步
增加企业销量，巩固地位，增强企业抵御风险的能力，使企业进入经营
的良性循环。对内，头部企业的企业文化能够形成完善的战略规划，规
范管理层行为，降低代理风险，增强员工凝聚力；对外，头部企业的企
业品牌又成为一个有力的销售手段，增加企业销量，提高企业知名度，
吸引人才和投资，促进企业行业地位的巩固和发展。

4. 引领能力强

头部企业作为行业中的翘楚，除开其规模和竞争优势，头部企业还
承担着行业责任和市场责任。头部企业凭借其行业影响力，在企业的生
产经营、产品技术创新、管理方式方面对行业企业具有积极的引领作用。
头部企业能够带动行业内部的企业规范和行业生产流程，形成高质量的
行业标准，提升行业形象，增强国际竞争力，推动行业的高质量发展。

5. 管理团队年轻化、学术型、高学历趋势明显

企业的管理者，特别是企业的高层管理者，是企业战略制定的直接
参与者，甚至是决定者，同时也是企业战略工程落实的执行者。对于一
家初创企业而言，管理层的思想理念在很大程度上决定了企业未来的发
展方向，对企业的成长至关重要。在对各个行业的头部企业的管理层进
行调查的研究中发现，近年来，头部企业管理层群体呈现出年轻化、高
学历、学术型这几大趋势。在 20 世纪 80 年代之前成立的企业，其管理
层大都为 50 岁以上，具有较多行业经验和企业工作经验的人担任公司的
管理层；但从 21 世纪初开始，各行业的头部企业管理层群体明显呈现出
了年轻化的趋势，大都是 30 ~ 50 岁，具有明显的年轻化趋势，这也从侧

面反映出了头部企业在经营与管理方面的多元化与创新化的趋势。在 20 世纪，不乏创业者属于下海经商，其学历层次仅为中学，但根据近几年的调查显示，目前半数以上头部企业的董事长拥有研究生学历，高学历已然成为当前头部企业管理层的重要特征。同时，头部企业也十分重视对管理层的进修和学习，大多数头部企业都会定期安排管理层进修和培训，重视对管理经营人才的培养，注重向其他优秀企业借鉴学习，重视经营管理方式的创新与能力的提高。此外，头部企业管理层还呈现出差异化的趋势，一些高新技术头部企业的管理层年轻化、高学历的趋势表现得更加明显，相对于传统行业而言，其管理层的平均年龄相对更小，学历也相对更高。

6. 重视技术开发与创新投入

企业创新包括战略创新、技术创新、管理创新等多方面的内容，是企业发展的不竭动力，对于初创企业而言企业创新是企业发展的机遇，对于头部企业而言企业创新同样也是企业稳固行业地位必不可少的因素。根据波士顿资讯集团发布的 2020 年全球最具创新力 TOP 50 榜单显示，中国上榜的企业有华为、腾讯、小米、阿里巴巴、京东。这五家企业作为科技行业中的头部企业，在技术研发中的投入同样是初创企业无法企及的。根据相关数据显示，华为在 2019 年的研发投入高达 1 317 亿元，占全年销售收入的 15.3%，由此，足以显示出头部企业在技术创新方面的重视程度和强大的资金实力。头部企业拥有丰厚的经营利润、稳定的现金流以及众多各领域技术人才的支持，相比之下，初创企业仅仅依靠微薄的前期投入和有限的技术人员进行技术创新，特别是针对创业投资所面向的高新技术企业而言，高昂的前期投入会导致众多初创企业陷入经营困境甚至破产，而头部企业则具有绝对的优势。此外，头部企业也十分重视产品创新和管理创新，特别是高端制造业、电子信息行业等行业的头部企业参与科技研究的数量和对持续开发投入的资金具有明显的上升趋势。

3.3 头部企业成长路径

　　企业的成长就是一家企业从无到有的发展过程，这意味着企业规模与经营范围的扩大，组织结构的改进，技术创新能力的增强，经营制度和管理方法的创新，以及企业文化的塑造。促进企业成长的方式多种多样，一般有技术创新成长、规模与范围经济成长、专业化成长、多元化成长、内部扩张成长与兼并成长等。但对于头部企业而言，其成长路径有章可循，大多数头部企业的成长都遵循"专业化—多元化—归核化"的路径。

　　专业化是指不同的个人、产业部门和地区之间不同生产活动的划分。企业的专业化则是指企业在明确自身优势的前提下，获得与自身情况相适应的核心技术，在自己生产效率最高的领域进行发展。纵观头部企业的成长，首先需要一个明确的行业、客户群体定位，确定明确的战略规划，找到一个具体的切入点，从小领域的专业化开始发展。初创企业时，无论是资金还是技术人才都是相当有限的，企业此时只能抓住其中一个最为核心的产品或技术进行发展，将所有资源都集中于企业最具优势的产品和业务上，保持其产品和技术的独特性，将一个小领域做到极致，首先做到小领域中的领先者。例如，腾讯作为互联网行业的头部企业，其初创时也选择仅仅从网络聊天工具着手进行发展。

　　对于头部企业而言，成本战略和差异化战略都是促进企业发展的核心战略。但企业发展壮大形成一定规模后，在一定的产量范围内，随着企业的产量增加，固定成本变化不大，企业则可以依靠规模经济降低研发和生产成本，迅速扩大企业的销量，快速赢得发展的机会。同时头部企业还相当重视其产品的核心优势和差异化的发展，致力于增强企业产品的不可替代性，增强消费者黏性，形成强有力的行业壁垒，稳定企业的核心产品技术，获得稳定的营业收入来源。

　　当在行业中获得一定的话语权后，头部企业便会考虑进入横向或纵向扩张的阶段，逐步转型成为多元化的集团。企业会充分利用自身产品和业务上的优势，沿着经营链条进行横向或纵向的扩张，不断扩大经营的深度和广度，将企业的经营空间进行延展。头部企业会考虑选择同行业的企业或者同类型的产品进行联合，进一步扩大企业的生产规模，减少竞争对手。同时，头部企业还会考虑进行纵向扩张，沿着生产经营的链条向前或者向后进行扩张，打通企业上下游产业链条，以降低企业经营成本，稳定供求，并且逐步建立起企业的经营特色，形成自身独特的经营理念、商业模式和管理形式。此外，头部企业还会逐步涉猎新的领域，选择新的行业进行投资，打破行业边界，开拓新兴市场，从而占领更多市场份额。多元化的发展也能够帮助企业避免单一经营的风险，最大限度地降低企业所承担的非系统性风险，增强企业抵御风险的能力。

　　在进行多元化扩张的同时，头部企业同样不会忽略企业核心技术和产品的创新，回归其核心技术和产品，在核心下构建企业生态，做好最后的"归核化"。不论企业发展到什么阶段，创新始终是企业的核心竞争力，只有持续不断地创新，才能使企业增强对外界环境的适应能力，保证企业不偏离其发展方向，稳固其头部地位。头部企业一般都会同时兼顾企业的运营和创新两方面，即保持本源业务的持续运行，维持企业的现实基础，同时又兼顾发展企业的新产品和新技术，注重企业战略、生产流程、组织制度、管理模式的创新。同时，大多数头部企业会保证其创新的相对独立性，降低创新的高投入与高风险性对企业原生业务的影响。

　　最后，除头部企业自身生产经营、商业模式、经营方式、管理形式的独特性外，头部企业的企业文化同样支撑着企业的发展壮大。企业文化是企业在生产经营实践中逐步形成的、为整体团队所认同并遵循的价值观、经营理念和企业精神，以及在此基础上形成的行为规范的总称。企业文化会影响企业员工的思维方式和行为方式，增强员工的使命感、责任感、归属感和成就感，对企业的创新发展具有极大的推动作用。头部企业的企业文化是企业进行经营管理的核心要义，指导着企业的发展。同时，头部企业可以凭借其深厚的企业文化吸引更多科技管理人才的加入，可以通过员工共同的信念感增强员工的凝聚力和使命感，以此达到激励员工工作热情的效果。

对比初创企业的成长路径，头部企业的发展则更具优势。首先，头部企业始终重视核心技术的发展，具有其独特的核心技术和产品，具有较强的排他性和不可替代性。其次，头部企业能够凭借资金优势和强大的关联网络进行多元化的发展，最大程度地分散风险，降低企业的经营风险和投资风险，增加企业投资者的收益。最后，头部企业的管理团队同样具有相关行业的经营和管理经验，能够为企业设计最佳的经营管理计划和激励政策，最大限度地吸引年轻型人才，增加员工的凝聚力，助力企业发展。对比初创企业资金不足、人才缺乏、市场前景尚未明朗的局面，头部企业显然具有明显的优势。

3.4　头部企业获得成功的概率分析

"大拇指定理"形象地从创业投资的角度揭示了头部企业的成功率。如果风险资本一年投资 10 家高科技创业公司，在未来的五年内，三家公司会垮掉；三家公司会成为中小企业并停滞不前，最终被收购；三家公司能够上市，并且取得不错的业绩；可能仅有一家企业迅速成长，上市后被市场看好，成为"大拇指"，市值呈十倍甚至百倍增长，为投资者带来巨额收益。由此可见，若以创业投资项目的成功率来估计企业的成功率，企业最终成功的概率并不高。

结合创业投资偏好投资与高新技术企业的背景，本节选择了金融科技行业排名前十的企业作为头部企业的代表，并选择金融科技概念股所包含的 46 家上市企业作为行业对照企业进行对比分析，以此来判断头部企业的成功率。根据相关数据排名情况并结合数据获取的便捷度，本节选择了蚂蚁金服、陆金所、东方财富、京东数科、恒生电子、同花顺、金融壹账通、360 数科、众安在线、长亮科技、宇信科技作为金融科技头部企业的代表，从盈利能力、创新能力、成长能力等几个方面进行成功率的分析。

　　首先，从企业在金融科技行业的营收占比来看，头部企业占比突出。2019 年我国金融科技行业总体营收规模近 1.44 万亿元，而其中排名前十的金融科技头部企业的营业收入占比占全行业的 15.74%，如图 3 – 4 所示。

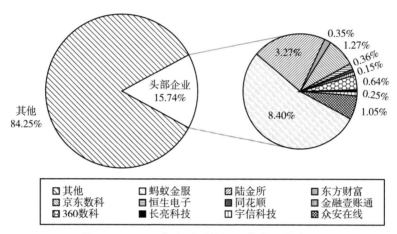

图 3 – 4　2019 年金融科技行业营收规模统计

　　由图 3 – 4 可知，在这 10 家头部企业中，蚂蚁金服表现最为突出，其营业收入达到了行业总体营业收入的 8.40%，而陆金所、京东数科、众安在线在行业中的占比也都达到了 1% 以上，分别为 3.27%、1.27%、1.05%。虽然金融科技行业头部企业市场营收规模占比不如某些传统行业集中，但相较于行业内部众多初创的中小企业而言，头部企业的优势依然十分突出，具有极大的市场优势。

　　其次，从企业净资产收益率的角度进行衡量，头部企业同样具有十分明显的优势。本节选择了 10 家头部企业的平均净资产收益率与金融科技上市企业的平均净资产收益率进行了对比分析，如图 3 – 5 所示。

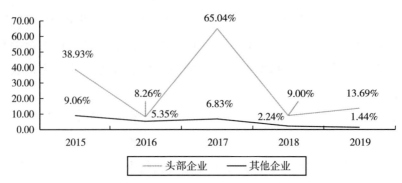

图 3 - 5　金融科技企业净资产收益率分布情况

由图 3 - 5 可知，2015～2019 年，头部企业净资产收益率的平均水平均高于其他金融科技上市企业的平均水平，其中以 2017 年最为突出，其净资产收益率高达 65.04%，而同年其他上市企业的平均净资产收益率仅为 6.83%。净资产收益率衡量企业对股东投入资本的利用效率，而创业投资正是以股权资本的形式投入创业企业，从净资产收益率的优势中可以看出，头部企业在股东资本使用效率和企业的获利能力上均有十分突出的优势，更有实力为创业投资机构提供更稳定的收益水平。

再次，头部企业在企业的产品和服务方面的研发投入具有巨大优势。由于数据来源的局限性，本节列举了 10 家头部企业中的部分企业在 2019 年研发费用占营业收入的比重，如图 3 - 6 所示。

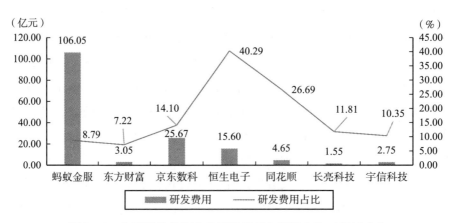

图 3 - 6　金融科技头部企业研发费用金额及占比（2019 年）

由图 3 - 6 可知，在金融科技行业的头部企业中，蚂蚁金服的研发费用的绝对金额最高，达到了 106.05 亿元，占其营业收入的 8.79%，而恒生电子的研发费用占比更为突出，占比高达 40.29%。由以上数据不难看出，头部企业对企业产品及核心技术研发的重视，这也凸显了头部企业在技术研发中的巨大优势。对于中小企业而言，其经营目的还停留在维持自身经营发展的需要，缺乏足够的资金实力进行核心技术和产品的升级，在技术创新中投入的决心也远不如头部企业。而头部企业凭借其已有技术基础的支撑和强大的资金实力，其技术研发的成功率和成果的转化率必然强于初创中小企业。

最后，从企业的成长性来评价，头部企业同样具有强大的成长潜力。由于某些企业数据的局限性，本节选择了东方财富、恒生电子、同花顺、长亮科技、宇信科技、众安在线六家企业作为头部企业的代表，结合营业收入增长率指标对企业的成长能力进行评价，如图 3 - 7 所示。

图 3 - 7　金融科技企业营业收入增长情况（2015 ~ 2019 年）

由图 3 - 7 可知，金融科技上市企业营业收入增长总体较为平稳，2015 ~ 2018 年增长幅度均维持在 15% 左右，但在 2019 年出现了较大幅度的下跌，仅为 4.8%。而头部企业营收增长率波动幅度则较大，在 2015 年出现高达 129.97% 的快速增长后，在 2016 年出现了大幅度下跌，跌至 8.17%，甚至低于行业其他上市企业的增长水平；但在 2016 年以后又逐步回升，在 2017~2019 年均高于行业对照企业的增长水平。由此可见，除特殊情况外，对于高科技行业和新兴产业而言，其头部企业的增长速率及成长能力同样十分可观，其成长潜力甚至会领先于初创企业。

此外，企业产品的市场推广及认可度也是影响企业成功的重要因素，而头部企业在用户数量上优势同样明显。金融科技的十强企业覆盖了小额贷款、理财、支付、互联网金融信息服务等多个领域，其客户群体有面向企业的也有直接面向消费者的，涵盖了 B2B 和 B2C 两方面的业务。根据相关数据显示，截至 2019 年 12 月，支付宝的月度活跃用户数量已经达到 6.59 亿人，全球注册用户数量甚至超过 10 亿人，并且依然保持着 20% 的高增长；陆金所注册用户为 4 402 万人，活跃用户 1 250 万人，且半数以上客户的资产管理规模大于 50 万元；东方财富 PC 端日活跃用户为 6 252 万人，App 端月度活跃用户为 4 141 万人；同花顺金融服务网注册用户约 49 637 万人，每日使用客户端人数约为 1 301 万人，每周活跃用户数量约为 1 640 万人。此外，金融科技的头部企业还服务于许多金融机构、商户企业、政府等，拥有诸多优质客户。相较于缺乏有力市场推广的初创中小企业而言，头部企业在客户基础方面具有极大的优势，并且其客户黏性也在进一步增加。

通过以上分析可以发现，头部企业凭借企业规模、市场占有率、用户数量方面的优势，获得成功的概率也明显高于初创企业。特别是针对创业投资者而言，所投企业的成功率决定了创业投资的成功率，随着成熟项目占比的扩大，投资收益率也呈现出逐步上升的趋势，这说明投资头部企业能够明显增加创业投资的成功率，即使头部企业出现衰落的趋势，创业投资机构也可以考虑以并购等多种方式实现退出，能够明显降低创业投资机构所承受的风险。

3.5　头部企业评价的实例分析

基于前述分析，对创业投资机构而言，投资头部企业能够降低投资风险，增加项目收益。因此，结合创业投资主要投资于高新技术产业的行业背景，本节选择了当前热门的高科技企业进行实例研究。考虑到企业数据来源的便利性，选择已经在美国上市的区块链头部企业——金融壹账通进行具体分析。

3.5.1　企业简介

金融壹账通全称为金融壹账通科技有限公司，成立于 2017 年 10 月，是中国平安集团的联营公司。金融壹账通是中国领先的面向金融机构的商业科技云服务平台，致力于为金融机构提供"科技 + 金融"的解决方案，并拥有世界顶级的人工智能、区块链和大数据等前沿科技，研发出了许多渠道、产品、风控、服务、运营等众多场景下的金融科技产品。金融壹账通于 2017 年被评为独角兽企业并位列第 13 名，随后获得了2017 年度最佳金融科技创新公司、2018 年全球金融科技百强企业、亚洲区块链 50 强企业、亚洲金融科技 50 强企业等荣誉。

3.5.2　企业管理营运

第一，企业管理团队汇集高学历多专业人才。根据企业公开高管信息分析，在企业公开的 12 位高管中有 4 位拥有博士学位，7 位拥有硕士学位，并且均毕业于国内外知名院校。从其专业背景来看，12 位高管中有 6 位拥有经济学学位，6 位拥有管理学学位，3 位拥有法学学位，2 位拥有会计学学位，并且有多位高管同时获得了经济学、管理学、会计学等多个学位，拥有十分丰富的专业背景。从企业高管的工作经验来看，这 12 位高管均拥有相当丰富的金融行业从业经验，并多次担任其他企业的高管职位，拥有十分丰富的管理经验。从企业管理者职能构成上分析，其主要致力于金融、管理、会计、法律四个方面，这能够确保管理团队在企业的产品开发、技术创新、财务分析、法律保障、企业经营管理保障等多个方面各司其职，形成多方位、多层次的营运管理体系，确保企业持续健康地发展。

第二，企业"技术＋业务"的创新商业模式。金融壹账通采用了独特的"技术＋业务"的商业模式。首先，企业将大量资金投入技术研发，建立庞大的基础设施和产品服务布局。对于高新技术企业而言，企业的专业技术是企业的核心竞争力，而金融壹账通的盈利也主要依靠的是企业核心技术的研究和企业新产品的开发。高研发投入带来了企业产品结构的优化，能够增强企业产品对消费者的吸引力，同时随着企业客户数量的增多，企业能够依靠规模效应进一步降低企业成本，增强企业市场占有率和竞争力，未来向产品研发、技术创新注入更多资金，利用更加优秀的产品吸引更多的客户，建立更高的竞争壁垒，构建企业良性循环。其次，企业拥有深厚的业务积累。金融壹账通背靠中国平安集团，作为国内大型金融机构，平安集团拥有多维度的金融数据、成熟的金融技术基础、雄厚的资金实力以及全覆盖的客户群体，能够为金融壹账通的发展提供诸多支持，以促使其成为行业中覆盖的金融机构和产品功能最为全面的企业。此外，金融壹账通采用的是"使用—深化—融合"的客户战略，先是利用基础产品服务广泛地获得客户，再通过交叉销售发掘优质客户增加客户黏性，并且将各种交易类型货币化，为客户提供能够增加其收入和利润的产品服务，伴随客户的流量获得更高的收益。

3.5.3　财务状况分析

基于本书的研究目的，主要选择了相关的风险指标对企业财务状况进行分析。考虑到金融壹账通成立时间较短，并且企业自身的商业模式十分重视技术产品研究的投入，特别在企业成立前期花费了大量的经费，导致企业尚未盈利，所以选择企业收入、总资产以及成本费用率来对企业的经济效益状况进行评价，并且从企业的营运状况、资本结构、偿债能力三个角度出发，选择企业的收入、资产周转率、资产负债率、流动比率四个指标对企业的基本财务状况进行评价。

由表 3-2 可知，企业在成立的第一年就实现了 142.90% 的增长，在接下来的一年，同样以 64.69% 的增长率维持快速增长，并且在成立后不久便被评选为独角兽企业，而后还实现了迅速上市。从以上信息我们很明显可以看出企业具有十分强大的成长能力，这主要得益于企业"技术 + 业务"的独特商业模式。

表 3-2　　　　　　　　　　　金融壹账通经济效益状况

指标	2019 年 12 月 31 日	2018 年 12 月 31 日	2017 年 12 月 31 日
收入（亿美元）	23.28	14.13	5.819
收入增长率（%）	64.69	142.90	—

资料来源：企业年报、东方财富网。

总资产周转率是衡量企业投入与产出之间的关系，是评价企业资产管理效率的重要财务指标，体现了企业经营期间全部资产从投入到产出的流转速度，该指标反映了企业总资产的管理质量和利用效率。从表 3-3 可知，企业总资产的周转速度总体呈上升的趋势，企业资产使用效率有明显增强，销售能力大幅度增强，但由于企业自身经营比较重视技术产品的研发投入，因此导致企业总资产周转率低于一般企业，但总体上仍然呈现出明显的上涨趋势。

表 3-3　　　　　　　　　　　金融壹账通基本财务指标

指标	2019 年 12 月 31 日	2018 年 12 月 31 日	2017 年 12 月 31 日
总资产周转率	0.24	0.23	—
资产负债率（%）	54.46	59.17	101.16
流动比率	1.55	1.53	0.72

资料来源：企业年报。

资产负债率是衡量企业利用债权人资金进行经营活动的能力，反映了债权人资金的安全性程度。一般来说，企业的资产负债率维持为40%~60%的水平较为合适，过高的资产负债率会给企业带来较重的负债压力，形成较高的财务杠杆，增加企业的财务风险，同时也增加了债权人的投资风险，而过低的资产负债率又会减少企业吸收外部资金，可能由此导致过于保守的经营策略，在一定程度上会降低企业的收益。由表3-3可知，金融壹账通的资产负债率呈现出下降的趋势，由2017年的101.16%下降为2019年的54.46%，这主要是由于企业总资产三年来的大幅度上升，将企业的资产负债率控制在比较健康的水平。

流动比率衡量企业运用流动资产迅速变现以偿还短期负债的能力。一般来说，企业的流动比率越高，表明企业资产变现的能力越强，在短期内偿债的能力也越强。从企业经营的角度而言，流动比率过高意味着企业的流动资产占比高，而由于流动资产的收益率一般较低，这就会在一定程度上降低企业收益，但过低的流动比率会降低企业的偿债能力，增加企业的风险和投资人的投资风险，所以企业一般将流动比率控制在2左右比较合适。由表3-3可知，金融壹账通的流动比率明显增强，这主要是由于企业流动资产的迅速增加，对于投资者来说，企业资产的迅速增加，能够在一定程度上说明企业的成长能力和经营能力，同时企业流动比率的降低会降低投资者所承担的风险。

3.5.4　研发情况分析

根据金融壹账通的财报显示，企业2017年的研发投入为5.37亿美元，2018年为8.21亿美元，2019年为11.47亿美元，呈现出逐年上涨的趋势；同时企业研发占比也巨大，2018年全年研发投入占总收入的58%，2019年全年研发投入占总收入的49%。此外，企业十分重视技术人才的培养和专利技术的研发，根据相关资料显示，企业研发人员占比高达46%。截至2019年，企业国内外专利申请已经超过了3 300项。

表 3 - 4 显示了金融科技行业中部分头部企业的研发费用占比情况。
由该表可知，金融壹账通的研发投入比重在行业头部企业中都处于领先
地位，甚至远超过同花顺、东方财富等成立 10 年以上的行业头部企业。
而金融壹账通成立仅三年就跃升行业头部企业，其研发投入对企业的发
展起到了极大的推动作用，这同样与企业的战略目标和商业模式相契合。
作为科技型企业，技术就是企业的核心竞争力，企业的核心技术就是企
业盈利和占领市场的关键，而头部企业对于技术的重视程度、对技术人
才的吸引力以及研发投入的决心是初创企业望尘莫及的。

表 3 - 4　　　　　　　　金融科技头部企业研发费用占比分析

企业	研发费用占营业收入比重（%）
金融壹账通	41.07
恒生电子	40.29
同花顺	26.69
东方财富	20.66
京东数科	14.10
蚂蚁金服	8.79
众安在线	6.46

资料来源：金融壹账通 2019 年年报。

3.5.5　市场占有分析

　　金融壹账通主要涵盖了银行、保险、资产管理等金融服务行业的多
个垂直领域，覆盖了营销、风险管理、营运客户的全流程服务，还提供
数据管理、智慧经营到云平台的全体系底层技术服务。截至 2019 年 9 月
30 日，金融壹账通拥有超过 3 700 家客户，客户群体覆盖了中国 6 家国
有银行、12 家股份制银行及其他大小银行共 618 家以及 84 家保险公司，
成为中国所有科技云服务平台中客户数量最多的企业。

3.5.6   基于创业投资评级体系下头部企业的优势

基于上述创业投资体系指标的分析，创业投资机构最为重视的指标集中在企业管理层、市场规模、市场定位、企业增长率、创新能力等方面，而从头部企业的发展路径、成功率及自身特点来看，头部企业在以上诸多方面都具有显著优势。

第一，从企业总体的经济状况和财务状况来看，企业较成立之初的财务状况有了十分明显的改变，企业总资产数量和收入增长十分迅速，企业各方面的经营和研发也逐渐步入正轨，逐步实现盈利，这十分有力地说明了企业具备良好的成长能力和获利能力。第二，从管理层的构成来讲，金融壹账通背靠金融头部企业——中国平安集团，企业的管理层主要来自平安集团的管理层人员，拥有十分强大的管理人才支撑。第三，从企业的商业模式出发，由于集团技术基础的支持以及部分资金的支持，才能支持企业在前期投入大量资金进行研发创新而不急于盈利以选择此类创新的商业经营模式，而对于初创企业而言，其资金情况本身就不充足，若再大比例进行技术研发投入无法获得足够利润，则企业自身的生存都难以保证。第四，从技术投入和产品创新出发，头部企业本身拥有充足的技术人员的支持，同时基于企业本身的知名度和行业影响力，又能够不断吸引技术人才的加入，这凸显了头部企业在技术投入方面极大的魄力，能够斥巨资用于技术研发，这也是初创企业无法比拟的。第五，从企业的客户群体出发，平安集团作为国内大型头部金融集团，涉及银行、证券、保险等多个领域，其客户资源具有极大的优势，能够给金融壹账通提供大量客户，同时能够利用集团成熟的宣传渠道作新产品的推广，快速占领市场。

由此可见，投资者选择头部企业进行投资，除有企业自身的技术基础、人才支持、资金支持之外，还能够借助企业原有的宣传渠道和销售渠道，迅速打开市场，能够很大程度地降低投资人的风险，帮助投资人实现丰厚的盈利并且迅速退出。

3.6 头部企业能够有效降低投资风险

创业投资作为投资于高新技术产业的股权资本，其运作模式就决定了创业投资的高风险性和阶段性分布特征，而头部企业所具有的市场优势、产品优势、管理团队优势和技术创新研发优势正好与创业投资面临的风险相契合，能够在很大程度上帮助创业投资机构降低投资风险。

在项目选择阶段，创业投资机构面临的主要是信息不对称带来的逆向选择和道德风险。由于风险企业的核心技术和实际的经营状况只有创业家自己最为了解，所以创业投资机构在进行项目选择时会面临严重的逆向选择的问题。此外，由于缺乏对目标公司的了解，可能会使创业投资机构错失优质项目投资劣质项目，造成巨大的资金损失。特别对于初创企业而言，其主要的优势是企业的核心技术和企业的成长性，但企业的成长性通常难以量化且具有十分严重的信息不对称问题，很可能出现创业者为了获得资金而夸大产品技术优势的情况。而头部企业已经具备一定的经营基础，企业的运营管理和商业模式已经基本成型，并且拥有足够的过往业绩指标和财务数据支撑，创业投资机构能够借助企业的市场份额、过往业绩、财务数据、商业模式等信息进行判断，能够在很大程度上减少逆向选择的问题。

在投后阶段，创业投资机构仍会面临管理、技术、委托代理、政策、法律等一系列风险，这仍需要创业投资机构在投资后向风险企业进行定期的审查，并提供相应的增值服务，在必要的时候向风险企业提供战略谋划和技术支持。头部企业产品成熟，上下游产业链完善，并且在业界具有一定的地位和知名度，甚至已经形成品牌，拥有稳定的消费群体和质量保障。当企业从事新产品的研发时，头部企业拥有更加成熟的技术基础，同时能够凭借其行业地位更加容易地寻求与相关行业的头部进行合作研发的机会；在进行新产品的推广时，头部企业同样能够凭借成熟的宣传网络和销售渠道，快速地吸引消费者，占领市场份额。此外，头部企业管理团队的优势、有效的激励机制甚至企业文化等都能够有效地协助创业投资机构开展企业治理，降低创业投资项目管理的难度，有效地降低经营过程中的技术风险、管理风险和市场风险，并且头部企业资金来源的多渠道也能分散创业投资风险，提高企业抵御系统性冲击的能力。

在创业投资退出阶段，不同的项目会选择不同的退出方式，而不同的退出方式带来的项目收益和承担的风险也是截然不同的。头部企业本身就具有良好的经济效益和市场基础，再加上创业投资资金和增值服务的协助后，更有可能以上市的方式实现退出，同时其巨大的营收规模也能为创业投资机构带来更加丰厚的收益。

由此可见，创业投资目标企业的选择与创业投资风险密切相关，而头部企业自身的特征优势、行业基础及发展路径正好能够增加创业投资资本的安全性和稳定性，缩短投资回收期限，有效降低创业投资风险。

第4章 创业投资的组合
投资机制研究

4.1 组合投资的经济学分析

创业投资可以通过项目创业阶段之间组合、金融工具之间组合、资金撤出方式之间组合、投资方向之间组合等组合投资的方式来实现创业投资风险分散的目的，优化创业投资的风险—收益特征，在经济学上可以用现代投资组合理论、基于大数定律的数量规模效应、资本积聚与资本集中理论等来解释组合投资，组合投资还可以带来规模经济性和范围经济性。

4.1.1 现代投资组合理论

马柯威茨等提出了一种新的资产组合理论，即资产组合的回报是资产组合中各资产回报的加权平均数，但资产组合的总体风险却比各资产风险的加权平均数要小，而且资产组合中资产类型越多，资产组合的风险就越小。这是由于一个投资项目的收益与风险和其他投资项目的收益与风险有一定的相关性，当一个投资项目的收益与风险改变时，其他投资项目的收益与风险也就随之改变。在证券投资组合中，投资组合的关系可以分成两种：一种是正相关，另一种是负相关。在一个项目中，一个项目中的风险越大收益也越大，则表明两者之间存在正相关；当一个项目的收益与风险呈现反向变动关系时，则表明两者之间存在负相关。对具有正相关（相关系数小于1）或负相关的项目进行投资，其投资组合回报率是每个投资项目的加权平均回报率，但风险不是每个投资项目中的加权平均风险，而是低于加权平均风险的风险。组合正是基于各项目间的相关性来进行风险分散，达到消除非系统风险的目的。

投资风险主要有两类。一类是与投资项目本身相关的非系统性风险，如法律纠纷和个别项目竞争失败，这些风险可以通过投资组合分散。另一类是系统性风险，如市场风险、通货膨胀、经济衰退等。这些风险会影响每个投资项目，这些风险不会随着投资项目中投资组合数量的增加而消除，而是会永远存在。系统性风险不能通过资产组合来消除，但可以通过资产组合计算平均值。随着投资组合中项目数量的增加，每个项目自身风险对投资组合风险的影响会逐渐减小，投资组合中的风险程度也会降低，导致投资组合风险趋于一定值，这就是投资组合的系统性风险。系统性风险是指风险对风险投资行业整体的冲击所带来的回报不确定，比如美国20世纪60年代的经济滞胀，使风险投资陷入了停顿。

假设一个投资组合为 $x_p = \{x_1, x_2, \cdots, x_n\}$，$x_i$ 为投资于第 i 种证券的资金比例，用 R_i 表示第 i 种证券的收益率，R_p 表示投资组合的收益率，有：

$$R_p = \sum_{i=1}^{n} x_i R_i \tag{4.1}$$

将式（4.1）两边同时取期望值，得到：

$$E(R_P) = \sum_{i=1}^{n} x_i E(R_i) \tag{4.2}$$

式（4.2）表明，一个证券的期望回报率是指一个证券中每一种证券的期望回报率的加权平均值。

投资组合的风险通常用组合收益的标准差来表示，对式（4.1）两边同时取方差，得到：

$$\mathrm{Var}(R_p) = \sum_{i=1}^{n} x_i^2 \mathrm{Var}(R_i) + \sum_{i=1}^{n} \sum_{j=1, j \neq i}^{n} x_i x_j \rho_{ij} \sigma_i \sigma_j \qquad (4.3)$$

或：

$$\mathrm{Var}(R_p) = \sum_{i=1}^{n} \sum_{j=1}^{n} x_i x_j \rho_{ij} \sigma_i \sigma_j \qquad (4.4)$$

其中，ρ_{ij} 是证券 i 和证券 j 的收益率的相关系数。所以，投资组合的风险为：$\sigma_p = \sqrt{\sum\limits_{i=1}^{n} \sum\limits_{j=1}^{n} x_i x_j \rho_{ij} \sigma_i \sigma_j}$

假设组合中有两只风险证券 1 和 2，并且不存在卖空，那么组合收益率的方差为：

$$\mathrm{Var}(R_p) = x_1^2 \sigma_1^2 + (1-x_1)^2 \sigma_2^2 + 2x_1(1-x_1)\rho_{12}\sigma_1\sigma_2 \qquad (4.5)$$

证券 1 与证券 2 的收益率的相关系数 ρ_{12} 一般介于 $-1 \sim 1$，所以有：

$$[x_1\sigma_1 - (1-x_1)\sigma_2]^2 \leq \sigma_p^2 \leq [x_1\sigma_1 + (1-x_1)\sigma_2]^2 \qquad (4.6)$$

当 $\rho = -1$ 时，意味着两种证券的收益之间完全负相关，两者的收益呈反方向变动，$\sigma_p = |x_1\sigma_1 - (1-x_1)\sigma_2|$，投资组合可以最大限度地将非系统性风险分散掉。

当 $\rho = 1$ 时，意味着两种证券的收益之间完全正相关，$\sigma_p = |x_1\sigma_1 + (1-x_1)\sigma_2|$，投资组合的标准差等于标准差的加权平均，此时，构造的投资组合起不到分散风险的作用。

然而，完全正相关或完全负相关的证券在现实中是不存在的。

当 $-1 < \rho < 1$ 时，$\sigma_p < |x_1\sigma_1 + (1-x_1)\sigma_2|$，即投资组合的标准差小于标准差的加权平均，这意味着，只要两种证券的收益不是完全正相关，多元化的投资组合，并且投资组合之间的相关性越低，那么风险分散程度就越好。

只有非系统性风险能够通过投资组合降低风险，而系统性的风险不可以通过这种方式分散。在图 4-1 中，横轴是投资组合中的证券数目，纵轴是投资组合的风险大小。投资组合中的证券数目刚开始增加时，非系统性风险下降得非常快，但随着证券数目的增加，对非系统性风险分散的效果越来越弱。

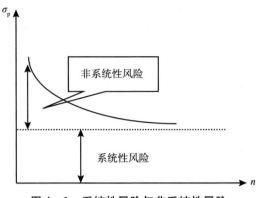

图 4 - 1　系统性风险与非系统性风险

结果表明，当投资组合中的项目数量超过 10 个时，投资组合的风险可以降低到可接受的水平。当投资组合的数量超过 25 个时，投资组合的风险不会因投资组合数量的增加而显著降低。在其他风险行业投资过多的资本可以降低风险，同时减少获得进一步回报的机会。美国企业家发现，当有 30 多家风险投资时，他们获得的平均回报几乎是美国所有风险投资的平均回报。外国的风险投资家通常投资 10 多家公司，比如硅谷风险投资家弗兰克·钱伯斯（Frank Chambers），他已经投资了 50 多家公司；还有亚瑟·洛克（Arthur Rock）、英特尔、苹果和杰克·米勒科尔（Jack Mlechor）等公司在硅谷投资了 70 家公司。但这不是一次性投资，而是持续投资。

可以看出，资产组合的风险低于资产组合中每个资产的加权平均数，所以资产组合是一种常用的风险控制方法。减少风险的一个途径就是减少风险企业间的关联性。因此，创业投资可以通过选择正相关性小的风险企业或选择一些负相关性的企业，运用组合投资的方式来达到创业投资的风险分散目的。

4.1.2　基于大数定律的数量规模效应

创业投资的对象是科技创业企业，根据生命周期曲线，可以将科技创业企业的生命周期划分为五个阶段，即种子期、创建期、成长期、扩张期、成熟期，见图 4－2。科技创业企业在不同的时期具有不同的风险特性，一般来说，创业公司的风险越大，回报也就越高。高技术创新企业在其发展过程中，由于其自身所具有的风险属性的差异，使新创企业所面对的风险—收益特性也不尽相同。

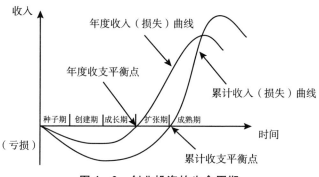

图 4－2　创业投资的生命周期

具体科技创业企业的盈亏状况是随机的、不确定的。然而，在一个群体中，总是会有一些个体能闯过高风险期，并顺利地进入企业的成熟稳定发展阶段，从而呈现出统计上的整体特征：单个个体是否会出现某一结果或特征，这是随机的、不确定的。但是，随着个体数量的增加，其整体产生某一结果或特征的可能性就会增大，并趋于某一数值，具有一定的稳定分布规律，即个体技术创新公司的利润不确定，而技术创新公司的总体平均利润是稳定的，而且比其他行业的平均利润要高得多。可见，高科技产业的发展必须有一定的高科技企业的支持，才能产生"量"的效应。在发达国家和新兴工业化国家，高科技行业的发展就是最好的例证。具体而言，对于一个新技术公司，其投资是否能够实现其所期望的目的，尚无定论。如果只对一个项目进行一次全面的投资，则其失败的概率要比成功的概率大得多，而且如果失败了，很可能会导致整个项目的失败。所以，按照大数法则，创投基金要把投资的科技型初创公司的数量和规模都控制在一定的范围内，这样成功和失败的比例就会保持不变，才能确保总体投资的高效率。

可见，单一地投资某一个项目的风险远高于同时投资多个项目的风险。基于大数定律的数量规模效应表明，创业投资可以通过选择多个不同项目，即不同的投资方向或在多个项目的不同阶段之间进行组合投资的方式，以达到风险分散目的。

4.1.3 经济学十大原理之一：人们面临权衡取舍

社会资源具有稀缺性，经济学是研究社会如何管理稀缺资源的学科。经济学十大原理中关于人们如何作出决策的第一个原理是人们面临权衡取舍。作决定意味着我们需要在两个目标中作出取舍，比如学生要决定怎样分配自己最有价值的资源（即时间），而家长要决定怎样花掉家里的钱。在形成一个社会的时候，人们就会面对各种各样的权衡取舍。传统的交易方式就是"大炮和黄油"。如果一个国家把更多的钱花在防卫（炮火）上，那么它用来改善本国生活水准的消费（黄油）就会减少。在当今世界，清洁的环境与较高的收入之间的选择也很重要。社会面对的另外一个选择方案是效率和公平。效率是指一个社会可以从它所拥有的稀有资源中获得的最大收益。公平就是把这种资源所产生的经济结果平均地分配给社会上的每一个人。意识到人们面对权衡取舍本身是一种选择，这并不能让我们知道他们会作什么样的决定。但是，要想作出好的决定，就必须先理解自己所面对的抉择。

在作出创业投资的决策时，创业投资家也面临着权衡取舍，即如何在风险与收益之间进行平衡。在创业投资家自身资源条件既定的情况下，面对风险与收益的权衡取舍，组合投资可以通过投资项目创业阶段之间组合、投资工具之间组合、资金撤出方式之间组合、投资方向之间组合、投资主体之间组合等来达到创业投资家想要的风险与收益的平衡，优化创业投资的风险—收益特征。因此，组合投资是创业投资面临风险与收益的权衡取舍时的一种可取选择。

4.1.4　经济学十大原理之二：某种东西的成本是为了得到它所放弃的东西

经济学十大原理中关于人们如何作出决策的第二个原理是某种东西的成本是为了得到它所放弃的东西，即机会成本。

当人们在作出决定时，总是要考虑各种不同选择的利弊得失。一种事物的机会费用，就是为获得该事物而付出的代价。在作出任何决定之前，决策者都必须考虑到各种可能的行动会产生的机会费用。比如大学里的运动员，他们可以通过放弃学习去参加专业体育比赛来赚取数百万美元的收入，但他们很清楚，上大学的机会费用是多么的昂贵，所以他们往往认为，为了上大学而付出这样的费用是不值得的。

创业投资家在作出决策时，也会对各种决策的机会成本进行比较。投资项目创业阶段之间组合、投资工具之间组合、资金撤出方式之间组合、投资方向之间组合、投资主体之间组合等组合投资方式，相对于传统的单一投资，风险更为分散，而收益更有保障，在成本和收益方面都得到了优化。如果是采取传统的单一投资，那么创业投资家的机会成本是极大的。创业投资家在决定采取组合投资的方式时，一定也是考虑到组合投资的机会成本相对较小，更为可取。

4.1.5　资本积聚与资本集中理论

资本的积累可以分为两类：一类是资本的积聚，另一类是资本的集中。所谓的资本积聚，就是各个资本凭借自己的积累不断地增加，最后由于剩余价值的资本化，形成资本积聚，这种积累会与原有的投资结合在一起，形成资本积聚，这是一个很慢的过程。而所谓的资本集中，就是以强迫兼并和自愿结盟的方式，将众多的小资本转化为少数的大资本，如企业并购、重组。资本积累这一过程是由资本尽可能多地榨取剩余价值的本性和竞争所驱使。

创业投资的实质是具有超常运作理念的货币资本追逐高新技术创业体预期高收益索取权的一个特殊形态的资本运动（吕炜，2001）。创业投资通过不同投资主体之间的组合，即联合投资的方式，实现风险资本的集中，以达到风险资本追逐潜在利润的目的。创业投资通过投资项目创业阶段之间组合、投资工具之间组合、投资方向之间组合等组合投资方式，将实现的创业投资收益资本化，形成资本积累，并入原投资，实现资本积聚。组合投资与联合投资都是创业投资追逐潜在利润，实现资本积累的方式。

4.1.6 规模经济性

规模经济是指随着经济规模的不断扩大而带来的经济效益。适度合理的经济规模可以产生规模经济效益。从微观经济学的角度来看，企业的规模经济主要表现为企业的生产规模不断扩大，企业的平均生产成本不断降低。在创业投资的组合投资研究中，规模经济性是指适当的组合投资带来的创业投资的风险—收益特征的优化。具体来说，是指在投资规模和投资项目数量的合理安排上所带来的创业投资成本的降低和风险的分散，主要体现在单项投资规模合理化和投资数量规模效益两个方面。

（1）单项投资规模合理化

在单一投资项目中，为了兼顾规模效益和风险分散，在单一投资项目中，当单一投资规模较小时，会增加创业者的运营成本，造成规模不经济。如果单个项目的规模太大，则单个项目的成功与否将直接影响到总体的收益，使得风险太大；同时，不同的风险偏好、不同的资本规模也会影响到所选择的合理投资规模。在此基础上，本书提出了一种由多个创投机构共同组成的组合投资模式，并结合自身的特点，在不同的条件下，选择最优的投资规模。此外，不管投资的规模有多大，创业者都会花同样的心思在监测和增值服务上。由于风险投资的人数较少，因此，无法在太多的小项目中进行投资，从而确定了风险投资范围。投资计划的最大金额是由多个风险计划之间的最优组合和风险扩散程度决定的。例如，美国的有限责任公司契约对单一项目所需资金的数额进行了限定，从而确保了投资组合的多元化，使风险得以有效地分散。

可见，对于单个投资项目来说，创业投资可以采用在不同投资主体之间进行组合投资的方式，实现单项投资规模合理化。多家创业投资机构联合投资一个项目，不仅能降低经营管理成本，还能将风险分散到若干个参与其中的创业投资机构，实现规模经济。

（2）投资数量规模效益

根据前面提到的基于大数定律的数量规模效应，单一地投资某一个项目的风险远高于同时投资多个项目的风险，所以创业投资机构需要在多个不同项目之间或多个项目的不同阶段之间进行组合投资，以分散风险。而要使投资项目达到一定数量，需要巨额资本，对一家创业投资机构来说，能用于投资的资金与项目实际需要的资金可能存在缺口。因此，采用多家创业投资机构联合投资的方式可以使总的投资项目数量增加，同时每家创业投资机构所能投资的项目也有所增加。如果有三个风险投资机构，那么每个风险投资机构所拥有的资金数额是相同的，并且每个风险投资机构所能提供的资金数额不超过五个；单项投资，每家创投机构最多可投资五家科技类初创公司；如果三个创投公司共同投资，那么每家创投公司最多可以投资 15 家科技型初创公司，这样既可以增加被投企业的数量，形成规模效应，又可以减少单个创投企业的风险。

可见，投资于多个项目时，采用多家创业投资机构进行联合投资的方式可以实现投资数量规模效益，而多个项目的组合投资和多家创业投资机构间的联合投资有助于规模经济的实现。

4.1.7　范围经济性

范围经济性即经营上的规模经济性，是指公司经营业务范围扩大带来的平均总成本下降的现象。创业投资的组合投资同样具有范围经济性。在创业投资的组合投资研究中，范围经济性是指投资于多个风险项目所带来的经营成本的降低。

创业资本家在同一产业内对多个不同的风险资本进行投资时，其收集信息的平均费用会随着投资金额的增加而降低。此外，创业者往往会同时经营多家高技术初创公司，且所经营的资本越多，收集信息的平均费用就越低。创业者是一位专业的投资人，其对被评价的行业及公司的信息的收集，具有学习曲线效应，其对被评价的行业及公司的信息的收集与评价的费用会随其经验的积累而降低。在此基础上，对多家处于不同发展阶段的公司进行适当的管理，可以最大限度地发挥公司的人力和财力，降低公司的单位成本，提高公司的经营效率。

组合投资可以提高创业投资机构规模的有效扩大，提高运筹资本的能力，从而维持风险资金的快速变现能力和流动性特征。共同的投资管理系统使不同投资项目间的协同效应更强，通过创投机构实现了风投公司间的间接合作，从而提升了风投公司的规模经济效益。

而对资产进行有效的投资，则可以达到资源的互补、实力的整合。第一，促进创业投资组合中各创业投资公司之间在产业知识上的互补性，以及在管理、战略、金融、市场营销、人事等方面的专业人才的互补性；第二，由多家创投公司联合审核，降低了因投资决定带来的风险；第三，通过信息交换和共享，降低风险资本的不对称性，使风险资本在专业分工下进行协作，最大限度地发挥风险资本的专长。

综上所述，组合投资是创业投资在面临风险与收益的权衡取舍时的一种可取选择，是相对传统单一的投资，机会成本较小的投资方式。创业投资通过组合投资与联合投资的方式，追逐潜在利润，实现资本积累。基于现代投资组合理论的相关性原理和大数定律的数量规模效应，创业投资可以通过项目创业阶段之间组合、投资工具之间组合、投资方向之间组合、投资主体之间组合、区域市场之间组合等组合投资的方式，实现规模经济性和范围经济性，实现创业投资的风险分散目的，优化创业投资的风险—收益特征。

4.2　组合投资的管理学分析

联合创业投资指的是一种创业投资家之间的合作模式，指的是两个或更多的创业投资家在相同的时间或不同的时间，对风险企业项目进行股权投资。联合创业投资参与主体和风险企业，根据合同的要求，对风险企业项目进行监督和管理，随着风险企业项目的持续发展，在一定的时间内，联合创业投资参与主体会采取出让其在风险企业项目中所持有的股权，从而获取收益的投资模式。

组合投资中不同投资主体之间的组合即联合投资。联合投资可以使创业投资家在一个有限的资源条件下参与更多的项目和降低风险，同时也是与其他创业投资家分享控制权的有效机制。共同投资在降低风险、提升增值服务能力、实现信息资源共享、改善投资决策、扩大社会交往、拓展投资领域等方面发挥着积极作用。在管理学上，可以用代理理论、产业组织理论来解释联合投资。

4.2.1　代理理论

委托代理理论是契约理论在过去几十年最重要的发展。代理理论将创业投资家视为委托人，将创业者视为代理人。风险资本的运行过程包括风险资本筹资、投资和退出三个阶段。投资阶段的工作包括筛选、缔约和管理监控。投资阶段面临的一个主要问题是，创业投资家如何克服事前信息不对称导致的逆向选择和道德风险，将机会主义造成的代理成本减少到最低。尽管创投机构与创业者之间有着紧密的关系，但创投机构投资的项目多为高科技企业，且此类企业涉及的技术通常十分复杂，创投机构不能准确估算出该技术的市场价值，唯有创投机构中的研发人员和技术专家才能对该技术的特点和市场前景有较为深刻的认识。此外，由于创业者掌握着大量的私有信息，而创投机构又不能对其进行核实，导致创投机构对创业者的能力、性格等方面的认识不足，创投机构也不能对其进行全面的评估。这些不对称的信息导致了企业在进行风险投资时存在着逆向选择与道德风险。信息不对称是委托—代理问题的根源。

在创业投资家投资企业的过程中，采取两个或多个创业投资家联合投资的方式，不仅可以使企业家得到更充裕的风险资本，也有利于减少创业投资家与企业家之间的委托—代理风险。因为联合投资有助于减少信息不对称，比单个创业投资家能更好地挑选最高质量的项目。

事实上，创业投资家在进入一家企业的同时很少要求企业的控股权，也很少以此为目的。然而，由于创业投资高风险性的特征，创业投资家会要求部分控制权。而创业投资家之间的强强联手则有利于向企业家施压，使得委托人更具话语权，创业投资家丰富的经验和资源的整合利于争取更多的权利。另外，正如前面所提到的，创业投资家之间的组合有利于优势互补和实力整合。其中，联合投资能够使多位投资人对所投资的项目进行共同审核，从而降低因投资决定带来的风险；同时，通过共同投资，可以使风险投资双方之间的信息交换和分享，降低信息不对称程度，从而使风险投资基于专业分工的风险投资协作得以充分发挥。

4.2.2　产业组织理论

产业组织理论的核心是垄断和竞争，其主要研究对象是相同的或具有紧密替代关系的。在一种产品的生产商中形成了一种独占的竞争关系。也就是说，产业组织是一种对市场中企业垄断与竞争关系的具体刻画（况大伟，2009）。本项目将产业组织理论和风险投资业相结合，重点关注风险投资业中风险投资业与其他风险投资业间的垄断（辛迪加）和竞争关系，并探讨这种关系如何影响风险投资业中的投资决策和行为，从而体现在对风险投资业的业绩（如风险分担、投资回报和风险公司价值）上。

创业资本往往会与其他资本对同一项目进行合作，所以，在风险资本领域内，共同投资非常普遍。联营基金又称为辛迪加（Syndication），一般是由一家主要的投资商在自己的产业内与其他可能的投资商建立起来的。大量研究表明，辛迪加投资对创业投资机构的投资业绩有显著的影响，具体包括以下七点：第一，风险的分散。由于辛迪加网络的存在，使得每一家创投公司都可以对更多的项目进行投资，从而使投资组合的风险更加多样化，进而降低了对某一家创投公司的特有风险。第二，信息共享。由于不同的风险投资家在各自的产业、地域上都有各自的优势，因此辛迪加投资可以突破产业、地域的界限，促进双方的沟通。第三，改善项目选择能力。不同的风险投资机构可以从多个角度为投资者提供更多的专业建议，尤其是在投资目标的存活率和未来回报都具有很大的不确定性的情况下，对不同风险投资机构的投资意愿和看法进行分析，可以有效地整合多个方面的信息，从而更好地筛选出最优的投资交易。第四，贸易流程。如果创业投资家向其他创业投资家发出了共同投资的邀请，那么他们将来也会收到类似的邀请。第五，投资组合的增值。风险投资机构通过"辛迪加"实现了风险投资机构间的沟通、协作、信息共享和资源共享，为风险投资机构提供了更多的价值。第六，印象。当与经验丰富的创业投资家联合投资时，该机构获得了质量证明与声誉保证。第七，"装点门面"。即使创业投资机构进行联合投资时其投资的财务收益相对降低，但是却可以向自己的投资人（有限合伙人或股东）表明自己具有较高的成功退出比例以利于其未来融资。

一般来说，在一个投资组合中，30% 的回报不仅可以抵消 70% 的失败，还可以让创业者获得巨大的利润。组合投资可以有效地分散创业投资家在项目选择、资本投入及企业经营方面的风险，从而使创业投资处在一个收益相对稳定的发展状态，并有效地降低融资风险。高技术新创企业的经济价值和风险资本的财务价值是通过对组合投资方式的灵活运用来实现的。

4.3　组合投资的作用机制分析

创业投资对于加速企业的孵化，帮助创业企业实现专利的拓宽与获利，以及在促进创业企业的创新能力上起到了至关重要的作用。在我国"十三五"规划提出以科技创新为核心的时代背景下，大力发展创业投资，利用创业投资为企业提供资金以及各种增值服务，帮助其快速成长，最终创业投资成功退出而获得高额回报。但创业投资由于其特性，即使在较为全面地把握行业背景与行业竞争的情况下，仍然会面临很高的风险，因此创业投资为控制风险通常会根据自身情况进行组合投资。总的来说，创业投资的组合投资本质就是将创业投资基金中大部分资产按照各类金融资产不同的风险程度和获利程度进行投资匹配，在最大化收益的同时，实现风险最小的目标。本章主要就创业投资的组合投资的作用机制进行相关的介绍。

4.3.1　组合投资的主体

创业投资公司、风险基金是一类非银行金融机构，其主要任务是对高新技术企业进行冒高风险投资，以推动高新技术企业的成长，提升高新技术企业的市值，从而获得较高的利润。但同时创业投资的高风险性导致创业投资公司和创业投资基金在进行创业投资时通常会使用组合投资的方法，在进行组合投资时创业投资公司和创业投资基金可以采用多种组合方式和投资组合进行投资。

在我国，创业资金的投资渠道主要有三种：普通股、优先股（尤其是可转换的优先股）、负债（以债券或贷款为主）。

普通股是在债权和优先股得到满足的前提下对企业盈利和剩余财产

的索取权，普通股股东拥有参与公司经营和管理的权利、利润和剩余财产分配的权利、优先认股的权利，创业投资公司采用普通股投资能更好地参与公司的管理，能以自己的经验更好地帮助风险企业成长。同样，当风险企业选择发行普通股时，也会有一定的弊端和好处。发行普通股增加了公司的信誉度。通过发行股票能够募集到更多的资金，而普通股本和留存收益是一家公司能够借到的所有债务的依据。拥有较多的资金能够给债权人带来较大的损失保障。所以，通过发行股票来筹集资金，不仅能够提升公司的信誉，还能够为更多的债务资金的使用提供强有力的支撑。普通股是一种无限期且无须偿付的股票。本次发行股份募集到的资金属于永久性的，并且能够在公司继续运营的时期内被长期使用，能够充分地保障公司的生产运营所需的资金；发行普通股融资的风险较低，因为普通股票没有固定的到期日，也不用支付固定的利息，所以不存在不能还本付息的风险，也没有固定的利息负担。如果公司有盈余，而且认为适合分配股利，就可以分给股东。如果公司利润很少，或者是虽然有利润，但是资金短缺，或者是有良好的投资机会，就可以少支付甚至不支付股利。这样能充分增强公司经营的灵活性。而发行普通股的缺点主要是：容易分散控制权。上市公司在发行新股、卖出新股份、引入新股东的过程中，会使公司的控制权出现分散。当风险公司发行普通股融资时，容易因为控制权的分散导致创始人失去对公司的控制。

优先股是公司发行的先于普通股分配股息和剩余财产的股票。不同于普通股，在通常情况下，优先股的持有者不能参加公司的运营，他们的收入也不如普通股那么高。但优先股具有固定的股息率，资产清偿也优先于普通股股东，因此创业投资公司若选择采用优先股进行投资也能在一定程度上降低所承受的风险。对于风险企业来说，优先股相当于发行的无期限债券，承诺的优先股股息与其成长性相比是很低的，而且优先股不会稀释普通股的权利，创始人不会因此失去对公司的控制，唯一的缺陷就在于优先股股东要求的收益要比普通股股东高，发行优先股也不能得到创业投资公司在管理等方面的帮助。优先股可分为两类：可转换优先股、不可转换优先股。其中，可转换优先股是指，在一定的条件下，优先股股东可以按照一定的转化比率把优先股换成普通股，在保持普通股和优先股优势的情况下，让投资者有权作出选择。

债券是指债务人从债权人处获得贷款，并许诺在将来某一时期偿还本息。创业投资公司在进行创业投资时可以选择向风险企业提供贷款的方式进行注资，由于创业投资的长期性特征，创业投资一般选择中长期贷款作为投资方式。债权投资相较于股权投资有几个特点。一是安全性。债券的票面利率已经确定，不受市场利率影响，与股权投资相比收益可预期，在创业投资中能极大程度地降低风险。二是期限性。债券具有到期日，而股票可以长期持有，创业投资公司最终都会退出风险企业，债券能保持一定的流动性。创业投资公司与商业银行相比，最根本的放款区别在于，商业银行看重抵押品、担保品，而创业投资公司并不看重这些，它们更重视风险企业所处的行业特征和发展潜力以及风险创业家自身的素质。

除了普通股、优先股和债务作为创业投资的投资方式外，企业发展的阶段也是创业投资重点考虑的因素。根据企业发展的特点和面临的风险，一般创业投资将企业分为五个阶段，分别是种子期、创立期、成长期、扩张期、成熟期。

种子期，顾名思义就是金额非常小的投资。此类投资多以天使投资为主，天使投资人通常是在事业上已经取得成功、资本丰厚且具有很高社会地位的人，他们由于条件限制无法重新创业，为了怀念自己的过去或是希望重新体验新的挑战等原因，通过寻找有想法的年轻人，给予他们一定的资金帮助其组建管理团队、编制经营计划实现其创业的目的，同时获得该企业的一部分所有权，以求企业壮大后取得高额的回报。种子期的公司通常只有一个好的想法或一个好的专利，但一般没有实际的形式。

创立期阶段的公司通常已经有了基本的雏形，队伍已经成型，有自己的经营计划与产品，但对于市场的预估还不清晰，如何进入市场以及如何实现盈利都是这一阶段要考虑的问题，虽然开销还很小，但没有任何收入。

在成长期阶段，公司的产品已经开始做进入市场的准备，有一定数量的顾客开始试用但不稳定，同时公司的营业费用等开销开始增加，但仍然没有营业收入。到了这一阶段的末期，公司的产品已经完善，公司开始着手开拓市场，在营销费用增加的同时开始慢慢有了营业收入。

在扩张期，公司已经开始出售产品，但支出仍大于收入，公司的产品慢慢能在市场上占据一部分的份额。在这一阶段，公司需要大量的资金用于提高生产和销售能力。此时，公司已走上正轨，各方面都已成熟，在得到资金的情况下能扩大自身的生产和销售并增强其研发能力，对于市场的定位也已清晰，能进一步开拓市场。到了这一阶段的末期，公司已成为行业中具有知名度的大企业，公司发展越来越快，公司已经开始实现盈利。

在成熟期，公司收入已高于支出，公司产生净收入。这时候公司根据自身的发展规划开始考虑上市的问题，公司的各方面指标也能达到上市的要求，同时，对于创业投资来说，创业投资家开始考虑退出，通常通过公开上市的方式退出。

公司发展途中的五个阶段对应着公司所面临的不同风险，创业投资在进行组合投资分散风险时可以选择投资不同阶段的公司从而达到分散风险的目的。

4.3.2　组合投资的过程和原则

创业投资在进行组合投资前一般需要就具体的几个项目进行投资。创业投资的流程通常包括三个：项目初步筛选、投资项目并参与项目的经营管理、退出项目并取得回报。具体流程包括：（1）接受商业计划。创业投资公司会接受来自各个公司的商业计划书，并花很短的时间决定是否在这件事情上作进一步讨论，这一阶段是创业投资项目淘汰率最高的一个阶段。（2）初审。创业投资公司会定期对项目进行初步讨论，将不符合公司投资方向或投资价值不足以支撑到下一阶段的项目挑选出来。在这一阶段，创业投资公司需要对项目前景和收益率进行判断、考察与面谈。对于通过前两个阶段的投资项目，创业投资公司会组织专业的人员对项目各方面的资料进行收集，对项目作进一步的研究，并决定是否需要与创业者进行面谈。这个阶段创业投资公司需要对创业团队的能力作分析，并对项目质量进行确认。（3）责任审查。对于通过面试的企业和项目，创业投资公司会认真地评估公司的技术实力，项目的市场潜力，管理团队的专业程度，并与之进行多轮谈判，这一阶段的项目基本上已经一只脚迈入了创业投资的大门。（4）合同的签订。在确定了合作意向后，创业投资公司会与创业企业就融资的金融、投资的细节以及未来发生的种种情况进行谈判，在谈判完成后进行合同的签订。（5）投资后的监管。创业投资生效后，创业投资公司便有了创业企业一部分的股权，创业投资公司会在接下来的阶段中扮演提供咨询的角色，帮助创业企业更快地发展并对创业企业的经营情况进行监督。（6）项目的退出。在投资项目发展到一定阶段后，创业投资公司就需要考虑退出的问题，一般来说，创业投资公司会通过创业企业上市的方式退出，这也是最理想的退出方式，但如果创业企业项目发展乏力、经营出现问题或者是其他情况，创业投资公司也可以通过出售或回购、破产清算等其他方式退出创业投资。

在创业投资公司进行创业投资的同时，也需要对创业投资进行组合投资。根据投资组合理论，对于不同行业、不同阶段、不同区域的初创企业，可以采取不同的投资方式来规避非系统风险。

一般来说，首先需要确定组合投资的策略。创业投资公司进行组合投资时，可以采用不同的方式，但对于一般的创业投资公司而言，风险资本是有局限性的，所以，要想提升风险资本的使用率和投资效率，创投企业通常只能够在这两种类型的组合中选择一种，或者是对一个自己比较熟悉和擅长的领域进行投资。此外，一些专业的创投企业，为了能够建立起自己的特色，建立起自己的专业精神，他们也会形成一种比较固定的投资模式。所以，在进行组合投资前，一般都会确定组合投资的策略；在策略确定后，创业投资公司会就具体的创业投资项目进行选择。理论上根据投资组合理论，创业投资公司需要对创业投资项目的风险与收益进行估计，然后进行具体的组合，但由于创业投资项目的特殊性，无法估计具体的收益，收益取得也要经历较长的时期。因此，通常情况下，创业投资公司会选择比较有前景或自己擅长行业的企业。创业投资与其他投资方式不同，创业投资公司不仅为企业提供风险资本，也会参与企业的管理，对企业进行监督，保障企业的经营管理，为企业提供咨询顾问、渠道支撑服务，因此选择比较熟悉或有前景的行业更能发挥创业投资的作用。通常情况下，行业里的具体风险企业，创业投资公司会根据自身对行业的了解以及相关的经验作出选择；在选择具体的风险项目进行组合投资后，创业投资公司最后需要对投资组合进行风险评价。创业投资主要面临着市场风险、管理风险、信用风险、退出风险、技术风险、财务风险、道德风险等。进行组合投资时，投资不同的阶段或投资不同的项目可能会带来不同的风险，各种风险之间也存在着一定的联系，因此可以对不同风险加以权重进行评价。一般来说，评价风险有两种方法，一是在组合前通过专业人员与决策者的讨论、协商，给出具体的权重分布，然后根据此权重构建合适的投资组合；二是在组合投资过程中，通过具体的项目表现进行研究，不断改变权重系数，最终构建合适的投资组合。

我国最近几年大力加强技术创新，随着高新技术产业的发展，风险投资已经取得了一定的进步，但是相对于发达国家来说，风险投资还处于起步阶段。创业投资作为创新企业的孵化器，对于科技发展、技术进步来说具有重要的意义。但创业投资的风险问题特别是组合投资控制风险问题，在我国并没有得到实质性的解决，因此，加强创业投资的组合投资管理的研究变得十分重要。

创业投资的组合投资管理体系的构建与执行是一个综合性的系统。

在进行组合投资时应遵循合法合规、诚实信用、风险与收益相匹配、契约约束条件下的投资分散化原则，以及注重研究与理解创业投资市场历史规律的原则。

一个高效运转的资本市场，需要确保各市场主体平等竞争，破坏市场运作机制的违法乱纪者将会被市场所制裁。合法合规原则是进行创业投资以及组合投资时最重要的原则之一。创业投资过程中会涉及创业投资基金、天使投资人、托管人、初创公司等多方面的参与者，各方享有不同的权利并承担不同的义务，只有遵守法律法规，遵守市场秩序，各方的权利才能得到充分的保护，市场才能真正地发挥作用。违法违规行为短期内也许能获得超额收益，但市场的纠错机制必然会让当事人接受相应的惩罚，因此合法合规原则是进行创业投资和组合投资时的基本要求，也是市场运行的必然结果。

诚实守信是任何商业行为应遵守的原则之一，也是创业投资组合投资应遵循的原则。创业投资由于其特点，其过程中往往伴有道德风险，创业投资公司方面与创业公司之间存在着信息不对称，因此要降低风险，创业投资过程中要遵守诚实守信原则。资本市场是一个以信用为基础的现代市场，在交易过程中，信用是最基本的东西，也是市场公平竞争的必然要求。一旦市场失去信用原则，资本市场的作用将无法得到发挥，违背诚实守信原则的行为也将受到市场的惩罚。

创业投资与一般的投资活动相同，即在承担风险的基础上获得相应的收益。组合投资的目的是控制创业投资过程中的风险，但组合投资是一种风险转移过程，并没有消除风险，因此在进行创业投资的组合投资管理过程中，要遵循风险与收益相匹配的原则，降低创业投资的高风险性，在控制好风险的同时取得相应的收益。

尊重市场原则。创业投资本质上是对高新企业进行投资，以求获得超额收益，因此创业投资人对市场的研究以及对行业的理解将对创业投资收益产生很大的影响。创业投资人根据个人经历与历史经验对市场进行分析，并对不同时期的市场运行特征和规律进行统计，尊重市场，不盲目地进行投资，在掌握市场未来发展方向的基础上对市场作出更为精准、有效的判断，最后进行创业投资并对创业投资进行组合投资管理。

4.3.3　组合投资的内容与范围

创业投资是指把资金投向高风险的技术开发领域，为了获得较高的资金回报而进行的一种商业投资。风险投资在我国经济发展中扮演着举足轻重的角色，无论是欧美发达国家还是发展中国家，都将发展创业投资放在首位。但创业投资在我国的发展并不顺利，随着1998年中国第一家创业投资公司——中国新技术创业投资公司的倒闭，中国的创业投资业一度停滞不前。随着近几年的高速发展，我国目前面临着转型，经济发展处于新常态的阶段，需要进行新旧动能发展转换，加强我国的自主创新，尤其是在高科技领域等新兴行业的发展就显得格外重要，但高科技企业的融资需求与银行风险并不匹配，银行需要的是有抵押、有担保的贷款，但高科技企业恰好缺少这些东西，因此这时候就需要创业投资的加入。高科技企业除了具有高风险性外，还具有高成长性、高创新型，而这些特性与创业投资具有很高的契合度，创业投资者不仅能在资金上提供支持，还能在技术和管理上提供支持。党的十九大指出，要加快建设创新型国家，加强对中小企业创新的支持，促进科技成果转化。因此，在目前的背景下创业投资显得尤为重要，发展创业投资、推动科技进步也是实现中国经济增长的必然选择。

组合投资指的是在一个由多个项目组成的项目群中，以同一时间或者先后顺序的方式进行投资，希望能够利用几个成功的项目所获得的高回报，来弥补失败项目的损失，从而获得利润的一种风险投资策略。马柯维兹提出的投资组合理论就是构建一个投资组合，使其在相同的风险水平下具有最高的收益率，或是在同等收益率的情况下承担最小的风险，因为马柯维兹认为随着组合中投资种类的增多，风险会越来越小，最终趋于系统风险。现代投资组合理论从20世纪提出已经历了几十年的发展，组合投资的主要研究目的就是在降低风险的同时实现一定的收益，使自身效用最大化。现代投资组合理论自出现以来，如何优化投资组合一直都是研究的重点，但不可否认，它的出现为投资者提供了一种全新的降低风险的机制。

创业投资由于其特性，天生伴随着高风险性，组合投资作为降低风险的有效手段，对创业投资就显得更加有意义。很多研究学者都有一个共识，即风险资本组合投资是基于对未来不确定因素的判断和评估，对多个项目同时或连续地进行投资，以降低未来不确定因素对单一项目的影响所带来的损失，从而获取更高的综合收益的一种风险投资策略。在创业投资中，由于其投资方向多为高科技行业中具有高风险性的新技术或新产品，因而具有很高的风险性，组合投资能尽可能降低非系统性风险，从而达到分散风险降低总风险的作用。组合投资有效地分散了创业投资公司在项目选择、资本投入及企业经营方面存在的风险，从而使创业投资公司处于收益相对稳定的发展状态，同时还有效地降低了融资风险。一般来说，在一个风险投资的投资组合中，一个成功的项目所能获得的回报，不仅可以弥补70%的失败，还可以为投资者带来巨大的回报。美国的创业投资基金，往往会将一大笔钱投到十多个或数十个不同的项目上，而不是独占被投公司股份的10%～30%，这就是风险投资公司的特点。因此，将组合投资引入创业投资中，能分散创业投资中的风险，更好地将创业投资"企业孵化器"的作用体现出来。

我国创业投资行业起步较晚，许多企业对待创业投资的态度依然十分传统。再加上企业间的投资结构长期以来严重失衡，面对革新迅速的风投行业，有的企业由于无法适应风头行业的变化以及特征，从而产生了大量的风险最终被市场淘汰。因此，建立严格的风险管理体系对于创业投资来说至关重要，而且因为创业投资的投资人很大部分会根据自身经验来进行创业投资，因此相关的从业人员更需要重视风险的防控，在控制风险的前提下取得收益。

创业投资的高风险性决定了创业投资不能像传统的风险管理方法一

样以规避风险为主，创业投资更注重风险与收益的平衡，如果单纯地降低风险，自然达不到创业投资所要求的高回报，也与创业投资的目的相背离。

在创业投资的组合投资中，第一种组合投资的方式就是投资于不同的行业、不同的产业类型。创业投资一般多以投资高新技术产业为主，创业公司的技术决定着创业投资的成败，在未来不确定以及创业投资公司不熟悉行业的情况下，投资不同行业的创业公司能有效分散投资风险。同时，创业投资公司在进行投资时，尽量选择彼此之间没有竞争关系的行业，避免项目与项目之间的竞争。而且因为创业投资公司会参与创业公司的管理，因此创业投资的项目之间最好能实现优势互补，进一步提高创业投资的成功率。在选择具体的产业时，一般都是在高科技领域，有很大的市场发展空间，也有很大的潜力。高科技项目由于其具有创新的特性，以及能够制定产业标准的优越性，受到了创业者的青睐。从目前已有的创业投资项目的产业分布来看，在高科技产业中，软件、网络、医药保健和新材料等是主要的投资领域。

创业投资公司在进行组合投资选择项目时，可以从创业公司的多个阶段投资入手。风险企业在不同的阶段对于资本的需求，以及创业投资公司所面临的风险和预期的回报都不相同。风险企业的发展阶段越早，前景也就越模糊，风险也越大，资金的流动性越低，但前期投入较少，带来的回报也越高；风险产业成熟后，风险较低，但所需投入的资金更多，资金的流动性在提高的同时，收益变低。因此在进行组合投资时可以根据不同的策略，投资风险产业的不同阶段，从而控制创业投资的总风险。多阶段的组合投资实质上就是创业投资公司对投资资金进行期限搭配，在考虑风险性的前提下，满足创业投资公司的回报率需求。在阶段组合投资中，创投公司以其资源优势为基础，对创投公司进行投资，必须针对其所熟知的成长阶段进行投资。比如，对于企业经营管理经验丰富的创业投资公司和富有的个人来说，往往更关注处于种子期和创立期的创业公司，因为对于这一阶段的创业公司来说，最需要的是管理经验，同时对于该类型的创业投资公司来说，能凭借自身的优势获得更高的回报率；对于一家以拥有风险投资理论的专业人士和有实际管理经验的管理团队为主体的专业风险投资公司而言，往往更关注处于创立期和成长期的创业公司，处于这一阶段的创业公司投资风险会远远低于种子期公司，保证创业投资公司的投资成功率，同时这一阶段的公司也不需要成熟期公司那样巨大的资金要求；而对于由大型机构组成的创业投资基金或大型投资银行来说，往往更关注处于扩张期和成熟期的创业公司，这一阶段的创业公司投资风险相较于前几个阶段已经降到最低，同时大型创业投资基金也能承担创业公司大量的资金需求。

一般的创业投资公司都是以普通股的形式参与风险企业的管理以求上市后退出得到高额回报，在进行组合投资时，创业投资公司可以选择不同的投资方式，如优先股、债券、可转债等。虽然普通股参与企业管理利润最大，但在创业投资公司不熟悉的行业以及需要控制分散风险时，债券、优先股在创业投资失败时能有效降低损失，创业资金投资模式组合的投资战略，是以创业公司自身的优势和创业公司的未来发展为前提，以获得最大的投资收益。如果创业投资公司对这些产业很熟悉，但又有很强的优势，那么，这些产业就可以通过普通股来进行投资，从而获得最大的投资收益。与其他投资组合相比，为了获得最大的投资收益，投资模式组合更加有利于投资者的利益。

创业投资公司在进行组合投资时，可以根据创业公司所处的地理位置进行区域组合投资。创业投资由于其特性，需要参与创业公司的管理，帮助企业制定发展规划等，因此创业公司所在地是否具有投资的地域优势会极大影响创业公司后续的发展。对于处于经验发达地区的创业公司，无论是基础设施条件还是从业人员的专业性以及良好的创新氛围都能更好地促进创业公司的发展。从我国目前的情况来看，创业投资也主要分布于北京、上海、深圳、广州等地。创业公司的地理位置与创业公司的高新技术性密切相关，但同时由于区域性的原因，不同地区的创业公司相关性也极低，创业投资公司在进行组合投资时可以选择不同地区的创业公司来进行投资，达到降低项目相关性的目的，这样就有利于创业投资公司对项目的投资风险进行控制。

最后，相较于创业投资公司独自对项目进行分析、投资、管理，创业投资公司可以联合多家创业投资公司或国内外的创业投资公司相互合作进行组合投资。多家投资企业联合投资可以发挥资本的优势，实现资源的互补性，分散和规避风险。随着时代的进步，科技创新的内涵不断丰富，而风险企业的成长也需要更多的资本和其他经营上的支撑。然而，从当前的情况看，创业资本无论在资本规模和经营上的支撑都非常有限，常常难以满足风险企业的发展要求。因此，如果只对一个风险项目进行投资，既不能分散风险，也不能对风险企业进行有效的引导。现实中，在创投企业不愿或不能独立承担风险的情形下，由"领头羊"牵头的多创投企业联合对某一或多个创投企业进行投资，将会产生巨大的资本规模和管理上的优势，从而实现资本的有效整合。将多家创投企业进行联营，既可以充分发挥各创投企业的优势资源，又可以分散风险，还可以通过各创投企业之间的优势互补来降低投资风险。例如，如果一个好的项目不在投资公司的所在地，那么就不方便对该项目进行有效的监督和管理。而通过使用投资公司的组合，与地方的创投公司共同投资，并将其托管监管，就能很好地解决这个问题。

4.3.4　组合投资的策略与目标

创业投资的组合投资的风险管理策略按不同的风格分成进取型、平衡型、保守型。不同类型对风险的承受程度以及收益率的要求不同。（1）进取型要求高收益率以及资本的长期增值，因此多是投资处于种子期、创立期的风险企业。这一阶段的风险公司多数面临着技术风险和市场风险，前景不确定，同时这类组合的风险一般较大。（2）保守型，顾名思义是投资风险性较小的项目，一般是处于成熟期、扩张期的企业，处于这一阶段的企业已经开始盈利但现金流量较少，面临着管理风险和市场风险，投资这一阶段的企业需要大量的资金支持而且收益率没有投资种子期和创立期的企业高，创业投资公司所面临的风险也较小。（3）平衡型，处于进取型和保守型之间，一般也以成熟期的企业为主，辅以投资种子期的企业，这种投资策略风险和收益一般也处于前两者之间。因此在风险企业初创期及开拓期内，创业投资主要采取的是普通股权投资的方式，这种方式能够让创业投资对企业的经营管理和决策进行充分的参与，从而更好地支持风险企业的发展，达到创业投资与风险企业之间的双赢。另外，在风险企业发展的不同时期，其所需资金的数量也是不一样的，并且呈现出上升趋势。因此，在风险企业的初创期或开拓期发行认股权证，然后通过创业投资的分期行权，可以更好地配合风险企业战略发展中对资金的需求，从而使风险企业的未来股东结构相对来说更加稳定，有利于风险企业的持续稳定发展。

创业投资不同于其他投资方式的一个重要不同之处在于，创业投资机构不但可以为创业公司提供风险资金，还可以对创业公司的运营进行有效的管理和支持。由于风险投资机构拥有大量的专业管理人才，并且在市场运作方面有着丰富的知识和经验，所以，风险投资机构不仅要充当投资人的角色，为风险投资公司提供"血液"，还要参与公司的技术开发、营销渠道的开发、财务的管理等方面，从而达到公司内部和外部最优化的目的。因此创业投资公司在进行组合投资时，需要选择自己熟悉的行业或公司，在参与公司的管理时创业投资公司需要承担监控、咨询顾问、渠道支撑等角色。一个熟悉的行业能让创业投资公司更好地控制好风险。

创业投资中投资项目的高风险性以及环境的高不确定性加上创业投资的参与性，决定了创业投资的组合投资管理必须采取与之相适应的投资方式。组合投资作为创业投资分散风险的方式，需要根据创业投资的特性进行一定程度的改变。一般来说，进行组合投资并不是简单地将资金平均分给各个项目。利用合理的组合投资，可以降低风险，从而提高成功率，保证收益率。所以，在创业投资的组合投资中，人们通常不会将资金投资于单一的领域和行业，而是将资金投资于不同地区、不同项目，最好是能在各个行业之间形成优势互补，形成一定的规模，以减少失败项目，增加成功项目。

创业投资过程中，创业投资公司一般都会参与企业的经营管理，为企业提供增值服务并进行监督，因此在组合投资选定了投资项目后，投资项目和投资比例并不是一成不变的。在实际运行过程中，要根据市场行情及时地进行增资减资，以形成一个最优组合，确保在风险一定时，收益最大。

假设创业投资市场是完全有效的，也就是说创业投资市场中各种信息对创业投资市场中各主体是完全公开的，创业投资项目的信息能够在创业投资家之间共享，由于风险投资主体间没有不对称的信息，使得风险投资市场中的各类资源可以被快速、高效地分配。在该假说中，创业投资机构可依据已有的项目信息、自身优势、组合投资策略等因素，筛选出愿意投入的风险项目，并与其他创业投资机构结成投资联盟，实现对该风险项目的共投。在与其他创业投资公司共担风险的同时，各个创业资本机构根据风险资本市场的配置情况，结合自己的优势，来确定自己在联盟中的作用，并确定自己的投资模式。这种方式既可以充分发挥自己的优势，又可以与其他投资公司进行合作，从而形成更大的规模优势，还可以让创业投资公司用有限的资源对更多的风险企业进行投资，从而克服投资过程中存在的风险。

但在实际中并不存在完全有效的创业投资市场，所以，为了避免在创业投资过程中由于信息不对称而产生的道德风险，设计出一套针对创业者的监管措施，对推动创业投资的顺利发展非常重要。创业投资者在控制和监管的过程中，如果仅采取强制约束的方式，会使创业者的积极性受挫。所以，应当结合一定的鼓励措施，这样既可以规范创业者的行为，又不会对其积极性造成太大的影响。从另外一个角度来讲，创业企业家也应该强化自身的自律意识，树立起正确的价值观，严格遵守合同规定的条款，履行自己的权利和义务，自觉维护好创业投资人和创业企业的利益。只有这样，才能促使创业企业朝着创业投资人和创业企业家的共同目标顺利地发展，最终达到双方的共赢。

创业投资的组合投资与传统意义上的投资组合已经有了很大的区别，创业投资的组合投资并不是完整意义上的降低风险。创业投资为了获得高额的回报需要面对一定的风险，创业投资的本质也是高风险获得高收益，因此创业投资的组合投资管理在某种意义上来说，是在控制风险的前提下尽可能提高创业投资的成功率，通过多种方式的投资达到创业投资公司退出创业投资并取得收益的目的。

创业投资的组合投资第一个目标是分散风险。组合投资是同时投资于多个行业、多个项目。创业投资公司在选择风险企业时也会选正相关性较小的企业，因此当某个项目发生亏损时，能通过其他项目的收益来抵消，进而达到分散风险的目的。根据马柯维兹的投资组合理论，组合中的项目越多，非系统性风险会降低，最终剩下系统性风险。创业投资的组合投资在一定程度上抵消了非系统性风险，系统性风险虽然无法消除，但组合投资使其平均化，最终达到分散风险的目的。

组合投资不是将风险投资平均划分为几个项目，而是考虑每个项目的风险规模和盈利能力、风险投资公司的财务状况、风险偏好和项目组的整体协调方案。可使用定量分析来分配投资组合中的资金。例如，使用动态规划方法，根据投资收入制定底部分配计划，然后应根据风险资本家的丰富经验进行适当调整，以确定最佳计划。在组合投资的实际操作中，尽快移除和终止不合格的项目，为已完成的项目增加资金，并及时进行精确调整，以达到最佳组合的目标。当回报不变时，该投资组合的风险是最小的，而当回报不变时，该投资组合的收益是最大的。

创业投资的组合投资第二个目标是优化收益。随着创业投资公司进行组合投资，创业投资公司收集信息的成本会随着项目数量的增加而减少，不同项目的资源能得到更加充分的利用，当出现通货膨胀、经济衰退等系统风险时，能最大化地减少损失。由于创业投资的高回报性，只要一部分创业投资成功便能挽回损失，很大程度降低了非系统风险，在组合投资实现优势互补和实力整合的情况下，能在控制风险的前提下优化收益。

在组合投资中，创业投资公司要确立本公司在某一方面的"领头羊"地位。组合投资不仅要求创业投资公司可"全"，更要求创业投资公司可"精"。在不同的领域进行组合投资是对创业投资公司可"全"的要求，而创投企业则需要自身具备并能成为"领头羊"的能力，这就需要创投企业的"精"。此外，不要盲目地"跟进"投资组合。在一个由一家公司作为一个"领头羊"的投资联盟里，无疑需要一家风险投资公司真正地作为一个"领投者"来发挥作用。创业投资机构在跟随"领头羊"进行风险投资的同时，还需要保证其对风险投资机构的运作进行有效监控，从而保护其自身的利益。同时，投资组合需要创业投资公司认真研究被投资的项目。要想获得最好的投资组合，就必须避免盲目投资。创业投资公司只有对风险企业进行深入细致的考察才能识别风险企业发展中的各种风险。

分散的运营战略和集中的高效投资是决定风险投资成败的关键因素。分散化可以使基金的经营更好地控制风险，而集中则会使基金在承受一定风险的同时获得额外的收益。在进行投资的时候，如果可以将分散和集中两种方式进行融合，明确自己的投资思路，坚持自己的投资理念，将技术投资作为一种手段，再加上在行业中有多年的集中投资经验。在此基础上，可以更好地避免非系统风险，进而承担有效的系统风险，获得资产组合的超额收益。在未来的投资行业，这肯定是一个量化投资和体验式投资有机结合的时代。在有效的模式中，找到适合自己的投资风格可以带来更稳定有效的利润回报，并持续有效地为投资者带来投资信心。

4.3.5 组合投资的意义

当面临不可预测的创业投资风险时，风险投资计划的有效设计是一个至关重要的问题。投资组合不仅会影响你的收入，还会通过降低"多样化风险"间接增加预期回报。此外，如果你制定了长期的组合投资计划，那么你更有可能在资本市场上抓住突然的黄金投资机会，并实现预期回报。

由于投资是有风险性的，因此个体投资不可能将全部资金集中到同一种投资方式中。投资组合意味着将鸡蛋放在不同的篮子中。但是，在实践应用上，很多投资者都是背道而驰，常常把"鸡蛋"放入过多的"篮子"，使投资难以跟踪，导致分析结果不准确，这样就会减少回报。巴菲特尤其反对投资十分分散，他认为多样化只能保护愚昧，无法让投资者获得令人满意的回报。很多投资者以为同时持有多种投资产品就可以实现多元化，却不知道多种投资产品之间存在着高度的风险相关性，这种投资组合并不能有效地降低风险。只有当各种投资不呈同方向变化时，总体风险才会小于平均风险。所以，在投资过程中，应当选出变动方向不一致的投资品种来构建投资组合，从而实现既降低风险又获得高收益的投资目标。

第5章 创业投资的地域
组合投资机制

在理解创业投资及其风险后，我们将关注经济学和地理学研究的结合。中国广袤的土地使各地的经济发展、资源和政策各异，这影响着创业投资的潜力。因此，研究创业投资的地域组合策略需要考虑地区差异、专业化等因素。创业投资作为独特的行业，具有自身的特点。因此，我们将结合国内外不同地区的资源、经济特点和政策，扩大创业投资的范围，进行地域组合投资的分析。为适应全球经济发展，我国需要建立符合本国情况的创业投资模式。随着全球化的推进，各国或地区的经济发展速度差异巨大，创业投资成功的机会也各异。同时，我国不同地区的资源分布差异明显，因此需要跨地区组合投资来降低风险。

5.1 区域的异质性

5.1.1 区域经济的影响因素

区域经济又称地区经济，是指在一定地理范围内，经济发展的内部因素与外部条件相互影响，形成的经济综合体。它是以特定地域为基础，与各种经济要素及其分布密切相关的地区经济实体。这个概念还可用来描述国民经济在不同行政区域内的分布情况。区域经济的形成是劳动分工长期演化的结果，由于历史、地理、政治、经济、宗教等多种因素的影响，某些居民区逐渐形成了有各自特色的经济区域。区域经济可以看作国民经济的一种小型缩影，具有综合性和地域性的特点。

改革开放以来，中国的区域经济发展经历了一系列阶段性变化，从非均衡发展逐渐过渡到协调发展。东部、中部和西部地区都实现了经济的快速增长，但这一发展过程仍然表现出明显的不均衡特征。这种不均衡发展是由于中央政府的政策倾斜、外商直接投资规模、基础设施建设、人口红利、原始经济基础、资源等多种因素的差异所致。

总体而言，中国的区域经济发展经历了四个阶段。（1）均衡发展阶段。改革开放初期，各地区的经济发展水平相对均衡，但总体上相对较低。（2）非均衡发展阶段。随着改革的深化，一些地区开始经济快速增长，而其他地区则相对滞后，形成了明显的发展差距。（3）协调发展阶段。政府采取了一系列政策措施，促进了不同地区之间的协调发展，使发展差距逐渐减小。（4）统筹发展阶段。未来，中国将继续推动各地区的经济发展，实现更高水平的均衡和协调，以实现全国经济的全面发展。这些阶段反映了中国区域经济在改革开放过程中的演变，以及政府在不同阶段采取的政策措施以促进区域经济的均衡和协调发展。

我国的区域经济发展存在明显不均衡，这一不均衡受到多种因素的影响，包括资金、技术、人才、政策等。这些因素是导致不同地区经济发展差异的主要原因。这种差异主要体现在各地区的经济增长速度不同。因此，研究区域经济差异问题可以通过分析不同地区的经济增长差异来展开。

1. 生产要素因素

生产要素是确保经济社会持续发展的基本条件，包括有形资源和无形人力资本等各种因素，它们共同促进地区的长期和谐发展。典型的生产要素包括矿产资源、劳动力数量、资本投入和技术发展水平。本书主要探讨了物质资本、人力资本和投资水平这三个关键要素。人力资本被认为是推动社会发展进步的核心力量，对经济发展至关重要，尽管学术界对于劳动力与经济之间的关系存在争议。物质资本也是促进经济增长的关键因素之一，不同地区的物质资本水平差异可能导致经济不平衡。通常，人力资本和物质资本共同影响着经济增长。投资作为推动经济发展的关键驱动因素之一，对于以工业为主导的中部地区市域经济发展具有重要影响。

新古典区域经济增长模型认为，资本（K）、劳动（L）、土地（Q）等因素是导致区域经济差异的主要因素，即有 $Y = f(K, L, Q)$，Y 为产出。根据这一模型，增加各生产要素的投入和提高它们的效率都能增加产出。因此，本书认为任何能够增加生产要素数量或提高效率的因素都可能导致区域经济差异。这些因素包括但不限于人力资本、固定资本、市场化程度、科技进步和互联网发展水平等。这些因素共同决定了一个国家或地区经济发展的差异，即区域内各要素的积累、投入、配置和使用的不同，从而导致了区域产出增长的不同，最终形成了区域经济的差异现象。

2. 经济基础因素

不同地区的经济基础差异是地区经济发展的重要前提。各地区应充分发挥自身优势，促进协调和可持续发展。经济基础的强弱对地区经济的发展具有重要影响。一个地区的经济基础越强大，有助于该地区在更高的起点上实现发展。不同地区的经济基础差异会显著影响地区经济发展。

在中部地区，第三产业的发展相对不发达，仍然依赖传统的第二产业支撑城市的发展。中部地区的工业化水平对经济发展产生了不同程度的影响。工业化水平较高的地区经济相对发达，而工业化水平较低的地区经济相对滞后。实现工业化发展需要大量投资，这是大推进理论所强调的。尤其是在落后地区，要摆脱贫困，通常需要进行大规模的投资。

此外，高级宏观经济学的内生增长理论突显了技术进步对经济发展的关键性作用。技术创新是技术进步的推动力，而技术进步本身又可以催生技术创新。这两者相互促进，一起推动着经济的增长。发达的技术水平有助于推动产业的升级和转型。例如，人工智能的发展已经推动社会进入新时代，促进了经济和社会的快速发展。

除了上述提到的生产要素和经济基础，各地区的要素禀赋、基础建设、政府制度以及政策等因素也会对区域经济的发展产生一定的影响。

5.1.2 区域产业结构

区域产业结构是指，在一个特定地区内，不同发展功能的产业部门之间的比例关系。这种结构的形成受到各个地区之间要素禀赋、环境、地理位置等多种因素的影响，因此不同地区的产业部门发展功能会有所不同，其比例关系也各异。为了研究区域产业结构，通常需要首先对各产业进行分类，然后分析它们之间的比例关系和相互关联。区域产业结构的形成取决于特定地区的优势条件以及整体经济布局的需求。

从 2009～2017 年企业产业分布图（见图 5–1）可知，第一、第二、第三产业都在蓬勃发展，总体来讲第三产业始终占据主导地位。

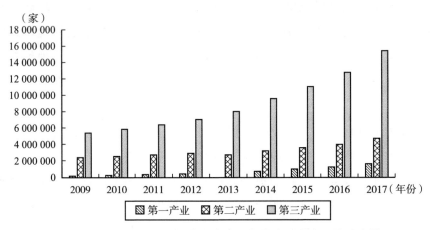

图 5–1 2009～2017 年全国范围内企业数量在三大产业的分布情况

根据 1985 年国务院办公厅批转的《国家统计局关于建立第三产业统计的报告》规定，中国的产业可分为三个主要部分：第一产业、第二产业和第三产业。第一产业包括农业领域，如种植业、林业、牧业和渔业；第二产业包括工业和建筑业，涵盖采掘业、制造业、电力等领域；第三产业包括了其他领域，即除了第一、第二产业以外的各种行业。然而，随着信息技术的迅速发展，信息产业逐渐崭露头角。越来越多的人从事信息提供、存储、检索、分类、管理、预测等工作，信息工作所占资源在整个商品和劳务生产中的比重也逐渐增大。信息产业对技术进步具有决定性作用，因此一些人提出了第四产业——信息产业的概念。

总之，产业结构的划分可以根据不同的标准进行，1971 年联合国颁布的《全部经济活动的国际标准产业分类索引》提供了另一种划分产业结构的标准。观察全国企业数量的分布情况，中国当前的产业结构呈现出"两头小、中间大"的趋势，同时第三产业正在快速发展。

我们可以按照产业的功能将其分成五类：主导产业、关联产业、基础产业、支柱产业和潜导产业。主导产业对区域经济增长有着关键性作用，而关联产业则为主导产业提供配套和协作支持，包括前向、后向和侧向关联产业。基础产业为区域经济增长和人民生活提供公共服务，而支柱产业对区域经济总体增长影响较大。潜导产业虽然对区域经济增长影响有限，但具备未来成为新的主导产业的潜力。

在评估区域经济发展时，产业结构通常被视为一个重要的考虑因素，特别是在评估发展的多样性程度时。这包括考虑各个产业在经济中的占比以及它们所贡献的经济效益。不同产业对区域经济的贡献可以反映出该地区的经济多样性和韧性。例如，一个地区如果过于依赖某一特定产业，可能会在该产业面临问题时受到严重冲击。因此，了解和评估产业结构对于制定区域经济发展战略和政策非常重要。

我国经济发展问题涉及多个方面，包括产业结构、产业之间的协调发展以及区域发展不均衡。这些问题在经济发展中确实需要被认真考虑和解决。首先是不均衡的产业结构。经济中各产业的不平衡发展可能导致资源分配的不合理和经济韧性的降低。为了实现更平衡的发展，政府可以采取政策措施来鼓励第三产业的增长，促进新兴产业的发展，以减轻对传统产业的依赖。其次是产业间的脱节。产业之间的协同发展对于经济的稳健增长非常关键。政府和企业可以采取措施来促进不同产业之间的合作和协调，推动技术和知识的传递，以促进更高效的产业发展。最后是区域发展不均衡。区域发展不均衡可能会导致资源浪费和社会不稳定。政府可以通过各种政策手段来推动区域发展的均衡，如在基础设施建设、教育和人才培养等方面进行投资，以减小区域之间的差距。

解决这些问题需要综合考虑政府政策、市场力量和社会参与等多个因素。制定合适的政策和采取适当的措施可以有助于推动更均衡和可持续的经济发展。

5.1.3 区域产业结构的特性

1. 条件制约性

地区的经济条件和资源限制确实对产业结构产生深刻的影响。例如，（1）能源和原材料限制：东部沿海地区可能受限于能源和原材料的供应，因此更倾向于发展轻工业、高科技产业和服务业，而不太适合发展重工业或原材料密集型产业。（2）老少边穷地区：这些地区可能面临人口老龄化和劳动力匮乏的挑战，这会限制知识密集型产业的发展；相反，它们可能更适合发展农业、轻工业或依赖自然资源的产业。（3）条件变化：条件的变化也可能引发产业结构的调整。例如，如果某个地区在可再生能源技术上取得突破，那么它可能会发展成一个清洁能源的中心，这将改变其产业结构。

地区的经济条件和资源限制是产业结构演变的重要因素，政府和企业需要制定战略规划来充分利用地区的优势资源，并寻找新的发展机会。这可以包括技术创新、教育和培训以提高劳动力的技能水平，以及寻找新的市场来降低对某一特定资源的依赖。总之，了解并灵活应对地区的经济条件和资源限制是促进区域经济发展的关键。

2. 部门结构与空间结构的区域统一性

产业结构在不同地区或同一地区的不同发展阶段会呈现出不同的特点，这种差异可以反映出产业结构的阶段性。产业结构和产业空间结构之间存在紧密的关联，前者是后者的内容，后者是前者的空间表现形式。通过研究产业部门结构和产业空间结构的关系，可以更好地理解一个地区的产业发展特点以及其在区域经济中的地位。这对于区域经济的规划和发展至关重要。

3. 多样性

地区条件的多样性和复杂性，以及不同地区的地理、资源和发展特点，都对产业结构产生多样性和变化性的影响。政府、企业和其他利益相关者需要根据各自地区的特点和需求，调整产业政策和战略，以实现更加均衡和可持续的区域经济发展。

4. 开放性

区域产业结构的形成和演变受到区外环境的影响，不断进行着物质、技术、信息、人才和资金的交流。现代区域产业的发展不是封闭的，而是在更大区域范围内扮演不同角色，参与劳动地域分工。因此，在分析和确定产业结构时，不能仅从地区的角度来考虑，还需要考虑更大的区域、全国乃至全球的整体情况。这种开放性的视角有助于更好地理解和应对地区产业结构的变化和发展。

区域产业结构是指一个经济区域内各类产业的构成，以及这些产业之间的比例和质的联系等关系的总和。不同阶段的区域经济发展会呈现出不同的产业结构水平和特征。区域经济的总体发展水平与产业结构密切相关，它们相互影响。产业结构的变动是经济增长过程中的必然现象，而经济增长又是产业结构演变的基础。另外，产业结构的及时和合理调整又是实现经济总量新增长的必要条件，产业结构的转型与升级推动了经济的较快增长。因此，区域产业结构的调整和演化在区域经济发展中具有重要作用。

5.1.4 高新技术产业分布特征

高新技术产业是一组企业集合，以高新技术为基础，从事高新技术及其产品的研究、开发、生产和技术服务。这些产业的特点是经济效益和社会效益较高，但其开发成本通常较高。高新技术产业是一类知识密集和技术密集的产业，其基础建立在科学发现和科学创新之上。它通常处于科技的前沿，并在一定时期内发挥主导作用，有助于推动社会这些产业涉及高度集中的资金、人才和知识，通常是技术领域的前沿。高新技术产业的主导技术必须属于确定的高技术领域，包括高技术领域内的技术前沿工艺或技术突破。根据这一标准，高新技术产业主要包括信息技术、生物技术和新材料技术三大领域，这些领域通常代表了当前科技发展的前沿，对社会经济的发展具有重要作用。

1998年8月，我国启动了国家高新技术产业化发展计划，通常被称为"火炬计划"。该计划旨在推动高新技术产业发展，包括系列高新技术产业开发区和高新技术创业服务中心，这些措施在中国高新技术产业发展中扮演着重要角色。

高新技术产业区通常技术密集和开放开发的环境条件，主要依托国内的科技和经济实力，同时积极吸纳和借鉴国外的先进科技资源、资金和管理经验。通过实施一系列优惠政策和改革措施，这些区域在中国经济中发挥了集中作用，有助于推动高新技术产业的增长和创新。

根据《中国火炬统计年鉴（2017）》，中国的高新技术产业呈现出一定的地区分布不均衡，主要的发展区域集中在东部沿海地区，其次是中部和西部地区，而东北地区的发展较为滞后。这种不均衡分布体现在各地区高新技术企业的分布上。图 5 - 2 中，展示了我国各地区高新技术产业企业的分布情况，东部地区拥有较多的高新技术企业，这些地区发展较快，而中部和西部地区的高新技术企业数量相对较少，发展较慢。这种趋势也导致了高新技术产业的布局呈现出从点状分布向点、块、带格局转变的趋势，大多数高新技术产业企业依附于桌面，形成了大分散、小集中的特点。不同地区的高新技术产业开发区也有不同的产业重点。中部地区则依赖优势资源，并与军工相关产业一起发展，而延边地区则通过国家开放政策和断层优势，多发展以贸易为导向的产业。

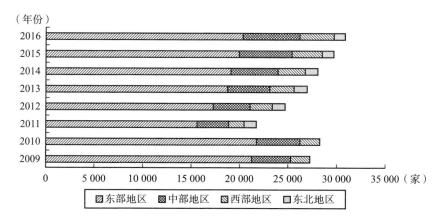

图 5 - 2　2009 ~ 2016 年各地区高新技术产业的企业数

资料来源：《中国火炬统计年鉴》2017。

　　总体来说，这种不均衡的高新技术产业发展布局是中国高新技术产业发展面临的一个挑战，政府和有关利益相关者需要采取措施，促进高新技术产业的均衡发展，减少地区间的发展差距。

5.1.5　区域产业的异质性

　　我国各地区的发展存在明显差异。东部省份大部分已进入工业化升级或后工业化阶段，而中西部省份，除部分省份省会城市外，目前处于工业化加速阶段。制造业类型的区域差异也明显，东部地区主要以劳动和密集型资本产业为主，中部地区则更加注重资源加工型产业，如烟草加工和金属冶炼等。此外，中部地区在运输设备制造领域具有竞争优势，西部地区在航空设备、航天制造领域也有特殊的优势。

东部发展地区在技术水平和人才等方面具备明显优势，积极推动智能制造和自主创新，特别是加强先进制造业和技术密集型产业的培育和发展。这种差异化发展战略有助于各地区充分发挥自身资源和特点，推动经济增长和可持续发展。

由于第二、第三产业的发展，东部沿海地区提供了高工资和福利，吸引并聚集了大量高素质人才，因而面临严重缺乏具备专业技能的劳动力问题。与此同时，经济相对欠发达的中西部地区由于第一产业和重工业的否定，能够吸纳的劳动力有限，导致劳动力消失，但这些地区积累的高质量人才很少，外流问题也比较严重。在经济发展过程中，主要推动劳动力和原材料逐步发展为资本、能源，发展到知识和信息。相关的职业也从非技术工人、农民等逐步发展为半技术工人、工程师，再进一步发展为技术人员、专业人员和科学家。科技和人力资源成为影响区域创新和产业升级的最终支撑因素，而人力资源的分配则成为各地产业发展的重要限制因素。

区域产业结构的差异不仅体现在东部和西部之间，南北地区之间的"纵向"差异也日益明显。北方地区在资源型产业和传统产业方面明显落后于南方地区。

如图 5-3 所示，在不同区域，由于资源分布、交通条件以及政策等各种原因，第一、第二、第三产业的分布存在显著差异。不论是东部地区（其人才资源丰富、交通便利），还是西部地区（其自然资源丰富、地域发达），第三产业都行使着绝对的主导地位。东部地区在第二、第三产业方面具有相对优势，这得益于便捷的交通、外部的间隙和及时交流，以及历史上的经济基础和政策支持。正好，西部地区的第三产业得以发展，部分原因在于科技进步和创新带来的便利，以及国家政策和资源优势的支持。正如前文所述，东部和西部地区的发展差异仍然存在，尽管在产业结构上趋于一致，但各个区域之间仍然存在异质性。

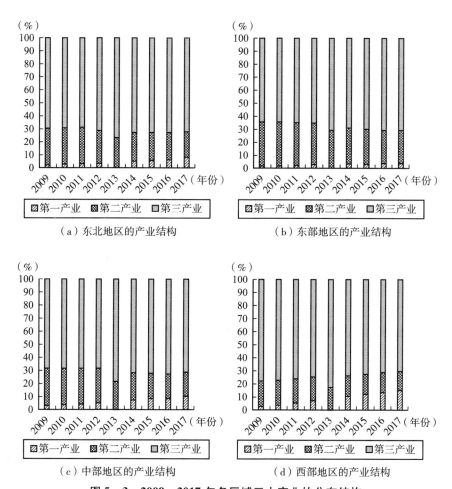

（a）东北地区的产业结构　　（b）东部地区的产业结构

（c）中部地区的产业结构　　（d）西部地区的产业结构

图 5 - 3　2009 ~ 2017 年各区域三大产业的分布结构

资料来源：《中国火炬统计年鉴》2017。

　　针对创业投资，特别强调第三产业的高新技术领域。根据表 5 - 1 中各区域高新技术企业的投入增量数据，进行 DEA 效率分析后得到了表 5 - 2 的结果。从 2012 年开始到 2017 年这几年的数据来看，东部地区的高新技术企业费用支出相对平稳，而其他地区的效率逐渐提高。这说明近些年，中部、西部以及东北地区的研究费用支出相对于利润的获得正在逐步增加，高新技术产业在这些地区正在快速发展，而东部地区则趋向于相对稳定的发展阶段。

表 5 – 1　　　　各地区高新技术企业研究经费投入与获得利润总额

年份	地区	研究经费（万元）	利润总额（万元）
2012	东部地区	14 782 708	4 368.3
2012	中部地区	1 640 728	867.4
2012	西部地区	1 422 130	660.7
2012	东北地区	804 920	299.9
2013	东部地区	16 834 674	6 167.372
2013	中部地区	2 123 979	949.6414
2013	西部地区	1 812 782	789.6692
2013	东北地区	868 212	337.1761
2014	东部地区	18 793 447	6 728.972
2014	中部地区	2 444 094	1 061.862
2014	西部地区	1 999 826	919.3469
2014	东北地区	926 043	386.0279
2016	东部地区	22 112 032	6 488.61
2016	中部地区	3 041 903	1 290.713
2016	西部地区	2 486 720	794.8661
2016	东北地区	763 044	412.2601
2017	东部地区	24 623 641	7 190.439
2017	中部地区	3 411 764	1 478.867
2017	西部地区	3 006 124	1 232.396
2017	东北地区	802 836.1	400.0966

表 5 - 2　　　　　　　各地区高技术企业综合效率输出表

决策单元	技术效率值	纯技术效率值	规模效率值	规模状态
1	1. 000	1. 000	1. 000	—
2	0. 626	0. 693	0. 886	递增
3	0. 646	0. 737	0. 876	递增
4	0. 793	1. 000	0. 793	递增
综合	0. 741	0. 832	0. 889	—

因此，在进行这些地域间的项目分析时，应考虑项目对当地发展方向和前景的影响。不同地区的发展阶段和潜力存在差异，因此在创业投资决策时需要综合考虑地区特点，这种针对不同地区的项目分析有助于更全面地了解投资环境和潜在风险，从而作出更明智的决策。

5.2　创业投资的地域性

创业投资是指专业投资人向具有快速成长和升值潜力的新兴公司提供资本支持，并为这些公司提供创业管理服务的一种资本投资活动。创业投资旨在帮助企业获得启动资金，发展壮大，以实现长期的资本回报。创业投资者通常会以股权的形式投资，成为目标公司的股东，并积极参与企业的管理和发展，以推动公司的增长和成功。这种投资模式有利于促进创新和创业精神，为新兴企业提供了重要的资源和支持，以应对竞争激烈的市场环境。

5.2.1　创业投资推动区域的发展

创业投资的历史可以追溯到 19 世纪末，经过 100 多年的发展，已经经历了从最初的私人直接投资企业到以股票创业投资基金形式的转变。投资规模也得到了显著扩大，相应的体制和规范也逐渐完善。最重要的是，创业投资的快速发展为世界经济提供了强有力的推动力。从全球范围来看，创业投资的发展以美国、以色列、日本、英国等国家最引人关注。这些国家和地区不仅拥有成熟的创业生态系统，还具备丰富的投资资源和创新活力，吸引了创业投资的成功案例也为其他地区提供了启示，促进了全球范围内的创新和企业发展。

美国被认为是创业投资的发源地，也是创业投资领域蓬勃发展的国家之一。美国的创业投资历史可以追溯到19世纪末20世纪初。最初，美国和欧洲的财团主要投资于铁路、钢铁、石油和玻璃工业等传统产业，从而催生了创业投资的兴起。第一家正规的创业投资公司是美国研究与开发公司，成立于1946年，它的诞生被认为是创业投资发展的一个重要里程碑。此外，科技领域在创业投资中具有重要地位，因为不断进步的科技水平需要更多的前期创业投资。在美国政府的支持下，创业投资在20世纪80年代末迎来了迅猛的发展。目前，美国拥有1 000多家创业投资公司，它们主要投资于信息技术、生命科学等高科技产业。这些投资支持了许多新兴企业的崛起，使得英特尔、微软、苹果等一系列新兴企业成为经济领域的杰出者，引领了高科技产业的发展。

创业投资在美国兴起后，很快在世界范围内产生了广泛影响。1946年，英国诞生了欧洲第一家创业投资公司——工商金融公司。然而，尽管英国在创业投资方面起步较早，但其发展进展缓慢。直到20世纪80年代，英国政府采取了一系列旨在鼓励创业投资业发展的政策和措施后，该行业才在英国崭露头角。

我国的创业投资业在20世纪80年代才开始崭露头角。1986年1月11日，中国新技术企业投资公司在北京成立，成为我国第一家专注于新创业投资的全国性金融企业。同时，"火炬计划"的实施推动我国建立了96家创业中心、近30家大学科技园和海外留学人员科技园。1986年，政协提出了"一号倡议"，为我国高科技产业和创业投资的发展指明了方向。1999年，中央政府作出了《关于加强技术创新、发展高科技、实现产业化的决定》和《关于建立我国创业投资机制的若干意见》，

这些举措推动了我国创业投资事业的系统发展。我国的创业投资经历了
以下几个阶段：

第一，萌芽期（1986~1996年）。1986年，中国新兴创业投资公司
成立，是我国创业投资的起步。此后，创业投资逐步兴起。1996年前后
轰动了第一个发展浪潮。各地政府成立了国有独资和混合所有制的创投
机构，大型企业和证券机构也加入了这一领域，同时民间资本也涌入，
为中国科技产业发展提供了重要支撑。

第二，阶梯发展期（1997~2001年）。1998年，中国创业投资迎来
了显著的发展机遇。成思危提出《关于大力发展我国创业投资事业》，
随着改革开放的深入推进，中国创业投资不断发展，人们获得了更多参
与创投领域的机会。政府出资兴办了一些类似创投公司的企业，积极投
资项目，推动了创业投资行业的蓬勃发展。

第三，低迷期（2002~2010年）。在此期间，受全球经济不景气和
我国经济体制改革中的一些问题的影响，中国经济整体陷入低迷状态，
投资规模随之而来，创业投资行业也陷入了困境。

第四，复兴期（2011年至今）。随着《创业投资企业管理暂行办法》
的正式实施，以及新的《合伙企业法》和《外国投资者并购境内企业规
定》的通过，创业投资行业到了前沿的迅猛发展时期。盛大网络的海外
上市也让人们看到了中国可以培育自己的创投企业。在这个时期，人们
的创业投资行业取得了快速增长。

5.2.2　我国创业投资的区域分布

在创业投资发展初期，中国的经济体制和法律制度存在许多不完善
之处，这给创业投资带来了挑战，发展步履艰巨。然而，随着中国融资
侧结构性改革的深入推进，创业投资活动逐渐增加，整个行业呈现出强
劲发展的趋势。从整体趋势来看，2007~2016年，中国创业投资的总金
额和投资事件数量都经历了大幅增长。以事件数量为例，2006年只发生

了 324 起创业投资事件，而到了 2017 年，增长到了 4 822 件，12 年间增长了接近 16 倍。在创业投资市场的投资金额方面，2006 年的管理额资本总额为 138.76 亿元，而 2017 年创业投资的总金额增长了近 16 倍，达到了 2 026.88 亿元。这些数据表明，中国的创业投资行业在过去几年的活动中经历了快速增长，反映了中国创业创新的蓬勃发展和对创新企业的迫切投资。

根据清科私募通提供的数据，创业投资事件主要集中在中国东部地区，尤其是华东地区，而西部地区的创业投资相对较少，尤其是在经济欠发达的西部地区。中国的创业投资中心主要分布在一些地区，包括北京、上海、广东、江苏和浙江，这五个地区的风险资金占全国总体的 80% 以上。创业投资的区域发展模式可分为城市和中心西部硅谷类型，大部分地区属于中心城市发展模式，如北京、上海、深圳等城市形成了创业投资的聚集地，中关村作为典型，已成为中国创业投资的中心。东部地区的大部分城市在创业投资事件数量方面一直处于较高水平，如江苏、浙江、山东、福建和天津等城市。中部地区的部分省份如安徽、湖北和湖南在创业投资事件数量方面也相对西部地区、四川、重庆和陕西等地的创业投资事件相对集中，但其他西部经济欠发达地区的创业投资活动较为有限，未形成创业投资集群。

总的来说，东部地区创业投资规模存在较大差距，东部地区的创业投资规模较大且集中，而西部地区的创业投资规模较小且分散。东部地区是中国创业投资机构的主要聚集地，而西部和中部创业投资考虑到地理空间分布，西部地区包括 12 个省份，占全国总面积的 71%，超过中部地区的六个省份，占全国总面积的 11%。因此，中部地区的创业投资机构在空间上更加聚集，而东部地区的创业投资机构数量明显多于中西部。这不仅引发了东部地区活跃的投资机构集聚程度高，也引发了东部地区的创业投资活动远远超过中西部地区。

我国创业投资排名前三的省份分别是北京、广东和上海，与其他地区形成了较大差距。从短期来看，截至 2018 年 11 月，创业投资排名前五的省份是北京、广东、上海、江苏和浙江，这与创业投资机构的分区密集区域高度一致。因此，可以得出浙江创业投资在中心城市聚集的模式，即中心城市的地域发展模式。从长期来看，我国各省份创业投资数量排名前十的分别是北京、上海、广东、浙江、江苏、四川、湖北、山东、福建和湖南，这与先前提到的东部地区和中部地区的创业投资活动相对坐标一致。这些数据主要是创业投资在中国的分布格局，东部地区仍然是创业投资的主要热点区域，而中心城市在创业投资方面发挥着关键作用。

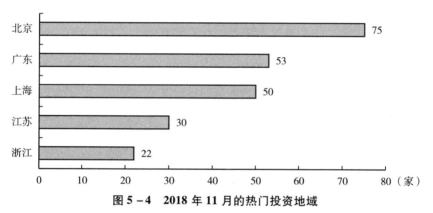

图 5-4　2018 年 11 月的热门投资地域

资料来源：私募通数据库。

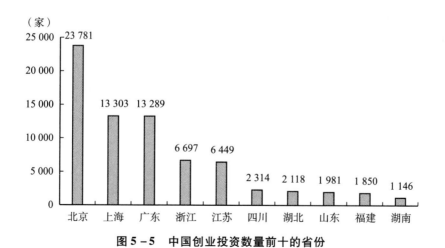

图 5-5　中国创业投资数量前十的省份

资料来源：私募通数据库。

中部地区的安徽和湖北地区创业投资规模正在快速增长，显示出良好的发展势头。中西部地区的四川和陕西也经历了创业投资规模的扩张，其投资总额不断上升，这表明创投活动在这些地区逐步崛起。与此相反，东北地区的创业投资金额较低，未能形成有效的风险聚集资本，创业投资发展相对滞后。

此外，有学者运用交易成本理论指出，创业投资机构与被投企业之间的空间邻近性对于建立初次接触至关重要。较近的断层能够增加双方初次接触的机会，降低双方接触的需求时间和成本，从而提高交易完成的可能性。这凸显了地理因素在创业投资过程中的重要性，有助于解释为什么某些地区的创业投资活动更加活跃。

5.2.3　创业投资的地域专业化

创业投资机构在种子期更趋向于专业化，特别是地域和行业专业化，这种专业化对知识、成本和效率产生积极效应，从而影响投资绩效。

区域专业化投资在某种程度上类似地理邻近性，有利于创业投资机构与风险企业进行股票配置的沟通，促进潜在的知识供给提高，同时也能够降低创业投资机构的运营成本、绩效。首先，由于风险企业的地理分布不均匀，如美国有超过49%的创业投资机构分布在旧金山、波士顿和纽约这三个城市，熟悉当地的商业环境有助于降低创业投资机构寻找优质项目的成本。其次，区域专业化投资降低了创业投资机构在项目筛选（如实地考察）、升级监督（如董事会参与和企业治理）以及提供增值服务（如人力资源、资源引荐和战略规划）方面的运营成本。最后，区域专业化投资有助于创业投资机构迅速建立在特定区域的关系网络和系统，包括熟悉的投资银行、会计师事务所、律师事务所等服务机构，从而减少市场准入、招聘创业投资经理和员工等运营成本。上述地理区域专业化投资对创业投资机构的投资绩效产生积极影响。

在中国的创业投资领域，不同地区拥有各自的特点和优势，北京作为其中一个显著的地方，充分展示了其科研和人才优势。北京拥有一流大学的资源和人才汇聚，同时中关村作为中国的创新中心，在北京扮演着关键角色。北京的创业投资战略重点在于支持高新技术企业，但也需要加强高新技术企业与科技成果之间的联系，创业投资家与创业者之间的协作，并加强创业投资机构的建设。上海作为中国的金融中心，其创业投资策略的重点放在培育创业投资家和机构上，重点支持中小企业，同时加强企业与研究机构之间的合作。广东则以民营企业的发展为优势，其投资环境不断改善，地理位置比邻香港，能够利用一流的金融和咨询服务业的人才优势。

这些不同地区的特点和优势为创业投资提供了坚实的基础和支撑，也导致了各地创业投资的差异化发展。

5.3 地域组合投资

在创业投资中，投资项目的风险是调查存在的，并且会受到内部和外部环境因素的影响而变化。由于风险性较高，创业投资必须采取适当的投资策略来降低风险，提高成功的机会。包括通过建立合理的投资组合来分散和化解风险。特别是在高技术领域投资的行业、企业或项目可能面临更高的风险，投资者通常不会把所有的风险资金投入同一领域或同一相应项目中。相反，他们应该分散投资，包括不同地区、不同行业和不同项目，以确保成功项目的收益可以弥补失败项目的损失。这种波动性的投资策略有助于降低整体风险，提高投资组合的稳定性，从而更好地应对创业投资中的不确定性和风险。同时，投资者还应密切关注市场趋势、行业动态和创业团队的能力，要更全面地评估投资项目的风险和潜力。

组合投资是一种创业投资策略，它涉及投资多个项目，通常包括 10 个左右的项目，希望通过其中几个成功项目的高回报来弥补失败项目的损失，并最终实现收益。这种策略对于高科技领域，特别是对于常见风险较高的创新技术和产品特别有效。

主要组合投资的优势在于分散风险。通过确定投资多个项目，投资者可以有效地降低整体投资组合的风险。即使其中部分项目失败，成功项目的高回报也能弥补损失，从而保持投资组合策略还可以降低融资，因为投资公司不会把所有的资源都集中在单一项目上。通常情况下，组合投资中，只有一部分项目需要成功，其收益足以弥补其他项目的损失，并为投资者带来下一代的利润。这种策略需要仔细的项目选择、风险评估和投资管理，以确保投资者能够获得最佳的投资组合。总体而言，组合投资是一种有效的管理策略，可以帮助创业投资者更好地处理不确定性和风险，同时追求高回报。

5.3.1 创业投资进行地域组合投资的原因

地域组合投资是创业投资中常见的一种策略，其核心思想是将投资资金分散投向不同的地域和项目，以降低风险并实现风险的分散。这种策略的优势在于可以通过不同项目的表现来修复可能存在的损失，从而降低整体风险。在选择地域和项目时，创业投资者需要考虑各个地域的特点以及不同项目的发展阶段。例如，投资者可以选择分散投资到不同地区，以充分利用各地的优势资源和市场机会。同时，投资者也应该考虑不同项目的不同阶段，避免将所有资金都投入相同阶段的项目中，以降低风险。此外，投资者还应审慎评估投资计划书中的投资案例，选择具有潜力和良好前景的项目纳入组合。这可以帮助创业投资公司在短短几十年内有效地控制风险，保持低风险运营，并实现投资组合的多元化。总体来说，地域组合投资是一种有效的管理策略，可以帮助创业投资者最大限度地降低风险，同时追求高回报。在选择地域和项目时，多样化和分散化是关键，以确保整体投资组合的稳定性和成功。

当公司追求多元化的投资组合时，通常可以显著地减少非系统性风险。然而，多元化也面临着一些限制，尤其是在创业投资领域，因为投资者可能只能深入了解少数行业或地区的特定情况，如果过度分散投资，可能会导致投资公司因不熟悉某些行业或地区而失败。另外，如果投资公司试图了解过多不同的行业和地区，可能会增加高交易成本的问题，从而降低了投资收益。因此，要在示范创业投资案例之间实现风险共担，需要确保这些案例在盈利和亏损之后仍能够获得一般投资的回报。这将有助于平衡每个投资者和风险项目经营者之间的风险分担，同时也能够获得更高的收益。

进行地域多样化的创业投资是有动机的，如降低风险、提高回报、促进产业发展等。然而，深入分析后，我们会发现还存在其他重要原因，其中最显著的是不同地域之间的环境差异。首先，各地政府相关政策差异明显。不同地方在相关经费和支持领域的政策各不相同，基层政府的理念和观念也不同。政策导向和地方产业差异导致了各地的资金支持不同，从而影响了创业投资的成本和难度。其次，各地的制造业水平存在差异。发达地区和落后地区的技术水平和投资水平不同，创业投资的领域和起点也各异。在创业投资中，除了资金外，人才是关键的。人才素质以及在各领域的知识和经验储备也不同，这会影响到各地区创业投资的特点和机会。总之，地域多样性的创业投资涉及众多因素，包括政策、产业差异、技术水平和人才素质等。理解并考虑这些因素对于成功的创业投资至关重要。

如图 5-6 所示，我国创业板上市公司的分布确实呈现出明显的地域差异，主要集中在东部沿海地区，而中部和西部地区的公司数量相对较少，仅占总数的 20%。广东和江苏的上市公司数量占大部分。这种分配情况与各地的经济水平发展、资源分配以及国家政策支持等密切相关。这一现象反映出东部沿海地区在创业投资（或创业活动）方面拥有明显的竞争优势，这与相对发达的经济状况密切相关。京津冀、长三角和珠三角三大经济带在国家经济发展中扮演着重要的角色，这些经济带的名字也体现了它们在资源共享和良好发展方面的优势。在这些地区进行地域多元化的投资组合可以最大程度地发挥各地的优势，同时也有助于风险分散。需要注意的是，地域多样化投资组合不仅可以降低风险，还可以利用不同地区的机会，增强经济信心和创新。因此，了解各地的优势和差异，将其纳入投资策略中，有助于投资者更好地实现长期投资目标。

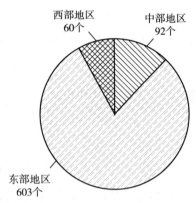

图 5 – 6　创业板各地区公司个数分布情况

资料来源：私募通数据库。

地域多样性的创业投资，结合不同地区的竞争优势，利用各区域的政策导向和资源禀赋进行风险分散，以实现投资回报。

5.3.2　地域组合投资原则

1. 资本增值原则

创业投资的核心目标是通过相对短期内实现资本增值，通常通过股权交易来实现。创业投资的典型期限为 3 ~ 8 年，同时超过高风险，成功率通常不会达到 30% 。然而，成功的创业投资可能会带来高达几十倍甚至上百倍的回报，从而弥补了投资金额和时间成本，甚至可能弥补其他投资损失。

2. 多元化原则

多元化投资是一项战略，旨在将投资资金分散到不同类型的资产中，以降低整个投资组合的风险，特别是降低资产组合的收益波动。在进行地域自然资源投资时，需要考虑收益和风险，以有效管理整个投资组合的风险水平。这一策略要求综合考虑不同地区的资源分配和优势产业，重视行业和地区的分散，以减少投资组合所面临的非系统性风险。

尽管市场风险是不可避免的，但当整个市场出现全面下跌时，即使一家盈利良好且管理完善的公司的股价也可能受到市场影响而下跌。非市场风险则与个别投资项目有关，投资者可以通过分散投资来降低这些项目的特定风险。

因此，多元化投资涉及将资金投入不同类型的资产中。在进行地域多元化投资时，需要在考虑市场和行业因素后，制定合理的投资组合，包括选择不同行业和发展阶段的资产，以降低非系统性风险。

3. 效率原则

合作可以弥补合作各方的不足，提高效率，降低工作量。在创业投资中也同样适用。创业投资需要考虑盈利能力，需关注投资回报的效率。这就像面临一个选择，一方面是即时获得的奖金，另一方面是半年后才能获得的奖金。在不通货膨胀的情况下，人们通常会选择即时奖金。

前面提到不同地区存在异质性，各地都有自己的优势要素和产业。进行地域多样化投资就是将这些要素结合起来，实现规模效应，以在成本、收益和风险等方面达到最优水平。如果仍然存在不高效的情况，那可能是其中某些指标尚未达到最优值。

5.3.3　地域组合投资中的风险分散

风险分散是一种在金融和商业领域中用于风险管理的方法，尤其是在谈论投资组合时，这一概念极为重要，无论是在证券投资组合还是地域多样性投资中寻找应用。与此相关的是马科维茨的资产组合理论。该理论强调，只要两种资产的相关性不为1（不完全正相关），将资金分散投资于这两种资产可以降低风险。对于由相互独立的多种资产构成的投资组合来说，通过足够多的资产分散投资，可以完全消除非系统性风险。

将这一理论应用到地域多样化投资中，意味着投资相关系数不为1的行业、领域和地区，以分散风险。这种分散投资策略有利于防止某个项目的出现，对整体投资组合的弥补带来金融风险。

与证券投资领域的资产组合理论相似，地域投资组合也需要制定投资策略和目标，选择行业和领域，并进行风险管理。在选择行业和领域时，需要综合考虑发展前景、技术成熟度以及潜在风险和收益，这是资产组合策略的核心。

与选股类似，在选择地域投资组合中，也需要项目。一般来说，可以从现有的项目池中进行选择，分析项目的吸引力。在选择项目时，要避免相关性强的项目，尤其是上下游产业或同类型产业的聚集。此外，地域组合投资要充分发挥各地区的优势，结合地域特色、基础设施和资源，实现更好的风险分散和回归。

5.4　案例分析

5.4.1　地域组合投资——以发达国家为例

从全球分布来看，北美一直是全球最重要的创业投资聚集地（美国居首），其次是以英、法、德为主的欧洲国家，以及以日本、澳大利亚、中国和印度为主的亚太国家。同时，各国的创业投资发展也呈现出明显的地域聚集特征，而且还具有产业和阶段聚集特点。

发达国家创业投资主要关注高新技术企业，软件、生命科学产业热度最高，早期阶段投资占一半以上。2016 年，美国软件公司吸引了最大量的创业投资，在各产业领域中排行第一，共有 3 100 家公司获得 330 亿美元投资，占创业投资总额的 48%；其次是 1 016 家生命科学公司（制药、生物技术和医疗器械等），共获 117 亿美元投资。欧洲创业投资规模排名前三的产业是软件行业、生命科学，以及消费品和服务业。韩国软件行业与生物医药这两个行业也是获得投资最多的行业，投资资金分别占比 23% 和 22%。以色列创业投资超过 90% 的项目为高新技术企业，互联网行业投资占比 55%，半导体行业占比 16%（见图 5-7）。

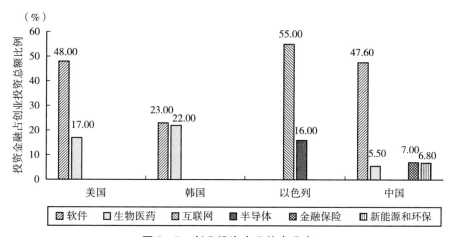

图 5-7　创业投资产业热点分布

资料来源：风险投资年报。

转型的创业投资规模持续扩大，尤其是美国表现出全面领先。2016 年，全球主要国家的创业投资达到了 2008 年以来的最高水平。具体来说，2016 年底，美国拥有 2 460 家创业投资机构，管理资产达到 3 335 亿美元，占美国国内生产总值（GDP）的 1.93%。欧洲地区有约 560 家创业投资机构，管理资产预计约为 350 亿欧元，占欧洲 GDP 总量的 0.26%。英国在欧洲创业投资领域起主导作用，占欧洲 GDP 总量的

30%。尽管以色列的创业投资规模相对较小，但其在国内 GDP 中的比重却高达 3.2%，在全球范围内名列前茅。这些数据凸显了新兴创业投资持续增长的趋势，美国在这一领域的影响力极其显著（见图 5 - 8）。

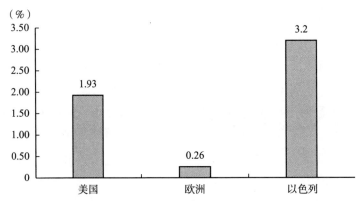

图 5 - 8　2016 年新兴创业投资管理资产占 GDP 比重

资料来源：风险投资年报。

　　转型的创业投资表现出高成功率，主要通过并购方式实现退出，投资回报也相对较好。2016 年，美国有 726 个创业投资项目成功退出，其中 82% 通过并购方式实现。这些项目的平均退出时间为 8.3 年。美国的创业投资基金中，687 家披露了并购情况，其中 177 家项目的并购价值达到了 439 亿美元，平均账面转化率为 2.48 倍。同年，美国有 39 家受创业投资支持的企业成功进行了 IPO，共募集了 29 亿美元，投后价值达到 161 亿美元，平均账面折合 5.6 倍。在欧洲，有 1 297 个创业投资项目成功退出，其中 60% 通过并购方式实现。以色列 2015 年实现了 205 个创业投资项目的退出，其中 85% 通过并购方式实现。

　　为了说明地域组合投资的优势，可以通过比较不同国家市场和等权配置组合的特征来进行分析。这里的等权配置组合每年进行一次调仓。根据图 5 - 9，自 1900 年以来，各地权益类市场相对于现金的累计超额回报率：在过去的历史中，如果投资者集中投资于俄罗斯或德国等国家的市场，可能会面临严重的资本损失。相反，投资于五个国家的等权配置组合的回报表现几乎与美国市场表现最佳的情况相似。这个例子强调了地域组合投资的优势，通过分散投资于多个国家市场，投资者可以降低风险并获得更加稳健的回报。这种多元化的策略有利于平衡不同国家和市场的风险，从而实现更稳定的投资回报。

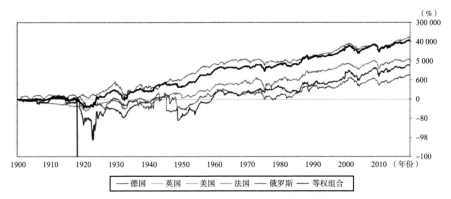

图 5 - 9　2010 年权益类市场相对于现金的累计超额回报率

资料来源：风险投资年报。

地域组合投资对创业投资有诸多优势，包括：（1）信息共享与降低成本。地域组合投资可以有效地促进信息共享，降低创业投资者寻找潜在投资项目的时间和成本。这是因为合作伙伴或共同投资者可以在不同地区或领域的市场共享他们的知识和洞察力，从而提高了对项目的筛选和评估效率。（2）提高增值服务，降低监控成本。地域组合投资不仅有更多机会提供增值服务，还可以降低监控投资项目的成本。合作伙伴或共同投资者可以共同参与项目的管理和运营，提供专业知识和资源，从而提高项目的成功概率。同时，由于制剂的投资组合，监控成本和代理成本也可以分配到不同的项目中，降低了整体风险。（3）利用网络优势并降低退出成本。地域组合投资使创业投资者能够更好地利用其在不同地区或领域的网络优势。这有利于项目的推广和市场拓展，提高了项目成功的可能性。因为投资者可以在不同的项目中实现多元化的退出策略，如并购或 IPO，因此，降低了创业投资的退出成本。

总之，地域组合投资为创业投资者提供了更多的机会和资源，有助于降低风险并提高投资回报。这种多样化的投资策略可以通过合作伙伴关系和共同投资来实现，从而更好地实现投资结果。

5.4.2　地域组合投资——以我国为例

2018年10月至2019年10月，国内创投市场的概况凸显了经济发达地区的创业项目集中，凸显了区域优势。这一年，投资项目的分布仍然显示出了经济发达地区聚集的趋势，尤其是北京、广东和长三角地区的苏浙沪表现出色。除了一致热门的企业服务市场，北京的教育赛道、上海的医疗赛道、深圳的硬件赛道、广州的医疗健康赛道成为区域组合投资亮点（见图5－10）。

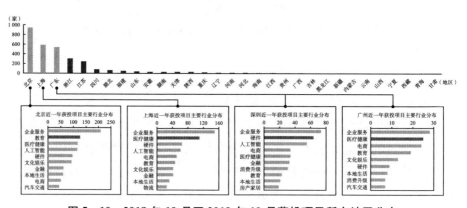

图5－10　2018年10月至2019年10月获投项目所在地区分布

资料来源：风险投资年报。

从2019年国内一级市场的整体投资情况来看，红杉资本、腾讯、经纬中国是最活跃的机构，而企业服务也成为最活跃机构关注的焦点（见图5－11）。

综上所述，创业投资中存在的一个常见风险是地域集中，即过度依赖当地的市场表现。过去的经验表明，某些地区可能会受到地缘政治、经济动荡等因素的影响，导致投资者的损失。即使在相对稳定的时期，不同地区的市场表现也存在差异，最佳和最差市场之间的差异可能很大。从长期来看，没有一个国家能够持续产生超额收益，因为这会导致市场高估，最终会发生价格回归。

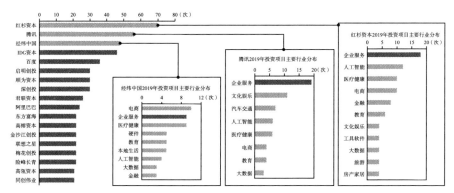

图 5－11　2018 年 10 月至 2019 年 10 月投资机构出手次数前 20 的机构

资料来源：创业投资统计分析。

地域组合投资为创业投资提供了一种方式来分散风险并实现更稳定的收益，使投资者能够获得与最佳市场相近的回报，从而预测哪个市场将表现最好。因此，地域组合投资在创业投资的资产配置中具有重要意义，因为它有助于降低地域风险，提高投资组合的稳定性。

第6章 创业投资的行业
组合投资机制

研究创业投资的行业组合投资机制，需要依托行业分布、行业选择等理论分析。本章分析了创业投资行业的行业布局、阶段性布局以及主要行业投资项目的布局。首先，选择合适的行业是创业投资的关键；其次，在选定的行业中选择合适的企业也至关重要。为了最小化风险和最大化收益，需要根据投资对象的风险特征来制定相应的投资策略和投资组合，实现对创业投资的行业组合目标投资。

6.1 创业投资的行业分布

创业投资（venture capital，VC）起源于美国硅谷，其成功经验在全球范围内引发了创业投资热潮。创业投资的发展对一个国家或地区的经济产生了多方面的影响。首先，它充当了企业催化剂的角色，为那些能够通过传统融资方式获得支持的创新型企业提供资金和建议，推动了它们的发展。更广泛地说，在创业投资的过程中，它有助于解决就业问题，对地区经济的发展也起到了促进作用。其次，创业投资已经成为创新过程的重要组成部分，为新技术的发展提供了支撑，并促进其商业化。这有利于新产业的形成，加速了科技的进步。由于创业投资最适合尚未成熟并且还是一个创业阶段的企业，因此它与科技创新密切相关。创业投资的分布特征与高新技术企业的分布特征密切相关，体现在行业和地区的分布上。在接下来的部分将详细阐述创业投资的行业分布。

6.1.1 中国创业投资的行业总体分布

创业投资活动成功与否主要依赖于所投资的行业和项目的收益表现。创业投资机构的运营商在决定投资哪个行业时需要综合多个因素。一方面，他们可能会寻找风险高的机会；另一方面，他们可能会借鉴自身的专业背景或者聘请行业专家来投资某些他们熟悉或有专业知识的领域，这有助于充分理解和评估投资机会。过去，创业投资者主要将资金投入高科技行业，如生物科技和信息技术领域。然而，随着时间的推移，创业投资范围已经包括传统行业，如快速消费、教育以及新兴行业，这种投资策略可以降低投资组合的风险，因为不同行业和领域的表现通常不会同时受到相同市场的影响。总之，创业投资机构在选择投资行业时需要仔细考虑各种因素，包括市场前景、风险水平、管理团队的专业知识。

截至 2016 年底，从投资金额来看，2016 年中国的创业投资呈现出以下几个特点：一是行业集中度提高。投资金额和项目数量集中在网络产业、其他行业、软件产业、金融保险业、医药保健等领域，这五个行业集中了大部分创业投资。这可能反映了创业投资者对高科技和高增长行业的关注，他们认为这些领域具有更高的创新潜力和回报。二是高科技行业受青睐。创业投资更倾向于高新技术产业，包括通信设备、IT 服务业、软件产业等。这些领域通常与科技创新和高成长潜力相关，因此吸引了更多的投资。三是传统行业参与度有限。虽然创业投资也涉足传统行业，如农林牧副渔业、传统制造业、建筑业等，但在投资金额和项目数量上相对较少。传统行业通常被认为风险较低，但增长潜力相对有限，因此在创业投资中的贡献有限。

总体来说，2016 年中国的创业投资市场继续关注高科技和高成长领域，同时传统行业的涉足程度相对较低。这表明投资者对于科技创新和创新型企业仍然怀有同样的期望，而传统行业的吸引力相对较低。然而，

投资者也应该仔细考虑风险和回报，实现良好的分散以降低投资风险
（见表 6 - 1）。

表 6 - 1　　　　　　　2015～2016 年，中国创业投资项目的
行业分布：投资金额与投资项目

投资行业	2015 年		2016 年	
	投资金额（亿元）	投资项目（万个）	投资金额（亿元）	投资项目（万个）
网络产业	5.07	10.61	34.03	11.35
其他行业	10.41	10.85	12.90	13.67
软件行业	7.54	7.41	9.58	7.58
金融保险业	5.71	3.09	6.97	3.12
医药保健	5.37	4.05	3.65	5.44
新材料工业	5.66	5.48	3.36	5.53
IT 服务业	3.03	5.75	3.30	6.70
传播与文化娱乐	5.50	4.32	3.02	5.26
传统制造业	3.77	4.44	1.99	3.58
建筑业	0.76	0.58	1.98	0.56
新能源、高效节能技术	2.95	4.17	1.97	3.77
生物科技	2.13	3.47	1.89	4.37
其他制造业	3.67	5.25	1.65	4.09
科技服务	1.76	3.05	1.61	4.51
交通运输仓储和邮政业	1.86	0.89	1.60	0.88
环保工业	2.31	5.17	1.47	3.12
消费产品和服务	2.14	2.66	1.43	3.07
计算机硬件产业	1.65	1.81	1.27	1.91
农林牧副渔业	0.65	2.01	0.96	1.91
半导体	1.94	1.16	0.96	1.30
通信设备	18.59	5.79	0.95	2.00
社会服务	3.42	3.09	0.90	1.95

续表

投资行业	2015 年		2016 年	
	投资金额（亿元）	投资项目（万个）	投资金额（亿元）	投资项目（万个）
光电子与光机电一体化	0.85	2.05	0.85	2.14
其他 IT 产业	0.48	1.04	0.64	1.02
批发和零售业	1.24	1.08	0.43	0.70
房地产业	0.94	0.35	0.37	0.23
水电煤气	0.46	0.31	0.24	0.05
核应用技术	0.08	0.04	0.04	0.09
采掘业	0.06	0.04	0.01	0.09

6.1.2　中国创业投资所处行业阶段总体分布

总体来看，创业投资者在不同阶段的企业中进行投资，但更偏好长期和起步阶段的企业。这反映了他们对于高增长和创新潜力的企业持乐观态度。但是，他们也认识到不同阶段的企业存在不同的风险和回报，因此在投资组合中进行分散以降低整体风险。创业投资者最热衷于投资成长期的企业。这可能是成长期的企业通常已经验证了其商业模型，并取得了一定的市场贡献。因为有潜力快速拓展，起步阶段投资增长。投资者对起步阶段的企业投资逐渐增加。这表明他们愿意在更早期的阶段投入资金，可能是因为他们看好这些企业的长期增长潜力。种子期投资项目增加，金额减少。在种子期的企业，投资数量增加，但投资项目金额减少。这可能反映了投资者对于种子期企业的风险和不确定性更高，因此愿意更分散投资。重建期的投资逐渐减少，投资者对于重建期企业的投资似乎逐渐减少。这可能是因为重建期的企业可能面临更多的挑战，风险也随之而来，投资回报相对不那么有吸引力。

近些年来，中国创业投资呈现出以下几个趋势。首先，投资者主要集中在起步期和成长期的企业。这表明他们更倾向于投资那些已经建立了初步业务模型并准备拓展的企业。这些阶段的企业通常具有相对较低的风险，但生长潜力良好。其次，2016 年起步期和成熟期的投资金额相对于 2015 年出现了显著增长。这可能反映了投资者对于 10% 企业和成熟期企业的信心增强，投入更多意愿支持其发展。最后，投资项目主要集中在起步期、成长期和种子期。尽管该期的投资项目数量有所增加，但成长期的项目种子数量相对减少。这可能反映了投资者对较早期的企业感兴趣，但仍保持对成长期企业的投资。

投资总体来看，中国创业投资市场对 1/4 的企业和成长期企业持续关注，尤其是在投资金额方面表现出增长趋势。这可能反映了中国创业市场的成熟度和创新企业的持续认知。提升不同阶段的企业中进行投资，以构建信心的投资组合，以平衡风险和回报（见表 6－2、表 6－3）。

表 6－2　　　　　　2007～2016 年，中国创业投资项目所处
阶段分布：基于投资金额　　　　　单位：%

阶段	2007 年	2008 年	2009 年	2010 年	2011 年	2012 年	2013 年	2014 年	2015 年	2016 年
种子期	12.7	9.4	19.9	10.2	4.3	6.6	12.2	5.6	8.1	4.3
起步期	8.9	19.0	12.8	17.4	14.8	19.3	22.4	25.2	21.5	30.3
成长（扩张）期	38.2	38.5	45.1	49.2	55.0	52.0	41.4	59.0	54.4	38.5
成熟（过渡）期	35.2	26.5	18.5	20.2	22.3	21.6	22.8	10.1	15.2	26.3
重建期	5.0	6.6	3.7	3.0	3.6	0.6	1.2	0.1	0.7	0.6

资料来源：风险投资年报。

表 6－3　　　　　　2007～2016 年，中国创业投资项目所处
阶段分布：基于投资项目　　　　　单位：%

阶段	2007 年	2008 年	2009 年	2010 年	2011 年	2012 年	2013 年	2014 年	2015 年	2016 年
种子期	26.6	19.3	32.2	19.9	9.7	12.3	18.4	20.8	18.2	19.6
起步期	18.9	30.2	20.3	27.0	22.7	28.7	32.5	36.6	35.6	38.9
成长（扩张）期	36.6	34.0	35.2	40.9	48.3	45.0	38.2	35.9	40.2	35.0

阶段	2007 年	2008 年	2009 年	2010 年	2011 年	2012 年	2013 年	2014 年	2015 年	2016 年
成熟（过渡）期	12.4	12.1	9.0	10.0	16.7	13.2	10.0	6.5	5.4	5.7
重建期	5.4	4.4	3.3	2.2	2.6	0.8	1.0	0.3	0.7	0.8

资料来源：风险投资年报。

6.1.3 中国创业投资在主要行业投资项目的阶段分布

从分行业的项目投资阶段分布来看，不同行业在不同发展阶段的投资重点存在差异。一方面，一些行业处于起步期和成长期的投资比重最大，反映了投资者对这些行业早期和发展期企业的关注。这些行业包括采掘业、软件产业、光电子与光机电一体化、消费产品和服务以及医药保健。另一方面，一些行业在种子期的投资金额相对较高，表明投资者对这些行业的早期项目给予了更多的资金支持。这些行业包括批发和零售业、IT 服务业、医药保健以及保险金融业。此外，一些行业处于启动期的项目数量预测，这可能是因为它们在发展中具有更大的市场潜力，因此吸引了更多的投资。这些行业包括半导体、IT 服务业、社会服务、生物科技以及金融保险业。此外，一些资金密集型产业，如核应用技术、水电煤气、采掘业、批发和零售业、环保工程以及其他制造业，更多地受到了成长（拓展）阶段的创业投资关注，这可能是因为他们需要更多的资金支持来扩大业务规模。

总体来看，不同行业在不同发展阶段的投资分布反映了投资者对不同行业和企业发展阶段的看法和兴趣（见表6－4）。

表 6－4　　　　2016 年中国创业投资项目主要行业的投资
阶段分布：基于投资项目　　　　单位：%

投资行业	种子期	起步期	成长（扩张）期	成熟（过渡）期	重建期
医药保健	23.89	35.4	32.74	7.96	0.00

投资行业	种子期	起步期	成长（扩张）期	成熟（过渡）期	重建期
传统制造业	12.99	19.48	54.55	12.99	0.00
软件产业	35.63	23.13	38.13	3.13	0.00
新材料工业	17.54	40.35	34.21	7.89	0.00
采掘业	50.00	0.00	50.00	0.00	0.00
其他行业	18.48	46.74	27.90	5.07	1.81
IT 服务业	23.36	52.55	18.98	4.38	0.73
批发和零售业	14.29	28.57	57.14	0.00	0.00
科技服务	23.40	46.81	24.47	5.32	0.00
交通运输仓储和邮政业	21.05	21.05	42.11	10.53	5.26
计算机硬件产业	20.00	42.50	30.00	7.50	0.00
网络产业	17.80	46.19	32.63	3.39	0.00
核应用技术	0.00	0.00	100.00	0.00	0.00
水电煤气	0.00	0.00	100.00	0.00	0.00
房地产业	0.00	40.00	40.00	20.00	0.00
社会服务	14.63	51.22	34.15	0.00	0.00
新能源、高效节能技术	10.00	30.00	50.00	8.75	1.25
传播与文化娱乐	18.10	40.00	35.24	4.76	1.90
其他制造业	12.64	22.99	52.87	8.05	3.45
半导体	14.29	57.14	21.43	7.14	0.00
消费产品和服务	25.40	39.68	33.33	1.59	0.00
其他 IT 产业	18.18	40.91	40.91	0.00	0.00
农林牧副渔业	7.89	34.21	44.74	13.16	0.00
金融保险业	23.21	48.21	23.21	5.36	0.00
建筑业	9.09	27.27	45.45	18.18	0.00
环保工程	13.43	23.88	52.24	5.97	4.48
通信设备	14.63	36.59	34.15	14.63	0.00
光电子与光机电一体化	33.33	28.89	35.56	2.22	0.00
生物科技	18.48	51.09	28.26	2.17	0.00

资料来源：风险投资年报。

6.2　创业投资的行业选择

在创业投资中，选择投资对象存在客观风险，这种不确定性可能带来盈利也可能带来亏损。这些风险并非不变，而是随着市场环境的变化而调整。因此，投资者需要仔细筛选合适的投资对象，制定相应的投资策略和组合，以最大限度地分散风险，降低潜在的损失，实现风险最小化和收益最大化的目标。

行业研究在股票投资中具有关键地位，其重要性有以下三个主要方面：

第一，发现投资机会。行业分析帮助投资者识别最有潜力的行业，从而更轻松地选择有投资价值的上市公司。这有助于避免投资中的错误决策，减少投资损失。对于投资机构来说，正确的行业选择直接影响其盈亏状况，因此它对于机构的生存至关重要。

第二，预测风险。行业经济活动位于宏观经济和局部经济之间，是中观经济分析的重要组成部分。通过行业分析，可以识别各种影响行业发展的因素，进而推断出行业风险。这有助于投资者考虑如何规避潜在的风险，应对突发情况，提高应急能力。

第三，影响企业价值。行业是直接影响公司投资价值的重要因素之一。行业研究有助于了解行业的发展阶段和地位，以及行业之间的横向比较。这为确定最终的投资对象提供了准确的行业研究，还可以揭示宏观经济环境变化如何影响行业和企业，以及变化的程度和方式。

总的来说，行业研究有助于投资者更好地理解市场，找到投资机会，规避风险，并最终作出明智的投资决策。这对于个人和机构投资者来说都是至关重要的，因为它可以增强他们的投资决策能力，提高投资组合的效能。

6.2.1 创业资金投向现状

中国的国内生产总值（GDP）自 20 世纪 90 年代以来一直保持高速增长，超过了 7% 以上。这一数字的背后是商业领域的迅速发展，许多公司纷纷注册上市。宏观经济状况健康以及政府狂热的激励政策都刺激了市场中的资本运作，最大限度地实现了资源的有效配置。到了 2014 年，中国的创业投资项目数量已经达到了 2 459 个。到 2014 年底，中国已经有 14 118 个创业投资项目立项，其中有 52% 的高新技术领域，总计达到 7 330 个项目。截至 2014 年底，中国的创业投资总额已达到 2 933.6 亿元，其中约有 48% 投向了高新技术企业，总计达到 1 401.9 亿元。这些数据表明，中国的创业投资行业正在迅速蓬勃发展，随着技术水平的不断提高，人们对创业的热情也在不断增加。

目前，中国的创业投资项目的投资重点逐渐向创业的早期阶段，即种子期和起步期转移。同时，创业重建期的投资逐渐减少，这表明创业投资者越来越关注投资的早期阶段，尽管在这一阶段投资存在较大的风险，但相应的收益潜力也随之增大。在中国，创业投资的退出方式仍然主要以并购和收购为主。根据理论研究，创业投资退出时选择公司上市是相对的方式。在中国，尽管在一些早期时间段上市退出的比例呈上升趋势，但在 2014 年之前，这一比例呈下降趋势。总体来看，在中国的创业投资退出方式中，上市方式的比例相对稳定。中国的创业投资行业发展迅猛，每年新增的创业投资项目数量不断增加，同时创业投资退出总量也不断增长。

6.2.2 创业投资中的行业集中与行业分散的特点

根据 2016 年中国创业投资发展报告，2015 年创业投资的金额和投资项目的行业分布出现了新的变化，与 2014 年相比有一些不同。首先，大部分创业投资金额流向了通信设备、其他行业、软件产业、金融保险业和新材料工业等新兴高技术领域。据统计，这五个行业的投资金额合计占创业投资金额的 47.9%。其次，创业投资项目主要集中在软件产业、网络产业、通信、其他产业和 IT 服务业等领域，这些行业的投资项目受到了所有行业总项目投资的 40.41%。根据这些数据，可以看出创业投资金额和项目都倾向于集中在高科技新兴领域，这些领域具有相对较高的投资集中度。

根据我国创业投资行业的变化趋势观察，投资项目和投资金额都呈现出传统制造业的投资项目和金额显著减少的趋势，相反，通信设备、新材料工业、金融服务业等新兴行业的投资项目增加，这表明创业投资正在从传统制造业向新兴行业转移。近年来，互联网的迅速发展也推动了与互联网相关的领域，如 IT 服务业、互联网金融、云计算、自动驾驶等，在受到影响的同时，这也给传统制造业企业带来了融资上的挑战，面临更多的竞争压力。

根据图 6-1（a）和 6-1（b）的综合分析，2006～2015 年，除 2011 年高新技术产业投资金额上分布略低于传统产业外，其他年份高新技术产业在投资项目和金额上都表现出最突出的趋势。从投资项目的角度看，除 2011 年和 2012 年外，其他年度高新技术产业的项目均超过 60%，这表明高新技术企业的发展势头强劲。从投资金额的角度看，高新技术产业的比重在各年份都维持在 50% 左右，而在 2014～2015 年，这一比重接近 60%。高新技术产业的快速发展与中国政府当前实施的鼓励政策紧密相关，国家正在积极支持高新技术企业发展，将科学技术视为第一生产力，以高新技术产业为动力，建立起以高新技术产业为支撑的国民经济发展体系，这与中国当前的国情一致。

2016 年，互联网与 IT 行业成为创业投资领域的最大赢家，拥有最高投资案例数量。互联网与 IT 行业的案例达到了 380 个，占总案例数的 30.1%，而来自东南亚的资金达到 294.26 亿元，占中国创业投资市场总投资额的 50.3%。仅互联网行业的投资额就达到 219 亿元，占同期总投资额的 37.5%。此外，电信和生物医药领域也吸引了相当可观的投资金额。

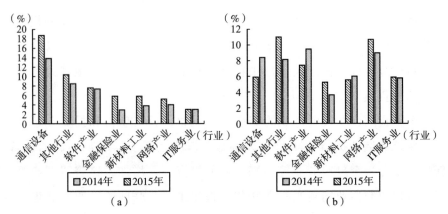

图 6 - 1　2014 年和 2015 年中国创业投资投资资金和投资项目在各行业的分布

资料来源：风险投资年报。

相反，传统行业，如建筑、纺织服装和能源矿产领域，创业投资衍生出疲软的态势。这表明，创业投资在当前阶段主要倾向并集中在新兴技术领域。创业投资本身具有高风险特性，因此新兴技术，尤其是互联网技术创新，遗传算法改变现有的计算机格局，从而开拓新市场，产生巨大的利润潜力，迎合有了创业需求的投资者。传统行业，如建筑和服装，已经发展了几十年，各方面技术和市场都相对成熟和固定，技术革新往往不能迅速改变市场格局。与此同时，传统行业如能源领域，面临高进入和退出融资的问题，因此在创业投资方面吸引力有限。

根据数据和分析，可以清楚地看出中国的创业投资市场存在明显的行业集中现象，以上这种集中表现在两个层面上。首先，在某个层面上，投资主要集中在通信设备、其他行业、软件。其次，在宏观层面上，创业投资主要集中于新兴行业，并呈现出从传统制造业向新兴行业转移的趋势。

6.2.3 行业发展周期对创业投资的影响

行业的生命周期阶段不同，会影响行业的前景、竞争格局和程度风险。处于不同生命周期阶段的企业也有不同的特点。因此，创业投资者需要根据行业的生命周期阶段和企业的特点来制定的投资策略，这将直接影响创业投资的回报率以及创业企业的发展情况。

导入期的行业往往具有市场规模相对较小但市场潜力巨大的特点。在这个生命周期阶段，行业整体市场出现，但随之而来的是技术不断变革，存在更大的技术不确定性和企业在进口期主要致力于市场开拓、客户培育以及技术发展，因此需要加大资金投入，通常处于亏损状态。此时，行业的竞争相对较低，进入壁垒不高，因此大众存在竞争对手，行业集中度低，淘汰率较高。在这个阶段进行创业投资的风险加剧，由于市场尚未完全成熟，技术和市场的不确定性加剧，企业可能面临亏损或低收益的情况。但是，如果投资者能够正确把握机会并选择有潜力的企业，他们可能在行业成长阶段获得巨大的回报，因为随着市场的扩大和技术的成熟，这些企业有可能实现快速增长。因此，对于创业投资者来说，了解行业的生命周期阶段以及相应的风险和机遇，才能制定合适的投资策略并降低投资风险。

行业成长期的特点包括市场规模已经形成，但市场潜力仍然巨大。在这个阶段，整体市场仍然较高，但相对于导入期，市场更加成熟，企业有机会实现产品和服务的差异化，以满足不断增长的需求。此时，行业内可能已经形成了一些领先的企业，竞争逐渐增强。在行业成长期，企业通常已经具备了一定的市场份额，但总体行业风险仍然较大，因为竞争激烈、市场变化快、技术进步等因素都会对企业产生影响。企业可能开始摆脱亏损状态，因为规模经济效应降低了成本费用率，提高了利润率水平。对于创业投资者来说，行业成长期可能提供了更多的投资机会，因为市场已经验证了潜力，但风险仍然存在。投资者需要仔细评估企业的竞争优势、市场定位以及未来的增长潜力，以制定适当的投资策略。同时，还需要密切关注行业的变化和竞争压力，以及企业的创新能力和市场反应能力。

成熟期的行业通常会经历导入期和成长期的快速增长，市场规模逐渐扩大；但在高峰期后，市场增长开始趋缓，市场规模开始下降。这时市场已经被堵塞，因为大多数潜在客户已经采购了相关的产品或服务。在这个时期，行业技术已经相对稳定，企业通常会投入较成熟的资源用于技术创新，因为主要关注市场和客户，保持竞争相对稳定，行业内的竞争者数量减少，进入壁垒较高，行业集中度增加。企业的利润率可能下降，因为市场竞争加剧，价格压力增加。对于创业投资者来说，进入成熟期的行业可能提供稳定的盈利和相对低风险的机会，但增长潜力相对有限。在这个阶段，投资者可能更关注企业的市场贡献、客户和管理关系能力，以及如何保持和提高市场贡献。此外，他们可能会考虑企业的战略，如市场拓展、合并收购等，以实现增长。总之，成熟期的行业可能需要更多的运营和市场导向的投资策略，而不是技术创新导向的策略。

重建期的行业往往面临着日益严峻的挑战，包括市场需求下降、技术陈旧、竞争加剧等问题。这一阶段的行业可能出现市场规模负增长，导致市场变小。由于竞争激烈，企业不得不降低价格以争夺有限的市场份额，从而导致利润率下降。在初期，行业内的厂商数量可能会减少，因为一些企业可能无法承受竞争压力而退出市场。技术可能会面临被淘汰的风险，因为市场对于更先进、更高效的解决方案的需求可能会减少。对于创业投资者来说，外汇期的行业通常不是首选的投资目标，因为风险凸显，市场乏力，竞争激烈，企业面临挑战。然而，一些领头企业可能在这一阶段采取措施来适应市场变化，寻找新的增长机会，以及企业可能具有的投资价值。投资者在考虑投资资金期的行业时特别需要细致地进行深入的尽职调查和风险评估。

根据中国创业创投发展报告的划分，将创业投资阶段与行业发展阶段相对应该是一个有趣的观察。这种关系表明，创业投资者更倾向于在行业的早期和高成长阶段进行投资，因为这些阶段通常具有更大的增长潜力和机会。在种子期、起步期和成长期，行业通常会出现快速发展的阶段，技术创新和市场机会多，从而吸引了创业投资的增长。这些阶段的企业通常需要资金来扩展业务、开发新产品或进一步推动市场贡献的增长。与此相反，成熟期和重建期通常具有较低的增长潜力，市场渗透率高，竞争激烈，技术陈旧。在这些阶段，企业可能面临更大的挑战，包括市场贡献的维持、降低成本以及寻找新的增长机会。因此，创业投资者可能更倾向于避免投资这些阶段的企业或行业。这种对应凸显了创业投资的战略性，投资者寻找高增长和有潜力的机会，以实现更大关系的回归。然而，这也意味着创业投资市场在不同阶段的行业中可能存在一定风险集中，因此各级商场需要评估和分散风险。

根据中国创业投资发展报告的统计，我国创业投资的投资资金和投资项目绝大多数都集中在行业发展的前三个阶段，这三个行业发展阶段的投资金额和投资项目平均达到了总量的90%，如表6－5和表6－6所示。

表6－5　　　　　　　　2006～2016年创业投资投资项目所处

阶段分布：投资项目　　　　　　单位：%

阶段	2007年	2008年	2009年	2010年	2011年	2012年	2013年	2014年	2015年	2016年
种子期	26.6	19.3	32.2	19.9	9.7	12.3	18.4	20.8	18.2	19.6
起步期	18.9	30.2	20.3	27.0	22.7	28.7	32.5	36.6	35.6	38.9
成长（扩张）期	36.6	34.0	35.2	40.9	48.3	45.0	38.2	35.9	40.2	35.0
成熟（过渡）期	12.4	12.1	9.0	10.0	16.7	13.2	10.0	6.5	5.4	5.7
重建期	5.4	4.4	3.3	2.2	2.6	0.8	1.0	0.3	0.7	0.8

资料来源：风险投资年报。

表 6 – 6   2006 ~ 2016 年创业投资资金所处

阶段分布：投资资金   单位：%

阶段	2007 年	2008 年	2009 年	2010 年	2011 年	2012 年	2013 年	2014 年	2015 年	2016 年
种子期	12.7	9.4	19.9	10.2	4.3	6.6	12.2	5.6	8.1	4.3
起步期	8.9	19.0	12.8	17.4	14.8	19.3	22.4	25.2	21.5	30.3
成长（扩张）期	38.2	38.5	45.1	49.2	55.0	52.0	41.4	59.0	54.4	38.5
成熟（过渡）期	35.2	26.5	18.5	20.2	22.3	21.6	22.8	10.1	15.2	26.3
重建期	5.0	6.6	3.7	3.0	3.6	0.6	1.2	0.1	0.7	0.6

资料来源：风险投资年报。

根据表 6 – 5 和表 6 – 6 可以发现，虽然创业投资金额在种子期、起步期和成长期行业阶段激励项目起主导地位，但具体分析每个行业阶段的创业投资资金和项目比例后发现，一个成长期的企业获得的投资额度和投资项目的比例都超过了 30%，甚至在投资金额上，2006 ~ 2016年，投资在成长期行业的资金集中平均达到了 45%，这是一个显著的比例。

通过以上数据分析，我们可以理解创业投资机构更偏向于成长期的原因。成长期的企业通常在技术上比较成熟，已经达到一定的规模，面临的主要挑战是市场和管理风险。相对于其他阶段，成长期的企业面临的风险较小，创业投资机构也能以较低的成本获取这些企业的股权，并提供较少的投资后期管理服务。

总的来说，成长期的企业通常具有相对较高的成长潜力和较低的风险，这使它们成为创业投资机构优先的对象。这也说明创业投资机构更倾向于将资金投向有更好发展前景的企业，以期获得更高的回报。

6.3　行业组合投资

6.3.1　行业组合投资原则

要达到的预期投资收益，必须遵守一些行业组合投资原则，包括选择适当的行业和企业。行业组合投资的原则可分为两个主要方面：一是选择合适的行业；二是在选定的行业中选择合适的企业。首先，为了选择合适的行业，需要根据行业的发展趋势来确定投资方向。不同时间段不同行业的发展前景各不相同，因此在决定投资组合之前，应该首先了解各行业的具体发展状况。理应优先考虑那些具有潜力或前景的行业，例如目前的互联网、电信和新零售行业。这些原则帮助投资者在选择行业和企业时作出更明智的决策，以实现预期的投资回报。

其次，还应考虑不同发展时期的行业。每个行业的发展阶段都有其独有的特点。行业的导入期往往伴随着最高的风险性和不确定性，但也伴随着巨大的潜在回报。风险高峰的行业已经经历了一段时间的发展，更加成熟，同时也具备一定的稳定性。然而，资金期的行业通常投资价值较低，因为尽管风险较低，但带来的恢复也较低。在构建每个行业投资组合时，应根据实际需要来确定不同发展阶段的行业分配。这可以帮助投资者在投资组合中取得平衡，同时兼顾了发展潜力和稳定性。

另外，还要考虑选择投资创业投资公司熟悉的行业。在行业组合投资中，应优先考虑那些创业投资公司熟悉的行业，而严格对待自己不熟悉或专业性强的行业。创业投资的一个关键特点是，创业投资公司不仅是风险企业的投资者，还是风险企业经营管理的有力支持者，尤其是在风险企业的第一阶段。因此，优先投资于创业投资公司所熟悉的行业是组合投资的重要策略之一。投资于自身所熟悉的行业可以使创业投资公司更准确地评估风险项目，有助于选择具有更好发展前景的项目，提高了对风险企业的监督能力，有利于确定最佳的资本风险投资时机和退出时机，从而更有效地维护投资者的利益。当然，在投资于自身不熟悉的行业时，采取追随领先者的投资策略，并采用严格的投资方式，也可以作为一种有效的措施。

最后，要优先考虑政策和宏观经济因素。但在本书中，我们认为行业分析更倾向于宏观分析，因此宏观经济运行状况和政策变得至关重要。近年来，政府支持消费与扶持产业相关政策，创业投资的投资方向密切关注政策动向，不再局限于传统行业，包括生物医药、医疗健康、机械制造、互联网和清洁技术等，呈现出确定的投资趋势。

6.3.2 行业组合投资对创业企业的影响

创业企业通常会在一个行业的导入期或成长期，因此需要大量外部资金的投入。此外，创业企业的风险和回报通常表现出相对的对等性。从风险和回报的角度来看，相当于导入期，并且成长期阶段非常适合创业投资的介入。另外，由于创业企业处于行业的导入期，且成长期发展迅速，创始人可能由于知识结构的限制而无法有效地管理整个企业。因此，创业企业需要外部的资金支持，还需要外部提供良好的管理支持。

创业投资具有组织化和专业化的特点，能够为创业企业提供成熟的管理培训和支持。因此，从风险和回报的对等性以及发展上的互补性来看，创业投资与创业企业之间可以实现共赢的目标。这种合作关系有助于降低创业企业的风险，提高其成功的机会，同时也为创业投资者提供了获得可观回报的机会。

6.3.3　行业组合投资中的风险分散

组合投资是一种策略，涉及包含多个项目的投资群同时进行一定程度的投资，旨在通过一些成功项目的高回报来调整失败项目的损失，并获得收益。行业组合投资同样如此，正是在这种情况下，投资组合包括多个不同行业，尤其是新兴行业。该策略旨在利用某些行业的高回报来平衡其他行业的回报不足或亏损，以实现风险分散的目标。在同一大行业内部，不同的子行业或细分行业可能面临不同的发展阶段，面临不同的风险，对整个大行业的重要性也各不相同。而不同的企业之间也存在很大的差异，包括管理者的素质、产品市场定位、产品开发和生产进展、竞争对手、上下游关系、市场缺口、市场贡献等。因此，在创业投资的行业组合投资中，通过在不同门类或大类行业、不同子行业以及不同企业之间进行资产配置，可以有效降低风险。多维度的资产有助于投资者更好地分散风险，并在这种投资组合中取得更好的平衡，以期实现更稳定的回报。

1. 通过在不同门类行业中进行创业投资以降低风险

根据马科维茨的证券组合理论，组合中各个证券的相关性越小，就越有可能降低投资组合的总体风险。同样，对于创业投资组合，有理由相信将资产分配到不同的资产门类的行业中可以有效地分散风险。以下是一些原因。首先，不同门类的行业通常相关性较低。这意味着一个行业的波动对其他行业的波动影响相对较小。即使某些行业受到不可抗力因素的影响而遭受损失，也可以通过其他行业的盈利来弥补这些损失。其次，不同的行业往往有不同的发展阶段，而不同阶段的行业面临的风险也不同。将资产合理地分配到不同发展阶段的行业中，可以有效降低相应的风险。最后，不同门类的行业受到不同政策环境的影响。创业投资机构需要密切关注政策导向，并根据政策导向在不同门类的行业中进行投资，以降低宏观环境带来的投资风险。

在中国，国家政策对小企业的发展发挥了重要作用。政策支持可以为被投资的企业提供资金、税收、市场政策、产品弱势等各方面的优惠，对企业的发展至关重要。此外，在吸引优秀人才方面，支持政策也可以帮助企业节省人力成本。创业者通常会考虑政策因素并相应配置其投资组合，以降低宏观环境带来的风险。

2. 通过在不同子行业中进行创业投资以降低风险

根据国民经济行业分类和代码表，我国经济划分为 96 个大类行业和 950 个类别行业。在国民经济发展的各个阶段，不同行业具有不同的地位和重要性。目前，信息科技、光机电、先进制造、物流、互联网等行业在我国经济中发挥着重要作用，是当前经济增长的主要推动力。以深圳市创新投资集团为例，该机构将近 70% 的资金投入上述行业中。

然而，将所有资金都投入同一个行业的同一阐发领域无疑会承受巨大的风险。在不同的阐发行业中进行合理的投资分散变得极其重要。因此有几个原因支持这一观点。不同的细分行业在行业内部具有不同的分工和特点，它们因此面临的风险也各不相同。一些细分行业可能更容易受到市场波动的影响，而其他行业则可能更具抗风险性。不同细分行业与其他行业的关联程度不同。在行业不景气时，与其他行业关联度较低的行业可能更容易独立应对困难，而与其他行业关联度较高的行业可能会更容易出行。不同细分行业的发展潜力不同，即使它们是相同大类的行业，一些细分行业可能已经进入了夕阳产业阶段，而另一些细分行业仍属于一个时期或成熟期，具有巨大的发展潜力。因此，通过在不同细分行业中进行合理的投资分散，投资者可以降低整体投资组合的风险。

图 6-2 以深圳市创新投资集团投资项目为例，消费品/物流/连锁能源环保等行业也紧随其后。

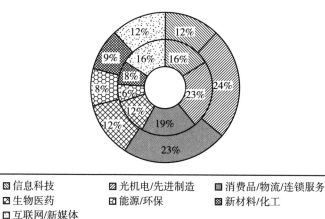

图 6-2   深圳市创新投资集团投资项目行业分布

资料来源：深圳市创新投资集团官网数据整理。

3. 通过在不同企业中进行创业投资以降低风险

在子行业中同时对多个企业进行投资可以有效降低风险。这是因为不同企业在仓库质量、市场定位、产品开发和生产进度、同类、上下游情况、市场份额等方面存在差异，这些差异可以减少由企业内部因素引起的风险。另外，虽然这些企业生产相似的产品，但它们各自具有不同的特点和优势，这增加了未来发展的不确定性，因此在同一行业中投资所有企业可以平衡和分散风险，因为这些企业可能会面临不同的具体风险。此外，有时这些企业还可以通过合作来增强在行业中的竞争力，以减少和抵御风险。

6.4   创业投资的子行业组合投资

创业投资的主要对象通常是新兴产业领域，如互联网、高科技、创意产业和新能源等特定方面的企业。这些企业通常经济实力相对较弱，重点放在细分市场，值得注意的是，许多创新型企业的重大行业通常是高新技术领域，因为在国民经济中的重要性和前沿性而受到政府支持。因此，将创业投资的关注点放在既包括大行业又包括细分行业的投资组合中，可以显著提高总体投资回报率，同时相对减少风险。虽然创业企业遍及各个行业，但就其重要性和数量分布而言，创业投资主要集中在信息技术、高端装备制造、新材料、生物技术、新能源（包括新能源汽车）和节能环保等领域。这些领域在创业投资中具有重要地位。

6.4.1 信息技术行业

信息技术行业在中国被视为战略性新兴产业的七大重点之一。该行业具备诸多特点，包括创新活跃、渗透性强、对其他领域的带动作用显著。此外，电子信息产品制造、信息技术网络、信息服务和软件的融合发展也极大地推动了云计算、物联网、移动互联网、新一代移动通信等新兴产业形态的产业迅猛发展。目前，信息技术已成为全球产业变革的核心动力，不断吸引人们的目光。创新资源和要素，与新的业务形态和商业模式相互融合，迅速推动农业、工业和服务业的升级和转型。这为全新的工业经济发展模式铺平了道路。根据工业和信息化部的定义，信息服务业可分为三个主要组成部分。首先是信息传输服务业，其次是信息技术服务业，包括系统集成和软件，最后是信息内容服务业，也是这三个部分在信息技术行业中扮演着不同但紧密相关的角色，共同推动该行业的发展。

根据工信部的统计数据，2018年全国规模以上软件和信息技术服务企业达到3.78万家，累计实现软件业务收入63 061亿元，同比增长14.2%，利润达到8 079亿元，同比增长9.7%。人均创造业务收入达到98.06万元，同比增长9.6%。这表明信息技术行业整体处于良好的运行状态，收入和盈利能力都保持了较快的增长。在细分行业中，软件行业、信息技术服务、嵌入式系统软件这三个行业表现极其出色。2018年，它们分别实现了19 353亿元、34 756亿元和8 952亿元的收入，占信息技术行业总收入的比例分别为 30.7%、55.1% 和 14.2%，此前均超过 10%。因此，从重要性和增长速度来看，在这三个细分行业中配置资产可以在保持安全性的同时追求快速增长。

此外，进一步分析这三个细分行业后发现，信息安全、工业软件、云计算和电子商务平台技术服务等子行业表现极为亮眼，其分别为 14.8%、14.2%、21.4% 和 21.9%。这些子行业不仅增长迅速，而且作为新一代信息技术行业的重要组成部分，受到了宏观政策和发展前景的积极影响。因此，在投资组合中，可以考虑将它们视为增长性行业进行配置。

6.4.2　生物技术行业

生物科技行业是基于科学理论和现代生物技术发展起来的产业群，专门从事生物技术产品的开发、生产、流通和服务。该行业包括生物医药、生物农业、生物化工、生物能源、生物制造。生物产业在 21 世纪以来取得了令人瞩目的技术突破，其中以分子设计、基因操作和基因组学为核心技术，推动了以生命科学为基础的生物产业的深化改革。《"十三五"生物产业发展规划》将生物产业的重点领域分为七类，包括生物医药、生物医学工程、生物农业、生物制造、生物能源、生物环保和生物服务产业。生物产业目前是快速发展的行业之一。自 2008 年以来，中国的生物产业总产值已突破亿元。到 2020 年，中国广义生物医药市场规模达到 4 亿元，生物制造市场规模达到 1 000 亿元，生物农业市场规模达到 5 000 亿元，生物能源市场规模到 3 000 亿元，生物环保市场规模达到 1 000 亿元，合计广义生物产业市场规模约为 6 000 亿元，这表明生物产业在中国的发展前景非常繁荣。

生物医药作为国家新经济的重要组成部分，在创新发展战略中起引领地位。根据国家统计局数据，2012~2017 年，中国生物医药企业数量持续增长，自 2014 年以来趋于稳定。临近 2017 年，中国生物医药企业达到 1 014 家，年增长为 4.43%。企业数量的增加推动了该行业规模的扩大。2012~2017 年，中国生物医药市场规模不断上升，尽管现在呈下降趋势。2017 年，该行业市场规模为 3 417.19 亿元，同比增长 3.57%。未来，资本市场和政策支持将进一步推动产业收益扩大。根据 2016 年 12 月国家发改委发布的《"十三五"生物产业》《发展规划》中，"十二五"期间中国生物复合产业增长超过 15%，2015 年产业规模达到 3.5 亿元。到 2020 年，生物产业规模达到 8 万亿~10 万亿元，生物产业规模达到 80 万亿元，增加值将占国内生产总值的国民比重超过 4%，成为经济的主导产业。这表明中国生物医药行业具有巨大的发展潜力和重要性。

6.4.3　高端装备制造业

从行业角度来看，高端制造业是指制造业中新兴的领域，具备高技术含量、高附加值和强竞争力。而从产业链的高端角度来看，高端制造业定位于某个产业链的阶段。高端装备制造业一般可以分为五个主要领域，包括航空装备制造、卫星制造与应用、轨道交通设备制造、海洋工程装备制造以及智能装备制造。高端装备制造产业的"高端"表现在以下三个方面：首先，它具有高技术含量，需要应用多学科和多领域的高尖端技术。其次，它在产业价值链的位置，具备高附加值的特征。最后，它在整个产业链中引发核心地位，其发展水平直接影响整个产业链的竞争力。

根据统计数据，2015 年我国高端装备制造业销售收入超过 6 万亿元。到了 2016 年，这一数字增长至 7.6 万亿元。到 2017 年末，我国高端装备制造业销售收入达到 9 万亿元，占装备制造业总销售收入的比例提高到 15%。2023 年，我国高端装备产业的营业收入为 19.9 万亿元，利润同比增长 35%。

在高端装备制造业中，智能制造装备产业的发展表现出色。根据数据，其销售收入在"十二五"期间的年均复合增长率为 27.23%，而在

"十三五"期间的年复合增长率均值为24.58%。根据《智能制造装备产业"十二五"发展规划》，2010年，工业自动化控制系统、仪器仪表、数控机床、工业机器人系统等智能制造装备产业领域的销售收入已超过3 000亿元。发展目标包括到2015年，中国智能制造装备产业领域的销售收入将超过1万亿元，年均目标将超过25%，工业增加值率将达到35%。预计到2020年，该领域的销售收入将达到3万亿元。

另外，公开数据显示，2017年中国应用卫星市场规模达到3 220亿元，较2016年增长了19.84%。其中，卫星导航和位置服务市场规模为2 555亿元，卫星遥感市场规模为73亿元，卫星通信市场规模为600亿元。与卫星应用市场相比，中国轨道交通设备制造业市场规模更大。据统计，2018年中国轨道交通设备制造业的销售收入将达到6 560亿元，未来五年（2018～2022年）的年均复合增长率预计约为7.43%，到2022年将达到8 738亿元。

据统计，2022年我国卫星应用行业市场规模达到5 931亿元，同比增长7.3%，其中卫星导航信息产业已经成为中国信息产业具有强劲发展势头的领域之一，2022年，我国卫星应用产业中导航与位置服务市场规模占比达到84.4%。

6.5　行业组合投资案例及案例分析

本书认为，行业的组合投资需求主要来自两个方面。首先，投资公司追求最大化投资收益并最小化风险。其次，大型集团公司希望在竞争中获得有利地位，扩大其在市场和行业中的地位。当然，也存在个人投资者利用行业组合投资来配置资产，以谋求收益最大化和风险最小化的情况。但由于个人投资者的资金和投资规模有限，因此暂时不在此进行分析。

6.5.1 淡马锡投资公司的行业组合投资

淡马锡投资公司在不同期限下的股东总回报率表现良好，1 年期回报率为 12.19%，3 年期为 4.99%，10 年期为 5%，20 年期为 7%。此外，自 1974 年成立以来的股东总回报率为 15%，显示了公司长期的成功表现。到底是什么使淡马锡投资公司实现了如此高的股东回报率呢？

淡马锡投资公司之所以取得如此卓越的业绩，得益于其独特的"淡马锡模式"，但更重要的是其在行业组合投资方面的卓越能力。根据 2018 年年度报告，淡马锡投资公司的净投资组合分配如下：金融服务业占 26%，电信、媒体与科技行业占 21%，消费与房地产占 16%，交通与工业占 16%，能源与资源占 3%。这种信心的投资组合有助于公司实现卓越的综合业绩。

淡马锡公司的主要业务领域一直集中在金融服务业和电信、媒体与科技行业，这两个领域对国家经济发展和社会稳定至关重要。它们在宏观层面具有良好的发展前景，尤其是在亚洲国家，这两个行业仍然处在一个成长期，因为亚洲金融业相对欧美较落后。根据周期理论，成长期的行业发展迅速，需要大量资金，以及随之而来的生命回归潜力。另外，淡马锡公司还逐年增加对科学与综合农业的投资，这是一个新兴行业，并且正处于导入期，拥有成功的发展前景。正好，能源与资源行业的逐年增加生命下降，这一趋势可能会出现反映了该行业一个重要时期的背景，全球气候灾难和对化石燃料的过度利用都推动了这一趋势。同时，各方都在积极发展新能源，支持其利用，因此淡马锡公司减少了对能源和资源行业的投资。

6.5.2 易方达基金管理公司

易方达基金管理有限公司成立于 2001 年 4 月 17 日，是一家中国内地的综合性资产管理公司。截至 2019 年 8 月，该公司总资产管理规模达到 6 626.51 亿元，共推出 275 只基金，其中包括 227 只普通基金、24 只货币基金、6 只理财基金，而封闭式基金及其他基金分别为 0 只和 18 只。易方达基金总部位于广州，同时在北京、上海、广州、成都、南京、大连设有分公司，还在中国香港、美国等地设立了子公司，业务范围覆盖全球。该公司目前具备中国基金行业的全部业务资格，包括公募基金、社保基金、年金基金、专户基金、QDII、QFII、RQFII 资格等。

据表 6-7 的数据，易方达基金公司在过去五年的行业配置中，一直处于制造业主导地位，其配置比例始终超过 10%。这一比例逐年递增，表明该公司在制造业领域的投资较多，其次是金融业、信息传输、软件和信息技术服务以及交通运输、仓储和邮政业等行业。这些行业讲述了新兴战略行业的大部分领域，如高端制造业、信息技术行业、新兴战略行业通常是快速发展阶段，为投资组合带来了可观的收益，并在整个组合中扮演了增长引擎的角色。

表 6-7 　　　　　　　　易方达基金管理公司投资行业占比 　　　　　　单位：%

行业	2019 年（截至 2019 年 6 月 30 日）	2018 年（截至当年 12 月 31 日）	2017 年（截至当年 12 月 31 日）	2016 年（截至当年 12 月 31 日）	2015 年（截至当年 12 月 31 日）
制造业	14.74	10.62	12.46	12.87	11.32
金融业	2.7	1.86	2.6	3.08	3.13
信息传输、软件和信息技术服务	1.78	1.16	0.76	2.16	4.72
交通运输、仓储和邮政业	0.95	0.46	0.58	0.61	0.36
农、林、牧、渔业	0.68	0.47	0.2	0.2	0.08
卫生和社会工作	0.53	0.36	0.42	0.53	0.51
批发和零售业	0.4	0.23	0.27	0.55	0.66
房地产业	0.37	0.36	0.74	0.69	0.78

行业	2019 年 （截至 2019 年 6 月 30 日）	2018 年 （截至当年 12 月 31 日）	2017 年 （截至当年 12 月 31 日）	2016 年 （截至当年 12 月 31 日）	2015 年 （截至当年 12 月 31 日）
采矿业	0.22	0.24	0.31	0.55	0.21
建筑业	0.19	0.19	0.21	0.71	0.45

资料来源：易方达官网数据整理。

此外，易方达基金公司还引入了交通运输，邮政业，农、林、牧、渔业，建筑业等风险相对较小且稳定收益的行业，以平衡投资组合的风险。这种新型的行业配置风险策略旨在最大化收益，同时尽量减少和分散投资，为投资者提供更合理的投资方案。

6.5.3 摩根士丹利华鑫基金管理有限公司

摩根士丹利华鑫基金管理有限公司（Morgan Stanley Huaxin Fund Management Company Limited）是一家中外合资基金管理公司，其前身为巨田基金管理有限公司，成立于 2003 年 3 月 14 日。该公司于 2008 年 6 月 12 日完成了工商注册变更登记，公司注册资本为 2.275 亿元人民币，注册地位于深圳。公司总部目前位于深圳，并在北京和上海设有分公司。

根据表 6-8，摩根士丹利华鑫基金与易方达基金在行业配置上有些相似，但存在差异。摩根士丹利华鑫基金更注重稳健的行业配置，而易方达基金更偏向于高收益的行业。总体来说，摩根士丹利华鑫基金主要投资于风险较小、收益稳定的行业，如制造业、交通运输业、批发和零售业、房地产业、建筑业、电力业、采矿业等。同时为了平衡投资组合的收益，也包括科学研究和技术服务以及信息产业，但比例较小。此外，该基金的股票投资主要集中在收益稳定、风险较低的公司，如贵州茅台、中国平安、格力电器、比亚迪、美的电器等。

表 6 – 8　　　　　摩根士丹利华鑫基金管理有限公司投资行业占比　　　　单位：%

行业	2019（截至 2019 年 6 月 30 日）	2018（截至 当年 12 月 31 日）	2017（截至 当年 12 月 31 日）	2016（截至 当年 12 月 31 日）	2015（截至 当年 12 月 31 日）
制造业	15.64	15.43	21.68	23.49	29.95
金融业	3.44	2.29	4.49	3.56	5.81
信息传输、软件和信息技术服务	1.06	1.55	2.22	1.33	2.53
交通运输、仓储和邮政业	0.54	0.40	0.66	1.03	1.38
科学研究和技术服务业	0.34	0.38	0.57	0.62	0.79
电力、热力、燃气及水生产和供应业	0.57	0.81	0.87	1.48	1.50
批发和零售业	1.23	0.70	1.15	1.82	2.09
房地产业	0.77	1.11	2.15	1.34	2.71
采矿业	0.59	0.27	1.32	0.77	1.12
建筑业	0.39	0.42	0.66	2.13	1.52

资料来源：基金官网数据整理。

第7章 创业投资的阶段性组合投资机制

7.1 创业企业阶段及特征

随着经济社会的不断发展，创业企业在社会中发挥着越来越重要的作用。首先，大量的创业活动会加速社会创新；其次，创业活动将众多理论赋予实践，为社会进步作出贡献；最后，创业活动还将创造大量的工作岗位，解决失业问题，推动经济发展。创业可以认为是创业者通过发掘与利用机会，通过运用新的理念、整合现有资源的价值创造过程。从另一个角度来说，创业也是创业者实现自我价值并为社会创造价值的过程。创业的主体通常是具备一定远见性及创新性的团体或个人，创业者需要承担创业企业的风险，分享创业企业的收益。本书将创业企业的发展阶段细分为以下五个阶段。

7.1.1 种子期

所谓种子期是指技术构想阶段。在这一阶段，创业者主要进行市场调研，对创业项目进行可行性分析，这一时期对资金的需求实际上是比较小的，融资需求低，但种子期就意味着项目只是一个创意，没有任何实体，创业者很难从其他投资者处获取投资，但同时也因为孕育期对资金的需求较小，创业者大多能够自己负担，所以创业者多使用自有资金来进行这一阶段的活动。

　　创业企业在种子期具有产品或服务尚未开发完全、团队组建尚未完成、未确立明确的营销手段等特征。此阶段创业企业对资金的需求量并不大，多数创业企业在这个阶段的资金需求都是由创业者提供的自有资金满足的。由于创业者自有资金有限，要对创业企业进行扩大发展就需要寻求新的资金。对于种子期的创业企业进行投资需要承担市场系统性风险、技术风险、创业企业家道德风险等，若投资成功，给创业投资家带来的收益也是巨大的。

7.1.2　创立期

　　种子期之后是创业企业创立期。创立期就要求将种子期的概念逐步变成现实的项目，在此转变过程中需要花费大量的资金。在此阶段，企业需要完成正式注册、对设备的购买、对生产原材料的购买、企业办公地点生产地点的租赁、员工的雇佣，创业融资的需求大幅度提升。此时大部分创业者就发现仅靠自有资金是很难维持企业发展的，需要大量外部资金的注入，但是由于此时的企业才刚刚成型，不可能获得稳定的现金流，没有稳定的现金流与良好的信誉作支撑，银行与投资者会认为投资风险过高而不愿意借贷或投资，造成创业企业的资金压力大的问题。在企业的创立期，企业对资金需求与外部融资难的矛盾会成为创业企业的一个拦路虎。

7.1.3　成长期

1. 第一投资期

　　第一投资期指创业企业已经拥有对应的工作场所，企业的产品或服务逐渐进入市场，但模式尚不成熟。与种子期相同，第一投资期也可以从三个方面进行鉴别：第一，企业相应的产品或者说是服务已经开发成型，正逐步进入市场；第二，企业的营销网络还没有完全构建，营销模式不成熟；第三，创业企业开始建立初步的管理团队，走向正规化。在第一投资期的企业，虽然产品或服务开始进入试销阶段，企业的销售收入很低甚至还未产生销售收入，但企业的技术开发、销售渠道的构建等都需要大量的资金进行支持，此时创业者的自有资金往往不能使企业正常运行，因此创业者需要通过其他途径寻求所需资金。

2. 第二投资期

在第二投资期，企业将急需资金来增加人员和扩大生产规模，努力降低产品的单位成本。这一阶段的资本需求相对前几阶段会有所增加，主要是由于为扩大生产、开拓市场、增加营销投入所导致的。资金主要来源于原有创业投资家的增资和新的创业投资的进入。

3. 第三投资期

第三投资期时企业为了形成规模经济，会选择继续扩大生产规模。在这个阶段，创业企业需要大量的资金以扩大生产规模，进行规模化生产，在这个阶段，企业虽然已经有了一定量的销售收入，但是还不足以支撑企业的迅速扩张，因此还需要寻找第三轮融资。这一阶段，企业会赢得一定市场份额并获得相应利润。

7.1.4 扩张期

扩张期指创业企业基本稳定市场占有率，产品需求大量提升。麦则恩投资期可通过以下三个特征进行鉴别：第一，创业企业产品具有一定的市场占有率；第二，创业企业已经构建了较为完善的商品营销模式；第三，创业企业的管理团队基本稳定，管理模式开始完善。创业企业到了这个阶段，其销售收入开始反超相应的销售支出，实现盈利。但为了进一步扩大市场份额、扩宽销售渠道、扩大再生产，企业对资金的需求也进一步上升，为了满足大量的资金需求，创业者依然需要外源资金的支持。此时企业已经逐渐稳定下来，有了一定的抵押物，因此可以向银行寻求贷款，但所获的贷款量却难以支持企业的扩大发展，因此风险资本仍是创业企业的主要资金来源。这个时候其实创业企业的技术、市场、管理等风险较小以及市盈率要求不高，是风险资本进入的最佳时期。

7.1.5　成熟期

成熟期指创业企业的生产销售都已经逐渐稳定下来，并拥有不错的市场占有率，创业企业开始获利。在成熟期，创业企业的收入高于支出，风险资本则开始考虑退出，对于创业企业来说，成熟期最佳的筹资方案就是通过 IPO 发行股票上市，通常风险资本在 IPO 后就会选择退出。成熟期可从以下三个特征进行鉴别：第一，企业的产品质量被消费者认可，生产销售开始稳定；第二，创业企业的营销团队与模式非常成熟；第三，创业企业的管理团队成熟稳定。由于成熟期的企业有了足够的收入和抵押品可以满足其资金需求，因此在这个阶段风险资本开始退出，企业可以选择银行抵押贷款、IPO 上市等方式来满足资金需求，有的风险资本在企业上市后可能仍会长时间地保留企业的股份。当创业企业经过以上七个流程后，创业企业与风险资本之间的合作就会结束。

7.2　分阶段创业投资收益与风险分析

创业投资是集筛选和融资等多项功能于一体，能够实现创新要素与创新企业有效结合的知识密集型股权投资方式。在实际的创业投资中，创业投资家通常不会在某个阶段将资金全部注入，而是会选择在不同的阶段分情况逐步注入资金。所谓的分阶段投资就是指创业投资家与创业企业签订合约，分期注入资金，在一个阶段注入的资金用尽后，创业投资家会根据企业在这一阶段的表现进行综合评估与绩效考核，根据评估结果决定是否继续对创业企业进行投资，若是对创业企业的评估结果不能满足其预期收益，创业投资家可以选择更换管理人或者直接终止投资行为。相对应于创业企业的五个发展阶段，创业投资资本进入创业企业也分为种子期、创立期、成长期（第一投资期、第二投资期、第三投资期）、麦则恩投资期、成熟期五个阶段，在这几个阶段，创业投资家面临的风险与收益是有所区别的。

7.2.1　种子投资期

种子期是企业发展的开端，正如前文所讲，种子期的企业还没有任何实体设施，仅拥有一个创业思路与构想，这个时期创业者需要通过各种方法收集项目的相关信息，判断项目是否可行。创业企业在种子期里的资金需求多数靠自有资金完成，这一方面是因为种子期资金需求量不大，另一方面也是因为多数风险投资家不愿意在这一阶段进入创业企业。这主要有如下三点原因：第一，种子期的创业企业并没有一个实体的项目，整个项目还处于构想、研发阶段，产品的未知性太大，产品在进入市场后也不一定能被市场接纳，创业投资家所面临的风险太大；第二，由于种子期的产品还未进入市场，缺乏流动性，创业投资资本进入有可能出现无法退出的局面；第三，种子期的企业大多是中小企业，缺乏实际经验，管理层经验不足会增大创业投资家的风险。综上所述，整个项目的开端是种子期，所需资金虽然较少，但承担的风险太大，创业投资家所承担的不确定性也比较大，但一旦成功，创业投资家也将会得到巨额的收益。

7.2.2　创立投资期

创业企业在种子期后，进入到创立期。对于创业企业来说，伴随着场地的购买、产品的生产、销售渠道的构建等行为，创业企业对资金的需求逐渐扩大，通常创业者的自有资金不能满足创业企业的需求，因此，寻求资金成为创业者的一个难题。对于创业投资家来说，处于创立期的企业拥有一定的创新思路和基本的实验产品，创业投资家可以根据对创业企业的调查得到一个较为粗略的结论，判断创业企业值不值得投资。但由于此时的创业企业还处于初步构建阶段，产品的市场接纳度还具有较高的不确定性，因此，投资创立期的企业仍面临较大的投资风险。但与之相对的，创业企业此时规模较小，创业投资家注入资金同样可以换取高额的潜在回报，一旦项目成功，创业投资家取得的收益将是巨大的；同时对于资金需求量大的项目，创业投资家往往会进行联合投资以降低风险。

7.2.3　成长投资期

1. 第一投资期

此阶段的产品准备进行生产，需要投入大量资金，风险也较高。第一投资期中的技术风险较之前阶段有了大幅的下降，但管理风险、道德风险、市场风险等都依然存在，因此创业投资家进行投资的失败率仍然较高，相比于之前阶段，风险有所降低，预期收益也有所降低，大量风险资本也是在这个时期开始进入创业企业。

2. 第二投资期

产品已经上市，但企业利润仍未达到损益平衡点，还需继续投入周转资金。此阶段依旧需要大量资金，但风险逐渐变小。

3. 第三投资期

此阶段已实现盈亏平衡，但为了超额盈利，还需要进一步扩充，寻求大量外部资金，但此阶段的风险不高，处于成长阶段后期的企业最需要此类资金。

第一、第二、第三投资期可以统称为成长期，成长期阶段的产品已经进入生产扩大阶段，金融机构也会在这一阶段进入创业项目。在成长期，创业投资家面临的风险有所变化。成长期的企业往往拥有了较为成熟的生产技术，因此企业的技术风险大大降低，但由于此阶段产品开始逐步进入市场，面临的市场风险与管理风险开始增加，成为成长期的主要风险。这是因为：第一，产品大量进入市场以后，面临的竞争者越来越多，同时市场的波动也会造成风险；第二，创业企业的管理者往往由于经验不足，在市场竞争中会处于弱势地位。因此在这个阶段，选聘专业的管理团队成为降低企业风险的重要方式，因此绝大多数创业投资家在投资时会选择契合自身专业的投资项目，同时会要求选派人员加入创业企业的管理团队。与上述两阶段相比，此阶段的风险有所降低，但是投资回报率也趋于降低，作为创业投资者在维持现状的基础上还应积极寻找新的投资者，为适时退出做准备。

7.2.4 扩张投资期

扩张期处于创业企业公开上市前。在此阶段，投资家往往会选择股权投资或者债权投资两种方式进行投资，在这个阶段，创业企业已经拥有了一定的资金实力及市场占有率，创业企业的体量也逐渐增大，因此创业投资家的投资不再像前几阶段一样可以获得高额的回报；但同时，由于创业企业拥有了成熟的管理模式及销售体系，创业投资家面临的风险也非常小。

7.2.5 成熟投资期

成熟期的企业需要不断地进行扩大化再生产，对资金的需求仍然很大，但此时的资金来源中创业资本占比开始下降，这主要有如下两个原因：第一是成熟期的企业可以创造大量的销售收入或者通过发行股票、债券等满足资金需求，对创业资本的依赖度不高；第二是因为在此阶段创业企业各方面趋于成熟，面临的风险越来越低，同时伴随着创业投资的收益也越来越低，对创业投资家的吸引力不足。因此，创业投资家在企业的成熟期时，逐渐开始退出创业企业，将收益变现，转而寻求新的创业企业进行投资。

7.3　阶段性投资的基本原则

创业投资家的阶段组合投资是通过将其资金进行分配，投向不同创业企业的不同发展阶段，以期达到风险分散、稳定收益的目的，阶段组合投资仍属于创业投资，因此其组合投资原则主要包括本金安全、投资收益、保持流动性、风险控制四个方面。

7.3.1　本金安全

创业投资家的资金来源包括其自有资金、募集的资金等，因此与绝大多数投资一样，创业投资家进行组合投资的一大原则是本金安全。本金安全不仅要求原有创业资金数额不变，还要求能够保持原有的购买力，即需要在通货膨胀等情况下保持原有购买力。创业投资家在投资前的尽职调查，投资后的持续管理都是出于这个目的，对于评估不合格的项目及时止损，减少损失，对于评估合格的项目加大投资，谋取收益。

7.3.2　投资收益

创业投资家的主要目的就是通过投资创业企业获得潜在的投资收益，

创业投资家不同于政府支持基金，对创业企业的投资不是为了扶持高新企业，而是为了获取投资回报。创业投资获取收益的主要渠道包括两个：第一是通过投资创业企业，获取创业企业股权，随着企业不断地发展壮大，每股权益不断上升，所分得的股利也越来越多；第二是在创业资本决定退出的时候，通过转让创业企业的股权获得收益。

创业投资的最终目的既然是获取投资收益，因此创业投资家在投资过程中需要通过各种方法降低风险，尽量锁定收益。总体来说，创业投资仍然遵循风险越大、收益越高的原则，对于不同的投资阶段，创业资本的投资回报率有所差异，在早期的投资回报率可以高达数十倍，在中期的投资收益率则会大幅下降，后期的投资回报率仅有 20% ~ 30%。

7.3.3 保持流动性

资本的流动性是资本家追求的目的之一，高流动性的资本必然比同等价格的低流动性资本具有更高的价格。创业投资家在投资创业企业的时候也要保持投入资本的高流动性，所以通常在创业投资家与创业企业签订投资协议的时候，创业投资家会为自己留下一个退出的渠道。阶段组合投资也可以从一定层面上增大资金的流动性，当创业投资家需要资金时，即使出现个别创业企业经营情况不好，资金被套牢的情况，创业投资家也能从其他方面套取流动资金。

7.3.4 风险控制

创业投资中的风险控制一直都是一个永恒的研究课题，考虑到系统性风险的不可控性，创业投资家通常会寻求各种方法控制其非系统性风险，常用的方法包括尽职调查、加派管理人员入驻创业企业、组合投资、联合投资、分散投资等。

7.4　阶段性创业组合投资机制分析

创业投资已成为高新技术企业发展的动力和成长的助推器。自 20 世纪 80 年代以来，我国的创业投资已有了巨大的发展，尤其是近些年在我国持续深化金融改革、调整经济结构的背景下，资本市场环境和机制不断完善，创业投资更是呈井喷式发展。创业投资的目的在于投资获利，如何进行更有效率的阶段性组合投资是最重要的问题，因此阶段性组合投资已经成为创业投资领域的重要研究方向。

7.4.1　阶段性投资的特征

创业投资中的分阶段投资策略表明了风险投资具有明显的期权特征，两者紧密相连。迪克西特和平狄克（Dixit & Pindyck）的研究描述了风险项目投资的特征：投资的序惯性、投资的不可逆性、投资的可延迟性，这些特征都与创业投资的高风险性密切相关，且带来了创业投资的战略价值，构成了创业投资的"灵活性期权"。

1. 投资的序惯性

投资的序惯性是指创业投资家的创业投资决策是一个序贯决策，其每一步创业投资决策的作出都是在考虑了投资前后多方面因素后逐次进行的。

2. 投资的不可逆性

投资的不可逆性是指项目资金一旦投入，不管最终项目成功或企业破产，只有当投资周期结束，才能撤回资金，对于创业投资企业来说，其投资价值并非来自短期的现金流，更重要的是看中项目未来的发展潜力和价值。因此，若把创业投资分阶段决策过程视为创造看涨期权的话，那么，不可逆的前一阶段投资形成的沉淀成本就可以看成是风险投资"期权"的期权费。

3. 投资的可延迟性

投资的可延迟性指由于分阶段创业投资具有期权性质，所以现阶段的投资者对于下一阶段的投资具有投资权利，而不具有投资业务。这就意味着投资者可以在每一阶段对投资进行逾期或终止，换句话说，投资机会不会瞬间消失，投资者具有一定时期的决策时间，在这一时期可以保留这一投资机会，并根据经济或者市场状况来选择最佳的投资时机作出最有利的投资决策。分阶段投资使得创业投资可延迟性的特征得到了最好的发挥，同时，创业投资家可以利用此特征慎重地权衡项目投资的利与弊，对项目是否继续或者放弃作出正确的选择，进而避免立即投资带来的相应损失。

投资的战略价值正是来源于上述投资的序惯性、不可逆性和可延迟性，尤其来自投资"可延迟性"所带来的"灵活性期权"价值。创业投资分阶段投资策略最大限度地发挥了投资的可延迟性特征：一方面能带来已节约投资成本的时间价值；另一方面随着分阶段的进行，信息逐渐由不确定性转向确定性，从而避免了不必要的损失，增大了可能收益。这种灵活性的延迟决策将对投资项目的远景战略价值作出充分考虑，避免了受短期指标影响作用而对投资项目价值的低估。

至此，考虑到分阶段投资机制带来了创业投资收益的额外价值来源，我们得出：分阶段投资战略价值 = 投资项目传统的 NPV 值 + 灵活性期权价值。

7.4.2　阶段性投资决策

根据分阶段创业投资的特征及明显的期权特性，大多数情况下，为了尽可能降低投资风险，创业投资家一般将同一创业投资基金投资于不同项目、不同阶段，具体的投资决策流程如下。

1. 选择投资对象

大多数创业投资基金将投资规模、发展阶段、市场前景和管理层素质等方面作为筛选的标准。一般情况下，创投公司会根据创业企业提供的创业计划书来判断投资项目的可行性以及项目本身的价值和发展潜力等各项重要因素。同时，创业投资公司还会全面评估创业企业的各方面风险，分析风险管理的难易程度，在全方位评估和权衡的基础上，尽可能地作出最有利的决策，确保投资项目的高质量。

由于管理每个初创企业会花费创业投资者大量的时间和精力，所以大多数创业投资基金规定了最高和最低的项目投资额，创投基金一般不会投资于大量的小额交易中。一般来说，投资规模由风险投资基金的规模决定，创投基金一般不会投资于大量的小额交易或只投资于某一个创投项目，创业投资公司会把对某一个创业企业的投资额限制在其可供投资总额以内，一般对单个项目的投资规模通常限制在资本总额的10%左右。换句话说，每个创投基金大约投资10个创业企业，如果出现超出最大值但又值得投资的对象，创投基金一般会选择与其他创投基金联合进行投资。

2. 估算各阶段投资项目价值

创业投资者在作出投资决策之前不仅要对投资阶段和结果作定性分析，还应尽可能借助一定的数学公式和模型作定量分析，即对阶段性创业投资项目的价值进行估值，以方便创业投资者对投资阶段作最优选择。

在创业投资过程中，为了能够更好更优地进行分阶段性投资，我们在投资之前，必须对各阶段投资项目的价值进行大概的估值，由于创业基金的阶段性投资具有明显的期权性质，所以我们在对各阶段进行估值的过程中，可以利用期权的相关模型和性质定量地求出投资项目的价值，在进行各阶段价值估算的过程中，我们可以使用传统 NPV 方法、PDE 方法、动态规划方法、数值分析法等不同的手段进行分析，然后通过相应的期权定价模型，对投资项目进行具体的价值评估。

按照期权定价理论，采用离散模型对创业投资项目进行价值评估，总的思路是利用证券市场和现金资产的组合来复制风险投资项目现金流，通过交易市场信息，利用无套利均衡分析方法对项目进行估价。它的定价模型与金融期权的二项式期权定价模型相对应，可以按照构造金融期权二项式模型的方针，借助不确定性规划方法，推导出创业资本分阶段投资时机选择和投资期限决策模型，从而帮助创业投资家实现阶段性风险投资决策；按照期权定价理论，采用连续模型对创业投资项目进行价值评估，总的思路是引入随机过程和伊藤引理对实物期权进行分析和模拟，从而推导出创业投资项目价值的连续估价模型，帮助创业投资家实现阶段创业投资决策。

具体过程如图 7-1 所示。

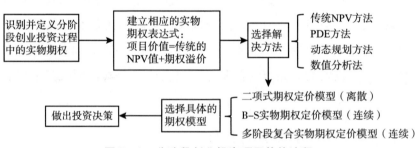

图 7-1 分阶段创业投资项目估值流程

3. 确定投资阶段

根据创业企业的普遍成长轨迹，本书将创业企业的成长轨迹分为五个阶段。通过前文的分析，我们得出结论，不同的时期创业企业面临的风险是不一样的，同时创业投资家的预期投资回报率也是有区别的。创业投资项目的好坏以及对投资项目的选择，决定着创业投资者的成败。

为了降低风险，创业投资者通常将创业投资基金投资于包含多个阶段、十个项目以上的项目群，并且利用成功项目的高回报来弥补失败项目的损失，最终获得超额利益，同时保留是否投资下一阶段的权利。所以如何选择投资阶段并建立一个合适的投资组合对于创业投资是非常重要的，如图7－2所示。

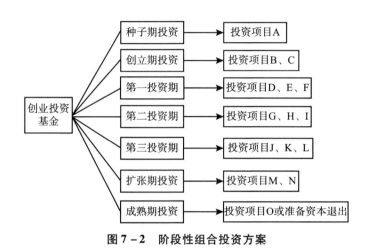

图7－2　阶段性组合投资方案

对阶段项目进行估算为创业投资家进行阶段组合投资的选择奠定了基础，投资者可以按照自身的预期收益率，根据相应的期权模型和数学方式计算出大致的决策值，然后根据各个阶段的决策值进行阶段性组合投资。同时，由于分阶段投资的期权特性使投资者获得了下一阶段的权利而非义务，所以，投资者可以结合预期收益率和估算的决策值以及其他外部条件来作出是否继续投资的决定，这大大降低了创业投资者的投资风险。

针对创业企业的几个阶段，从前到后的风险会逐步减小。同样地，创业投资家的预期收益也会逐渐减小。创业企业的种子期是整个创业阶段中面临风险最大的一个时期，尤其是对于一些高新科技、环保产业。此类企业难以依靠历史资料进行项目评估，而且项目的投资年限长、不确定性高，创业投资家难以根据项目策划书来评估项目的可行性及盈利能力，因此大部分风险投资家并不会选择在这一阶段进入创业企业。在创业企业进入成熟期后，企业的市场规模和占有率取得了相应成效，对外部资金的需求度不高，因此创业投资家的预期投资回报率也较低，而创业投资家是一群追求高投资回报率的群体，因此尽管这一时期的投资风险非常小，风险投资家也不会选择在这一阶段进行投资，反倒是大多数创业投资家会选择在成熟期退出创业企业。因此，对于大多数风险投资家来说，对创业企业进行投资的时间一般会选择在种子期与成熟期之间的阶段。但创业投资的一大特点就是创业资本家冒高风险以寻求高收益，且一般投资的特点就是风险越大，所取得的回报越高。因此，有的创业投资家也会选择在创业企业的种子期进行投资，以博取高额的投资回报率。美国是世界上风险投资发展最为成熟的国家之一。在美国创业投资发展的早期，大多数风险投资家更加青睐对早期项目的投资，比如世界闻名的 IBM、苹果公司都是通过创业投资家的早期投资而壮大，创业投资家的资金为此类企业注入活力，同时创业投资家的管理技能与社会资源也为早期企业的发展铺平了道路，在企业不断壮大的同时，创业投资家也获得了惊人的回报。现代创业投资业经过不断的发展，众多创业投资家为了规避风险，对创业企业的投资逐渐向创业企业发展阶段的中后期进行投资。

基于"2009～2018年中国创业风险投资"的统计数据，可以发现我国创业投资项目所处阶段的分布情况（见表7-1、表7-2）。

表 7-1 2009～2018 年中国创业风险投资项目所处阶段分布：投资项目

单位：亿元

阶段	2009 年	2010 年	2011 年	2012 年	2013 年	2014 年	2015 年	2016 年	2017 年	2018 年
种子期	32.3	19.9	9.7	12.3	18.3	20.8	18.2	19.6	17.8	24.1
起步期	20.3	27.1	22.7	28.7	32.5	36.5	35.6	38.9	39.5	40.3
成长期	35.2	40.9	48.3	45.0	38.2	36.0	40.1	35.0	36.2	29.4
成熟期	9.0	10.0	16.7	13.2	10.0	6.5	5.4	5.7	5.9	5.4
重建期	3.4	2.2	2.6	0.8	1.0	0.3	0.7	0.8	0.6	0.8

资料来源：历年《中国科技统计年鉴》。

表 7 – 2 　　　2009 ~ 2018 年中国创业风险投资项目所处阶段分布：投资金额

单位：亿元

阶段	2009 年	2010 年	2011 年	2012 年	2013 年	2014 年	2015 年	2016 年	2017 年	2018 年
种子期	19.9	10.2	4.3	6.6	12.2	4.6	8.1	4.3	4.5	10.9
起步期	12.8	17.4	14.8	19.3	22.4	20.7	21.5	30.3	20.8	33.0
成长期	45.0	49.2	55.0	52.0	41.4	66.4	54.5	38.5	44.7	44.6
成熟期	18.5	20.2	22.3	21.5	22.8	8.3	15.2	26.3	29.8	10.4
重建期	3.7	3.0	3.6	0.6	1.2	0.1	0.7	0.6	0.2	1.1

资料来源：历年《中国科技统计年鉴》。

由表 7 – 1、表 7 – 2 可知，2009 ~ 2018 年，我国创业投资机构阶段选择大多集中于种子期与成熟期之间的时期，总体更加偏好于靠后阶段的项目，虽然近年来早期阶段项目占比开始逐步上升，但总体趋势未发生变化。

站在创业投资家的角度，为了规避风险，对于创业企业的投资，创业投资家不会在一个时间点将所有资金注入创业企业，而是要监测创业企业的各方面表现，进行综合评估，最后决定是否持续注入资金，创业投资家往往在与创业企业签订投资协议的时候就会保留在任何阶段放弃投资、清算退出的权力。同时，创业投资家在同一时期往往也不会仅投资一家创业企业，而是通过一定的投资组合分散自己的风险，根据创业阶段各个阶段风险大小的差异选择合理的阶段组合以分散风险。

7.4.3　阶段性组合投资的创新性

本书阶段性组合投资的创新性在于利用分阶段投资具有期权的特性，在对阶段组合投资进行定性分析的基础上对各阶段投资项目进行估值，并利用期权相关知识和模型定量算出大致的决策值，从而达到定量分析的目的。同时，由于分阶段投资在各个阶段的风险不一致，所以本书建议在前期定性和定量分析的基础上准确作出是否投资下一阶段的决策，尽可能在不同阶段投资于不同的项目群，以达到分散和降低风险的目的。

7.5 案例分析——红杉资本中国基金

红杉资本中国基金由沈南鹏与红杉资本在 2005 年 9 月共同创办，自 1972 年在美国硅谷成立以来，红杉资本投资了众多创新企业，包括苹果、思科、谷歌、阿里巴巴、爱彼迎、京东等产业潮流领导者。红杉资本中国基金是"创业者背后的创业者"。

图 7 - 3 为红杉中国 2006 ~ 2017 年之前的投资轮次分布，从图中可以看出，红杉中国投向 A 轮、泛 B 轮、泛 C 轮的企业占比分别为 46.46%、27.67%、11.71%，占所有投资行为的绝大部分，特别是 A 轮投资，其占总投资数的 46.46%，接近一半。

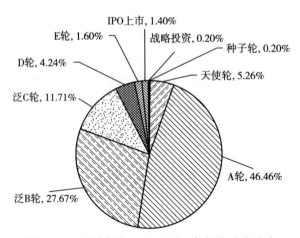

图 7 - 3　红杉中国 2006 ~ 2017 年投资阶段分布

资料来源：红杉中国官网数据整理。

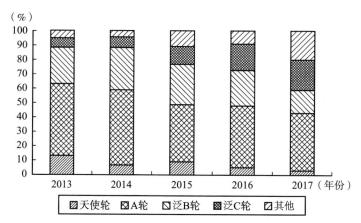

图 7 - 4　红杉中国基金 2013 ~ 2017 年投资阶段分布变化

资料来源：红杉中国官网数据整理。

从红杉资本中国近 5 年的投资事件轮次变化来看，早期投资事件的比例在不断下降。近 5 年平均占比为 52.8%，2017 年相比平均值下降了 10% 左右。红杉资本中国基金一直被认为是专注于成长期的投资机构，近年来其投资方向虽然开始向中期偏移，但其早期投资量依然占比较大，因此我们可以认为红杉资本属于激进型风险投资者，并开始逐渐向平衡型过度。

红杉资本中国基金自创立以来，在中国进行了大量的投资活动，其中包括阿里巴巴、大众点评、拼多多、京东、高德、聚美优品、大疆创新、赶集网、新浪网、美团等著名企业。2018 年 7 月，估值超过 150 亿美元的拼多多在美国纳斯达克成功上市，红杉中国在之前就先后独家领头其 C 轮投资，与腾讯携手领头其 D 轮融资，最终占股 7.4%，2018 年 9 月，估值 524 亿美元的美团点评在港交所上市，其中也有红杉中国的身影，其在多个阶段都对美团进行投资，最终占股 11.4%。

红杉资本中国基金的成功是其投资策略的胜利，其高收益性是其选择激进型投资策略的结果，但红杉中国的成果还依赖于其背后成熟的管理与运营团队，其雄厚的社会资源及丰富的管理经验也是投资企业成功的重要因素。因此，初创的风险投资机构并不能盲目地选择模仿红杉资本的阶段组合投资策略，而应选择保守的投资策略进行磨炼。

第8章 创业投资的工具 组合投资机制

在对创业企业和拟投资的项目充分评估后，创业投资家需要就投资契约进行谈判签订，以满足创业投资家的不同目标，达到双方都可以接受的平衡点，主要包括股份定价、投资工具的选择、退出方式安排以及相关附加条款等谈判内容。

创业风险投资金融工具设计指制定金融工具组合并将所筹资本投向创业企业。常见的金融工具有普通股、可转换优先股、债券及复合式金融工具的形式。本章从创业投资家的角度，先分析上述所列金融工具的优缺点，再分析创业投资家在选择金融工具时所考虑的主要因素，以寻找一种尽可能满足双方需求的最优金融工具。

8.1 股权投资工具

8.1.1 普通股投资

普通股是股份有限公司发行的无特别权利的股票，即享有普通权利、承担普通义务的股份，是最基本的股份。其投资收益是事后根据股票发行公司的经营业绩来确定的。

在所有债券偿付要求和优先股股权之后，普通股才参与公司利润和资产分配，它代表着最终的剩余索取权。普通股股东可以以货币、实物、知识产权、土地使用权等，以及可以用货币估价并可以依法转让的非货币财产作价出资。

普通股票作为公司股东依法享有资产收益、参与重大决策和选择管理者等权利。

1. 公司重大决策参与权

普通股股东有权参与股东大会，并有建议权、表决权和选举权以及委托权。一般每年定期召开一次股东大会。临时股东大会是董事会认为必要、监事会提议召开、单独或者合计持有公司 10% 以上股份的股东请求。

股东会议由股东按出资比例行使表决权，每一股份有一表决权。选举董事、监事的方式：累积投票制。作出决议分为两类。第一类是出席股东数的 1/2 通过，涉及（公司重大事项）增发新股、发行可转债配股（具有实际控制权的股东承诺全额现金认购的除外）、重大资产重组（购买的资产总价较所购买资产经审计的账面净值溢价达到或超过 20% 的）、股东以其持有的上市公司股权偿还其所欠该公司的债务、对上市公司有重大影响的附属企业到境外上市、在上市公司发展中对社会公众股股东利益有重大影响的相关事项。第二类是出席股东数需满足全体股东的 2/3，涉及修改公司章程，增加或减少注册资本的决议，公司合并、分立、解散或者变更公司形式的决议。

2. 利润分配权

普通股持有人有权从公司利润中得到股息。值得注意的是，普通股的股利不是固定的，由公司股利政策和利润决定。而且，普通股只有在优先股以及债券分配股息之后才能享受股利分配权，即普通股股东只能用留存收益进行支付，红利的支付不能减少其注册资本，当公司在无力偿债时不能支付红利。具体的分配顺序为：公司缴纳所得税后的利润，在支付普通股票的红利之前，弥补亏损，提取法定公积金，提取任意公积金。

3. 剩余资产分配权

普通股的剩余资产分配权是指公司面临破产或清算时，若公司的资产在清偿债务后还有剩余，其剩余部分按先优先股股东、后普通股股东的顺序进行分配。一般应按下列顺序支付：支付清算费用，支付公司员工工资和劳动保险费用，缴付所欠税款，清偿公司债务；公司财产分别支付清算费用、职工的工资、社会保险费用和法定补偿金，缴纳所欠税款，清偿公司债务后的剩余财产。

4. 优先认股权

优先认股权是指当股份公司为增加公司资本，原普通股票股东享有的按其持股比例，以低于市价的某一特定价格优先认购一定数量新发行股票的权利，从而保证其对公司的持股不被稀释。普通股股东是否具有优先认股权，取决于认购时间与股权登记日的关系。

在创业风险投资实务中，普通股会产生一个企业控制权问题，创业投资家在投资初期只是创业企业的少数股东，很难把握创业企业的决策，利益直接受多数股东决策的影响，投资风险加大。但是，普通股融资方式在创业风险投资的各个时期均可以使用，尤其是当股市活跃时，创业企业上市的可能性比较大。因此，普通股就成为首选的投资方式。

8.1.2 优先股投资

优先股是一种所有权证券，是指企业在募集资金时，给予投资者某些优先权的股票，其优先性主要指在利润分红及剩余财产分配的权利方面优先于普通股。从本质上来看，优先股是股份有限公司的一种举债集资的形式，其收益和受偿顺序在债权人之后、普通股之前。优先股的主要特征包括：（1）优先清偿剩余资产。股份公司在解散、清算时，优先股的受偿权优于普通股但是低于债权人。在优先股索偿之后，普通股才能参与分配。（2）股息分派优先。当股东大会决定分派股息时，不论其盈利多少，优先股股东都可以优先于普通股股东领取股息，因此优先股的风险要小于普通股。（3）固定的股息收益率。优先股的股息率是预先设定的，无论公司的经营状况和盈利水平如何，该股息率不变，收益比较稳定。（4）优先股权利范围小。优先股股东的权利是受到限制的，最主要的是表决权限制。优先股股东在一般情况下没有投票表决权，只享有知情权、建议权和质询权。

优先股本质上是被投资企业为满足创业投资者多样化的投资需求而设计的一类融资工具。根据投资者对优先好处的需求不同，发展出基于不同附加条款的不同类型的优先股模式。这些附加条款涉及优先股能否转换为普通股、优先股股东的股息权能否累计、公司是否能够赎回、股息发放方式，以及投票权的限制、多余盈利分配参与权限等；另外，还涉及发行方式是公开还是私募、公募、评级情况等多种条款。根据附加条款的不同，优先股可细分为可转换优先股与不可转换优先股、累积优先股与非累积优先股、可赎回优先股与不可赎回优先股等。

1. 可转换优先股

可转换的优先股是指，在特定条件下，允许优先股持有人把优先股转换成为一定数额的普通股。可转换优先股是在优先股的基础上附加了允许其在一定条件下实现优先股向普通股转换的权利，因此可转换优先股具备了债券、普通股、优先股等多重属性。近年来，正是由于可转换优先股的彼此利益均衡、彼此相互激励的特殊性质，可转换优先股成为风险投资人进行风险投资最流行的投资工具之一。

可转换优先股作为创业投资人与被投资企业管理层之间的特殊利益调节机制，在创业投资过程中起着控制风险、保护创业投资人以及激励被投资企业管理层的多方面作用。对创业投资人而言，一方面，可转换优先股能够使投资行为获得较为稳定的投资回报，避免初期投资失误而带来的损失，为投资行为起到一定的风险控制作用；另一方面，由于可转换优先股可以实现优先股向普通股的转换，因此创业投资企业可将优先股转换为普通股从而分析被投资企业的增长潜力。对被投资企业而言，可转换优先股可以实现其资金筹集的目的，保证企业初期资金的来源；同时，可转换优先股不会影响后期企业的融资活动，进一步确保企业的经营管理。

2. 累积优先股

累积优先股是历年股息累计发放的优先股票，优先股票是相对于普通股票而言的，主要在利润分红及剩余财产分配的权利上优先于普通股。股份公司发行累积优先股票的目的，主要是保障优先股股东的收益不至于因公司盈利状况的波动而减少，有利于保护优先股投资者的利益。

3. 可赎回优先股

可赎回优先股是指允许发行该类股票的公司，按原来的价格再加上若干补偿金，将已发行的优先股收回。当该公司认为能够以较低股利的股票来代替已发生的优先股时，就往往行使这种权利。反之，就是不可赎回的优先股。可赎回优先股的主要特点在于，被投资企业有权按预先预定的条件在风险投资者购买优先股一段时间后，以一定的价格将股票赎回，可赎回优先股在发行时就附有股票赎回条款，具体规定了股票从发行到赎回的最短期限、赎回价格、赎回方式等。

可赎回优先股的赎回方式主要有三种。一是溢价赎回，即被投资企业在赎回时需要根据事先规定的价格，在优先股面值的基础上再加一定的补偿金进行赎回。二是基金补偿，即被投资企业在发行优先股以后，从所得的股金或公司盈利中拿出一定资金设立补偿基金，将其作为赎回优先股的补偿资金。三是转换赎回，即被投资企业以优先股转换为普通股的方式赎回优先股。

对创业投资者而言，可赎回优先股可以使其获得相应的投资回报，当投资者赎回优先股时也可以获得相应的补偿。对被投资企业而言，可以通过给予风险投资人一定的补偿将优先股进行赎回，从而达到减轻企业股息负担的目的。

4. 参加分配优先股

参加优先股是指按规定的股息率获得股利后，如果公司仍有盈余，还有权同普通股一起参加剩余利润分配的优先股。非参加优先股则只按规定股息率分取股息，不能对剩余利润进行再次分配，即风险投资人只能按照既定的股息参与利润分配。参加优先股兼具优先股和普通股的利益，对优先股股东非常有利。

5. 其他类型的优先股

股息可调换优先股和股息不可调换优先股。股息可调换优先股是指股息率可以调整的优先股股票；反之，则是股息不可调换优先股。随着金融创新的发展，优先股的种类存在一些创新和变化。比如股息率的不固定，除了可调换外，还可浮动、可拍卖；比如优先股期限一般为永续的，但也可以设定一定的期限，如 25 年而非永续；等等。

8.1.3　股权投资工具特点

优先股投资与普通股投资的区别主要体现在股息、剩余财产分配、投票权及优先购股权上。首先，优先股相对于普通股可优先获得股息。如果企业在年度内没有足够的现金派发优先股股息，普通股是不能分发股息的。股息数量由公司董事会决定，但当企业获得优厚的利润时，优先股不会获得超额利润。其次，优先股有剩余财产优先分配权，即当企业宣布破产时，在企业资产变卖后，在全面偿还优先股股东后，剩下的才由普通股股东分享。然而，相对于普通股股东享有公司的经营参与权，虽然优先股股东没有参与企业决策的投票权，但在企业长期无法派发优先股股息时，优先股股东有权派代表加入董事会，以协助企业改善企业财务状况。最后，普通股股东在企业发行新股时，可优先购买与持股量相当的新股，以防止持股比例被稀释，但优先股股东无权获得优先发售。

通过分析优先股与普通股的异同，优先股和普通股具体的优劣对比见表 8 - 1。

表 8 - 1   优先股优劣势分析

优势	财务负担轻	优先股是公司的资本而非负债，如果公司财务状况恶化时，这种股利可以不付，从而减轻了企业的财务负担
	财务上灵活机动	由于优先股属于永久证券，它本质上是一种永续性借款，优先股的收回由企业决定，具有较大的灵活性
	财务风险小	由于从债权人的角度看，优先股属于公司股本，夯实了公司的资本金，提高了公司的举债能力，因此财务风险小
	不减少普通股收益	优先股收益是固定的，只要企业净资产收益率高于优先股成本率，普通股票收益就会上升
	不减少普通股控制权	优先股无表决权，因此，不影响普通股股东对企业的控制权
劣势	资金成本高	由于优先股不能抵减所得税，因此其成本高于债务成本。这是优先股票筹资的最大不利因素
	股利支付的固定性	虽然公司可以不按规定支付股利，但这会影响企业形象，进而对普通股价格产生影响

对于投资者来说，优先股的固定股息收益、优先分配以及剩余财产求偿权，降低了投资风险。如果优先股附加了一些条款将其细分，如累积优先股、参与优先股、可转换优先股等，将进一步保证和扩大投资者的收益。分红收益越大，投资者越愿意对企业进行再投资。因此，优先股可以有效地解决企业再融资困难的问题，拓宽了企业的融资渠道。

对于企业来说，无论是扩大生产的需求还是处于财务危机中，通过优先股融资，既获得了生产经营所需资金，又不失去对企业的控制权。当企业有资金盈余时，可以通过赎回条款把发行的优先股赎回。但由于优先股有固定的股息收益，因此会增加企业的融资成本。

目前，优先股在我国才刚开始进行试点，它将成为构建我国多层次资本市场的重要工具之一。

8.2 债权投资工具

8.2.1 可转换债券

可转债（convertible bond）是指公司按照规定发行、并在一定期间内根据约定的条件可以转换成股票的公司债券，亦称可转换公司债券。可转换债券具有股权与债权的双重特性。可转债在锁定了投资者风险的同时可以使投资者对未来的收益有良好的预期。

一方面，债券持有人可以自行决定是否转换成股份，债券持有人对转换股票或不转换股票有选择权，但转换之后，原债券持有人的权利就从债权变成了股权，所以，其可参与公司的经营决策以及红利的分配，并且在某种程度上改变了公司的资本结构，同时为此承担转债利率较低的机会成本；另一方面，因为发行公司主要考虑筹集资金的规模、资本成本、股本扩张的时间、资本结构的变化、回购和还本风险的控制等方面的因素。由于发行可转债的公司有实施赎回条款的选择权，因此，相较于没有赎回条款的债券，附有赎回条款的债券有更高的利率。根据《上市公司证券发行管理办法》，可转债的发行主体目前只能是上市公司。

从性质上看，可转换债是拥有债权和看涨期权的集合体，具有双重属性，即债权性和期权性。对于创业投资人而言，可转换债是"有本金保证的股票"，即可转换债的债权性确保了本金的安全，而期权性又保证了股票价格上涨时，投资者避免损失股价上涨带来的收益。对于创业企业而言，可转换债可以降低融资成本、避免过早稀释控制权（见表8-2）。

表8-2 可转换债的性质

特征	发行人（被投资企业）	风险投资企业
债券	债券融资：由于内嵌期权，票面利率一般的普通公司债和同期银行贷款利率，可实现低成本融资	债性：持有人可以选择持有债券到期，获取公司还本付息
看涨期权	转股抵债：可转债一般在半年后进入转股期，发行时不需要增加股票数量，可延迟股权的稀释	股性：持有人可以选择在约定的时间内转换成股票，享受股利分配或资本增值

从清偿顺序来看，可转换债券属于次等信用债券，排在一般公司债券之后，在可转换优先股、优先股和普通股之前，同普通公司债券、长期负债（银行贷款）等具有同等追索权利。

8.2.2 附认股权债券

附认股权债即附认股权证公司债券（bond with attached warrant/equity warrant bonds，WBs），是一种介于债券和股票之间的混合证券产品，即附认股权证公司债券是债券加认股权证的组合产品，赋予持有人在一定期间内按约定价格认购一定数量公司股票的权利。

对创业投资人而言，附认股权证公司债券允许其在被投资企业发展前景好时，以一个较低的价格购买被投资企业的普通股，即给予创业投资人分享被投资企业未来增长带来的收益。对被投资企业而言，附认股权证公司债券中股权存在的潜在价值使创业投资人愿意投资该企业，被投资企业愿意接受较低的利率和较宽松的贷款限制来吸引创业投资人的投资。附认股权债对创业企业具有吸引力的主要原因有两个：一是利率水平较低，二是附认股权债未来购买股权的执行能给被投资企业带来额外的资本。

附认股权债具体可划分为分离型、非分离型、现金汇入型与抵缴型，具体区别见表 8－3。

表 8－3	认股权证公司债券分类
分离型	认股权证与公司债券可以分开，单独在流通市场上自由买卖
非分离型	认股权无法与公司债券分开，两者存续期限一致，同时流通转让，自发行至交易均合二为一，不得分开转让
现金汇入型	当持有人行使认股权利时，必须再拿出现金来认购股票
抵缴型	公司债票面金额本身可按一定比例直接转股

目前我国的附认股权证债券主要是由"分离型"与"现金汇入型"组合而成的可转换公司债券，而且只能由上市公司发行。

8.2.3 债权投资工具特点

从创业投资家的角度来看，债券具有稳定收益的优点，一旦投资的企业面临破产和清算，可优先获得偿付；但也具有流动性较弱的缺点，很难转让，并且对创业企业不具有参与经营决策的权利，同时还不能享受市场价格上涨带来的溢价收益。

可转换债券：（1）债权性。与其他债券一样，可转换债券也有规定的利率和期限。投资者可以选择持有债券到期，收取本金和利息。（2）股权性。可转换债券在转换成股票之前是纯粹的债券，但在转换成股票之后，原债券持有人就由债权人变成了公司的股东，可参与企业的经营决策和红利分配。（3）可转换性。可转换性是可转换债券的重要特性，是区别于普通债券的重要标志。可转换性是指可转换债券持有者可以按约定的条件将债券转换成股票。转股权是投资者享有的一般债券所没有的选择权。可转换债券在发行时就明确约定债券持有者可按照发行时约定的价格将债券转换成公司的普通股股票。如果债券持有者不想转换，则可继续持有债券，直到偿还期满时收取本金和利息，或者在流通市场出售变现。

　　附认股票权债券：在发行过程中，由于派发了认股权证，因此，发行人（上市公司）可以降低公司债券的收益率，至少可以比同期企业债的收益率要低一个档次，降低了上市公司债权融资的成本，降低了公司的财务费用，提升了上市公司的每股收益水平。而对于投资者来说，由于获得了认股权证这种股票期权，也愿意接受低一点收益率的附认股权证的公司债券。毕竟投资者在认购公司债券时，可获得认股权证，由于公司发行债券往往是投资新的项目，项目一旦竣工投产，提升公司的业绩，那么，此时上市公司的每股收益将提升，股价也随之提高，认股权证的价格也就水涨船高，从而给予投资者更多的投资收益。

8.3　创业投资工具组合投资的选择

8.3.1　不同工具优劣势分析

　　纯债权投资是用投资者购买公司债权的方式进行投资，并享受定期获得利息并到期偿还本金的权利。对投资人而言，纯债权安排的主要优点包括定期收到一定的利息，在企业遭受破产风险、面临资产清算时享受优先受偿权等；缺点在于，投资人不能分享企业未来的增长潜力。对被投资企业而言，纯债权安排虽然未减少其原股东的权益，但使企业面临高负债的境地，从而降低了企业对外融资的能力。

　　纯股权投资是资本完全以股权的形式进入被投资企业。对投资人而言，纯股权安排的主要优点是：能够享受资产的增值。缺点是：当被投资企业面临破产清算时，作为股东享受的清偿权位于债权持有人以及优先股之后，资金投资风险较大。而且，持股比例较小的投资者对公司的控制权较弱。因此，投资人对纯股权安排一般会提出附加条件。具体而言，纯股权安排又包括三种模式：增资扩股、股权转让、增资扩股与股权转让并用（见表8-4）。

表8-4　　　　　　　　　　　　投资工具优劣势

	股权投资	债券投资
优势	可以分享企业后续发展带来的收益	利息固定、享有企业破产清算时的优先清偿权
劣势	只享有最低级别的剩余求偿权、资本保全风险大、拥有少数股权的投资人对企业控制能力弱	无法分享企业后续发展的收益

对于投资者来说，优先股以其固定股息收益、优先分配和剩余财产求偿权，降低了投资风险。如果优先股附加了一些条款将其细分，如累积优先股、参与优先股、可转换优先股等，将进一步保证和扩大投资者的收益。分红收益越大，投资者越愿意对企业进行再投资。因此，优先股可以有效地解决企业再融资困难的问题，拓宽了企业的融资渠道。

对于企业来说，无论是扩大生产的需求还是处于财务危机中，通过优先股融资，既获得了生产经营所需资金，又不失去对企业的控制权。当企业有资金盈余时，可以通过赎回条款把发行的优先股赎回。但由于优先股有固定的股息收益，因此会增加企业的融资成本。

可转换债券的利率一般比普通付息债券的利率要低，这样就降低了发行企业的融资成本；稳定的利息收益和转换成股票的权利对投资者有一定的吸引力。但可转换债券会使发行企业的总股本扩大，摊薄了每股收益。同时，在企业经营状况不好时，投资者未将可转换债券转换为股票，使企业偿债压力上升，这在一定程度上增加了企业的财务风险。

而对于投资者来说，由于获得了认股权证这种股票期权，也愿意接受低一点收益率的附认股权证的公司债券。毕竟投资者在认购公司债券时，可获得认股权证，由于公司发行公司债券往往是投资新的项目，项目一旦竣工投产，提升公司的业绩，那么，此时上市公司的每股收益将提升，股价也随之提高，认股权证的价格也就水涨船高，从而给予投资者更多的投资收益。

8.3.2　投资工具组合选择偏好分析

创业投资家和创业企业作为独立的利益主体，由于目的不同，双方在投资时也会选择不同的投资工具组合。

1. 创业投资家的投资目标

（1）获得收益。这是投资者投资创业项目最直接的目的。投资者希望通过投资创业项目获得更高的收益，从而实现自己的财务目标。

（2）支持创业公司的发展。有些投资者可能对创业公司的发展前景非常看好，愿意为其提供资金支持，以帮助公司扩大规模、提升市场竞争力。

（3）实现自身价值。一些投资者可能希望通过投资创业项目来实现自身的价值，比如通过参与公司的战略决策、提供管理经验等方式来帮助公司取得成功。

（4）获得投资回报。投资者投资创业项目不仅可以帮助创业公司获得资金支持，还可以在投资后获得一定的投资回报，这也是投资者投资创业项目的一个重要目的。

（5）实现社会责任。一些投资者可能希望通过投资创业项目来实现社会责任，比如支持环保、可持续发展等公益事业，以及支持弱势群体等。

2. 创业企业家的创建目标

（1）独立领导自己创建的风险企业。风险企业家有强烈的愿望控制并领导自己的企业发展，取得一定的行业地位和声誉名望，因此他总会尽力保持自己的股东身份。

（2）合理的收益。风险企业家创建风险企业的另外一个目的就是希望获得一定的收益，包括一定比例的股份和较高的股票价值，在企业价值变现时获得收益。

8.3.3　如何选择工具组合投资

创业投资可以选择不同类型的金融工具进行组合投资。根据不同工具所具有的不同特征，创业投资者可以根据自身风险承受能力以及对收益的期望程度，选择不同的投资工具进行组合，从而达到分散风险、提高收益的目的。

投资工具的组合还可进一步细分为对于同一企业选用不同的工具进行投资，以及对于不同企业的工具组合。首先，创业投资人对于同一企业，亦会选择不同的投资工具进行投资。

最后，对于不同企业，创业投资者可采用不同金融工具进行投资组合。结合自身人力、物力以及资金的有限性，创业投资者可以将激进型投资组合与保守型投资组合进行协调配置。对于初创型的公司，创业投资者应在选取金融工具时注重其控制权的获取，而对于相对成熟的企业，可予以现金流量权更大的考虑权重。

8.4　案例分析

2009 年，美国许多公司经历了金融危机造成的现金流中断和其他问题，导致融资负债率高，债务融资困难。然而，过度的资本融资可能会导致股权稀释，例如高盛集团因流动性危机而继续套现并增发资本。2009 年 9 月，巴菲特决定从长期战略角度投资于不干扰公司管理权的优先股，并购买了高盛 50 亿美元的永久优先股。

同时，巴菲特提出了四个附加条件。一是优先股每年分红 10％。二是优先股可以赎回。这意味着高盛有权在任何时候赎回这些优先股。如果高盛同意出售，高盛必须在 10% 的溢价后将其买断。三是为在 5 ~ 9 年内以每股 115 美元的价格购买 50 亿美元高盛股票建立认购条件。四是创业股东在购买优先股之前不得出售其股份。巴菲特的额外要求几乎包括缓解所有可能风险的策略，详细分析如下：

首先，在金融危机期间，美国银行存款利率普遍低于 2%。然而，由于现金需求，高盛同意 10% 的股息利润，这确保了巴菲特可以通过购买该优先股获得高于同期银行存款利率的股息利润。其次，待赎回的优先股是指发行人在特定的发行期后，能够以特定的赎回价格赎回股票，通常是以原始价格加上一定的补偿。巴菲特可以在五年内决定是否出售优先股，当出售时，优先股的溢价为 10%。此外，巴菲特还认为，当时美国的金融危机只是暂时的危机。在将危机转移到国外后，他表示，美国经济的复苏将导致新一轮股市增长。因此，他提出了认购担保。在认股权证中，巴菲特保留在 5 ~ 9 年内以每股 115 美元的价格购买 50 亿美元高盛股票的权利。通过增加认股权证，巴菲特保证无论高盛股票的价格在未来上涨还是下跌，巴菲特的优先股都将盈利。如果下跌，它仍然可以获得稳定的股息和溢价的最终收入；如果它在五年内的任何时候上涨，它都可以利用在每股 115 美元之后购买 50 亿美元高盛股票的选择权，并在低于市场价格的情况下利用它，从而获得额外的投资回报。为了确保更大的安全性，巴菲特还提出，创业股东在购买优先股之前不应出售其股票。这是为了防止经营者和企业股东在经济形势恶化时将资不抵债的公司与其他公司合并为亏损公司，以低价出售其股份，并给优先股股东造成损失。这就是为什么巴菲特增加了一道防线，提前限制向创业股东出售股票。综上所述，这四项要求为优先股投资提供了可靠、全面的保障。

总体而言，巴菲特在投资高盛的优先股时充分考虑了两种情况。首先，如果高盛的业务在一段时间内难以逆转，导致股价进一步下跌，那么拥有优先股的股息可以增加股价下跌时的"弹药"。其次，如果高盛迅速扭转局面，股价上涨，他可以使用股票期权来享受利润。投资优先股的逻辑充分体现了"进可攻，退可守"的原则。优先股的"游戏规则"可以确保巴菲特的投资不会遭受重大损失，如果当年盈利，高盛必须首先向巴菲特支付股息的 10%。股息支付给巴菲特之后，高盛才能向其他股东支付股息。如果高盛在某一年出现亏损，无法在该年支付股息（包括优先股和普通股股息），那么如果在下一年盈利，高盛将弥补之前优先股的股息，并在向其他普通股股东支付股息之前，支付本年的优先股股息（见图 8 – 1）。

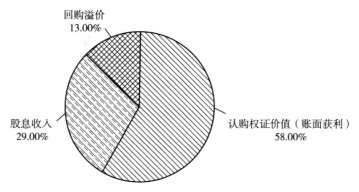

图 8 – 1　巴菲特投资高盛优先股收益结构

2011 年，高盛精简了业务，从巴菲特手中赎回了这批优先股，前提是其支付 10% 的股息，即巴菲特每年有 10% 的股息，并以 55 亿美元的价格出售了 50 亿美元的优先股。高盛集团于 2011 年 3 月 19 日宣布，将向巴菲特支付 56.5 亿美元，以赎回该公司在 2009 年金融危机期间出售的优先股。该基金包括首次投资、10% 的优先股股息和第一季度股息。与此同时，高盛一次性支付了 16.4 亿美元的股息。当时巴菲特仍持有高盛发行的认股权证，账面利润为 19 亿美元。因此，他在这项投资中实现了 37 亿美元的总利润，两年半的利润率就高达 74%。

第9章　创业组合投资的组合设计

9.1　创业组合投资的发现价值行为

9.1.1　价值理论的发展

价值理论是经济学理论的基础，也是经济学理论的核心，目前主要有三种价值理论：马克思的劳动价值理论、新古典的平衡价值理论，以及斯拉法尔的价值理论。

马克思提出的关于劳动价值的理论实质上是对英国传统经济的一种批判，特别是以李嘉图的劳动价值论为基础的经济学，其揭露了资本主义经济运行最本质的规律。剩余价值理论的起源可以追溯到劳动价值理论，它揭示了资本主义生产方式下无产阶级与资产阶级的本质矛盾，并为无产阶级与资产阶级的斗争提供了理论依据。

新古典经济学中的均衡价值理论是由英国经济学家马歇尔提出的，他将生产成本、边际效用、供需三种价值理论结合起来后建立的。此后，经过庇古、希克斯、张伯伦、琼·罗宾逊、阿罗、德布鲁等数代人的努力，使这一理论得到了进一步的发展与完善。目前，该理论已成为西方经济中最重要的一种价值学说。

斯拉法的价值理论被视为一种独立的价值理论，与新古典均衡价值理论和马克思的劳动价值理论截然不同。它在理论基础和分析框架上与新古典经济学的边际分析方法相对立，反映了对新古典经济学的批判。同时，斯拉法的价值理论也与马克思的劳动价值理论有明显区别。尽管在斯拉法的分析中，商品价值与劳动耗费存在一定关联，即"商品的价值与生产商品所耗费的直接和间接劳动成正比"，但在斯拉法的理论中，劳动并不是唯一的决定因素。相反，商品价值最终受到生产技术水平和劳动与资本分配比例的影响。因此，斯拉法的价值理论通常被视为一种与马克思的劳动价值理论和新古典均衡价值理论并列的独立价值理论（见表9 – 1）。

表9 – 1   三大价值理论的比较

	马克思劳动价值理论	新古典均衡价值理论	斯拉法价值理论
价值的定义	价值反映的是交换背后人与人之间深刻的社会关系，是人与人的关系。凝结在商品中的无差别的人类劳动	反映的更多的是人与物之间的关系，是人们的需要程度与物品稀缺程度或者获得物品难易程度的关系，是人与自然的关系	在整个经济体系均衡运行时，一种商品交换另一种商品的比例关系，是一种相对价值
价值的量化形式	社会必要劳动时间	通过市场中供给与需求两种力量的对比确定	投入 – 产出联立方程组来确定价值量

9.1.2　企业价值的表述

公司价值是公司自身在市场中的价值，包括公司的有形和无形资产。公司的价值与公司的自由现金流量成正比，即当其他因素都不变时，公司的自由现金流量越大，公司的价值越高。公司的自由现金流又可划分为公司的总的自由现金流和公司的股份的自由现金流。总的自由现金流是一家公司在除去所有的运营费用、投资费用和税金后，一家公司在没有偿还债务之前的剩余现金流。权益自由现金流量是指扣除各项支出、税收支出、投资需要和偿还债务等费用后，公司的剩余现金流量。一般用总的自由现金流来衡量一家公司的总的价值，这个总的自由现金流包含了股东的权益价值和负债价值。而股票的自由现金流用来测算公司的股票价格，也就是公司股东权益的价值。公司价值的测算是公司进行投资决策、进行财务分析的基础，是公司经营管理的基础。

以上市公司为例，其股本的市价即为该公司在证券市场的总市值。在一般意义上，一家公司的总体价值由两大部分组成，一是资产，二是负债。由于优先股只是公司股本中很少的一部分，因此，本节将公司股本资本的价值归结为普通股的价值，从而使分析变得简单。此外，由于不存在巨大的利率风险，也不存在违约风险，因此，债券的市场价格一般不会有太大的波动。由此，我们可以得出：当公司的资本结构不变时，公司的总价值越高，公司的权益资本越高，公司的股份越高。所以，可以说公司的价值是由公司的股份价值来决定的。

9.1.3 创业投资是科技转化和创业的动力

1. 弥补科技转化的资金缺口

创业投资的主要功能，首先是弥补了传统投资体制的缺陷，保证了对科技成果转化的每一个环节都有足够的资金。通常，科技成果的转化过程可以分为三个关键阶段，包括技术研究和开发、成果转化以及工业化生产。这三个阶段是紧密相连的，构成了一个完整的转化链条。为了确保科技成果能够成功转化，每一个环节都要有充足的财政支撑。在科技研发阶段，一般都是由政府拨款、专项基金等资助的。这个阶段的资金需求相对较小，且通常能够获得充足的资金供应。在工业化生产阶段，企业已经拥有一定规模，产品在市场上已经有一定份额，风险较低，因此更容易获得传统融资渠道的支持。公司可以从银行等金融机构获得贷款，有些公司还可以考虑通过上市来筹集资金。但是，在科技成果转化的过程中，这一问题就显得比较复杂了。在此阶段，产品的设计、试制、中间测试、不断改进，通常难以明确定义为科研活动，因此在资金投入方面较为困难。此外，这个阶段的产品仍处于概念转化为实际雏形的初期阶段，技术上存在不确定性，市场前景也不明朗，因此风险较高。传统银行和金融机构通常更加关注资金的安全性，不愿意投资高风险的科技成果转化项目。此外，科技成果转化阶段的企业通常是初创期的小企业，规模有限，公司既无固定资产、债券等可担保的资产，又无满足银行贷款条件的资产和债务，因此公司的商誉几乎为零。风险投资是一种以长期、稳定、可持续发展为目的的中长期权益投资。这使创业投资家更容易青睐高风险、高回报的科技成果转化项目，从而为整个投资体系在技术创新的全过程中提供了必要的融资支持。可以说，创业投资填补了传统融资渠道无法涵盖的高风险项目的融资空白。

2. 提供科技转化的后续资金支持

随着科技成果转化逐步向产业化转变，后续的投资将会不断增加。从总体上看，三个阶段的科技成果转化所需经费大致为 1∶10∶100。如此多倍的投资，意味着每一期的投资都必须得到充分和及时的投资，否则整个进程就会受阻。在提供后续资金支持方面，创业投资发挥了独特的作用。首先，创业投资家凭借其资金实力、多样的融资渠道和信息资源，能够不断向企业提供所需的后续资金。其次，创业投资家可以与其他创业投资企业合作，共同投资于风险较高的企业项目。最后，创投公司利用退出机制，促进了创投公司继续获得资金的能力。尤其是，如果创业公司采用 IPO 方式退出，则能够极大地提升创业公司的融资能力，既能够满足其在科研成果转化中的巨大资金需求，又能够促进其在科研领域的推广与应用，进而提升其规模效益。这一环节是科技成果能否顺利转化并实现产业化的关键环节。

3. 提高科技转化的市场推广性

在创业投资公司决策投资项目时，通常需要评估大量的候选项目，然后，挑选出其中最有希望的 1% ~ 2% 来投资。评价的重点包括：第一，评价新技术是否能实现产业化，包括市场需求、市场规模和市场准入方式。第二，对企业的创业能力、经营能力进行了评价，还需要考虑被投资单位已有的资金情况，同时也要分析产业化发展战略的可行性。第三，还需考虑回收时间和回报率等因素。基于详细的评估，创业投资公司制订了多个投资方案，并进行了评估和筛选，最终确定了一个具有良好投资回报的投资项目。鉴于我国科技成果众多而投资资源有限的情况，投资者对于选择投资项目非常谨慎。他们首先关注科技成果的技术创新程度和创业者的素质，其次才考虑企业的财务状况，这是创业投资与其他类型投资的不同之处。创业投资的筛选过程有助于促进科技创新工作更加关注市场导向的课题，提高科技成果的时效性和市场推广性，从而提高科研效率。

4. 优化企业的经营管理

在国外，风险投资家不但对财务投资有很深的造诣，而且对公司的经营也有很深的了解。很多创业者都曾经在大公司担任过高层管理职务，并且对某一行业有很深的理解。其管理经验与知识能够为企业家提供有效的帮助，并促进企业的科技成果转化。创投机构不仅能直接介入公司的决策与经营，而且还能为公司引进最适合的高层管理人员。此外，它们还可以利用广泛的社交网络，帮助企业建立和拓展销售渠道。创业投资公司能够为被投资企业引入急需的外部资源，弥补其内部管理和经营要素的不足。这样，可以最大程度地发挥企业的优势，将其潜力充分激发，使企业在各种要素的整合和创新中获得新的增长动力。通过要素整合，企业可以提升自身，实现飞跃发展。

5. 激发创业者的积极性

在创投基金进入创业企业的过程中，要对创投基金的技术成果进行评价，从而决定创投基金与创业企业之间的出资比例。由于科技成果是一项复杂的有形资产，因此，在评价过程中会产生严重的信息非对称问题。这些不对称的信息极大地提高了公司的经营和监管成本。在创业投资模式下，采用技术成果股权形式，能够缓解投资人与创业者间的信息不对称，有利于降低公司经营成本。这就像股权报酬制度对经理人员进行激励一样，对企业家的工作热情也是有很大帮助的。

6. 推动知识的资本化过程

虽然最近几年，越来越多的人开始重视知识的重要性，把知识等同于商品的观念也渐渐被大多数人所接受。但是，在如何将知识转化为财富，特别是如何将知识高效地转化为可以为技术持有者带来源源不断财富的资本方面，依然缺少有效的制度安排。风险投资本身就是一种资本与知识的融合，当它们进入公司时，它们就会被转换成资本，这就是风险投资的两大核心因素。在对科技股票进行估值时，由于科技知识带来的未来利益被最大化，科技股票的估值比非科技股票的估值要高得多。一般而言，在初创阶段，技术人才往往拥有 50% 以上的技术股份。虽然科技股的相对份额会被冲淡，但是由于风险资金的持续注入，科技股的绝对价值会上升。可见，在风险资本制度中，知识的价值被最大限度地认识，并能最大限度地将其转化为财富。

9.1.4　发现价值理论

根据谢泼德的价值认知模型，在进行组合投资项目选择时，首先要审视企业所拥有的各种资源，以评估其在市场中的竞争地位。其次通过绩效评估来分析企业的财务和运营表现，以推测未来企业价值的走向。综合利用所处的行业和环境的知识经验，调整价值判断，寻找成长型、被低估的资产。

1. 资　源

企业的资源包括有形资产、组织资产、知识资产、声誉资产和团队技能等，但由于存在较高的市场风险、技术风险、代理风险等，评估企业的资源也存在很大的风险。

2. 绩 效

企业的绩效可以分为四个主要方面，包括财务业绩、学习和成长、内部运作、客户与市场。相对于资源评估而言，在业绩评估中引入了几个能够更加直接地反映公司成长性的定量指标，但在业绩评估中，公司面临着更大的市场风险和代理风险。综合来看，通过两方面的分析，最终衡量企业的价值，得到图 9 - 1。

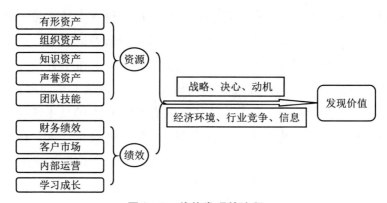

图 9 - 1 价值发现的流程

9.2 创业组合投资的项目评估

9.2.1 项目评估内容

1. 投资机会判断——要不要投资

投资者最为关注的问题之一是选择投资哪个项目或公司，这也是评估投资者眼光和素质的重要标志。在构建投资组合时往往依次分析人、市场、技术、管理。

首先，对"人"进行分析，也就是对创业者的品质进行评价，要对创业者或者创业团队进行多个视角的评价。主要包括企业的技术实力、市场开发能力、融资能力、综合经营能力。

其次，从市场角度来看，再先进的技术和产品，若不具备良好的市场条件，其附加价值的潜力也是有限的。对于创业投资而言，如果没有充分的市场机会，就难以实现将初创公司从小规模培养成大企业的目标，同时也会影响创业投资家通过股权转让获得利润的能力，甚至可能导致投资失败。

最后，还需要评估产品的技术水平以及在市场前景和产业化方面的潜力。通常情况下，很多创业投资机构会选择投资在他们熟悉的领域，这有助于他们更好地理解技术的可行性和市场的机会。

专案的评价内容包括：商业计划概要、公司业务概况、经营目标、团队素质及管理能力、市场潜力、项目可行性分析、财务分析、风险因子及敏感度分析，以及技术表现。

评估程序一般涉及如下几个方面：

（1）在开发过程中，评价的目标往往是产品的概念，而不是产品的原型。所以，对于创业资本来说，投资目标的技术研发能力、产品市场潜力，与其本身所处的行业和行业规模有没有关系都是非常重要的。如果经过全面评价后，风险可以控制，风险投资公司可以向该阶段的项目中投入 10% ~15% 的资金。

（2）在企业初创期，评价对象尽管已有了产品的雏形、商业规划，但是还没有投入市场，还没有建立起相应的管理团队。所以，风险资本的重点是被投资方的商业计划是否可行，其产品是否具有良好的市场竞争力。如果他们相信被投企业有很好的发展前景，并且能够在运营和营销方面提供很好的支持，他们就会把自己投资的 15% ~20% 的钱投给新企业。

（3）在开发阶段，评价对象基本已经过了创业期，初步的产品已投放市场，有一定的市场基础；但是，为了提高企业在市场上的占有率，企业还必须研发出具有较强竞争能力的新产品，并在此基础上增加企业的营运资金。企业的成长潜力、市场竞争能力、融资规划，以及企业间资源的互补性，都是影响创业资本选择的重要因素。如果他们觉得被投资的目标有一定的成长性，他们就会把25%～30%的钱投在正在开发的项目上。

（4）在成熟期，被评企业的营运规模及财政状况与上市公司的审核标准相一致，且有向开放市场募集资本、实现多元化的打算。创业投资机构在此阶段所要考量的主要因素有：能否成功上市、能否获得投资者的认可、能否获得上市融资、能否获得融资等。如果创投公司觉得被投企业在公开发行后可以得到较好的收益，那么创投公司很有可能会拿出15%～25%的投资给那些成熟期的企业。

2. 企业的价值认定——投资多少

（1）本金是否安全

风险资金是通过吸引广大投资者形成的一种资本，其首要目标是确保本金的安全性。这里的本金安全性不仅是指维持原始风险资金的完整性，还包括确保本金不会因通货膨胀而失去其购买力，应该保持其实际购买力的稳定。只有在本金得到有效保障的前提下，投资者才能期望获得投资回报并追求更大的增长。然而，如果风险资金已经投资于不成熟或失败的项目，那么应坚决采取清算和中止的措施，以最大限度地减少本金损失，保护投资者的权益。

（2）投资收益

投资组合的目的就是获取更高的回报。对创业公司进行投资，不仅是为了培养高科技公司，也是为了获得超高的投资回报。创业基金可以通过两种方式获得投资回报：一种是通过投资项目的运营绩效提高、每股利润提高，从而获取投资收益；另一种是通过对所持项目股份的分红

来获取。在所投资的项目中，通过公开发行股份、股权转让等方式实现
投资收益的变现。

（3）容易变现

容易变现是指创业投资项目能够方便、迅速地实现撤资。

9.2.2 项目评估方法

1. 聚类分析法

根据一定的指标体系，将所有样本点根据它们在样本空间中的位置
汇聚到几个中心点上，所有的样本点可以聚成三类。

（1）盈利能力

盈利能力指标用于反映企业的盈利表现，该指标数值越高，表示企
业的盈利能力越强，主要有以下几个指标：

$$每股收益 = （净利润 - 优先股股利）/普通股数$$
$$资产利润率 = 利润总额/总资产$$
$$净资产收益率 = 利润总额/净资产$$

（2）偿债能力

衡量企业偿还借入债务的能力，主要包括流动比率、负债率、股东
权益比率几个指标。

（3）发展态势指标

用于评估企业成长性的指标，数值越高表示企业具有更好的成长潜
力，主要包括净利润增长率、经营利润增长率、营业收入增长率、净资
产收益率的增长率、资产利润率增长率、每股净资产增长率、净资产增
长率、每股收益增长率等指标。

2. 判定分析法

通过聚类分析，可以深入研究某一类型的公司所包含的信息，总结

可能影响公司绩效的因素。接下来，对样品进行了鉴别分析，并用一个指数鉴别函数对其进行了评价。例如，在一个指数为 P 的系统中，我们可以构建以下的判断函数 $Y = C_1 \times X_1 + CZ \times XZ = C_P \times X_P$，其中，$Y$ 为综合指数，$C = C_P$ 为判别系数，通过样本的判别得分，给出某一类别的概率。

3. 比较法

寻找与待投资项目相似或者相近的，并且接受了风险投资的项目，通过对比，来评价投资，一般适用于研发中的种子期或者初创期。

4. 净值法

以净现值（NPV）衡量的折现现金流（DCF）法，用公司的贴现率对预期的未来现金流进行贴现，以弥补资金的时间价值，如果净现值为正，则项目是可行的。

5. 决策树

决策树作为一种决策分析方法，是在已知各种情形发生概率的基础上，用构造树状图的方式，来计算净现值的期望值是否大于等于零，从而对项目的风险和可行性进行评估。这种方法通过图形方式直观地应用概率分析。

6. 实物期权方法

在投资项目中，有些项目的期权价值非常低，而有些项目的期权价值又非常高。这取决于项目的不确定度，不确定度越高，选择权的价值越高。在不确定的情况下，用实物期权分析法对企业的战略性投资进行分析，为企业的经营管理提供了一种新的思路。实物期权包括：放弃期权、扩展期权、收缩期权、选择期权、转换期权、混合期权、可变成交价期权以及隐含波动率期权等。这种方法可以更好地反映出工程投资的风险、不确定性和连续性，更符合实际情况。

9.3 创业组合投资的交易结构设计

创业投资组合就是采用组合投资的方式，通过一些项目的成功来抵消其他项目的损失，以实现在不同项目之间的风险分散。通过不同的工具分散投资到不同区域、不同行业和不同阶段。创业投资组合战略为创业投资分散化定义了三个维度：（1）投资区域分散化，（2）投资行业的分散，（3）投资阶段分散化。与证券投资组合理论一样，创业投资组合的构建也遵循以下原则：在风险一定的情况下，投资收益更高的项目；在收益一定的情况下，投资风险较低的项目。投资项目的筛选与评估是组合投资最关键的一环，一般来讲，在对项目进行选择时，要进行下面三个方面的工作：投资区域选择、投资行业选择、不同阶段的项目选择。

9.3.1 不同区域的交易结构设计

地区投资组合是指风险投资机构在不同地区对新创企业进行资金及增值服务的投资行为。风险投资机构往往选择与风险投资机构合作的区域，以降低其投资后的管理成本，并实现对风险投资机构的监管。但是，因为大部分创投机构和创投企业都位于那些经济比较发达的区域，所以创投机构对创投项目的竞争十分激烈，而其他区域的创投企业又很难获得创投资金。所以，在经济发展水平较高的区域内，风险资金的合理配置，就是风险投资机构在考虑到项目所需的资金与投入成本之后，作出的一种理性的决策。如今，许多风险投资机构都会与政府和地方风险投资机构进行合作，这样既能得到大量的本地项目资源，又能降低投资成本，很好地解决了因投资地区太集中而导致的竞争问题。

本节把广东省分为深圳和广东（除深圳）两个区域，这样可以更好地展示深圳风险投资的发展情况。图 9 - 2 所示为风险资本在国家范围内的地域分布，上海、北京和深圳是拥有最多创业投资机构的地区，其中分别有 2 013 个、1 887 个、1 328 个。与此形成鲜明对比的是，甘肃、宁夏、青海三地的创投机构相对较少。应该指出，尽管上海、北京、深圳这些城市的城市规模都不大，但它们在创业投资领域表现卓越，不仅在数量上领先，而且在创投生态系统的建设方面也具有显著优势。尽管上海、北京在 2016 年 GDP 中分别位列第 11 位和第 12 位，但是两个城市对创新、企业家精神的影响依然十分显著。与此同时，深圳拥有 1.13 万亿元的国内生产总值，仅比第 15 位的陕西稍高一些。但是，上海、北京、深圳的风险投资机构数目最多，所占比例都大于 48%，因此它们可以被视为中国的风险资本中心。

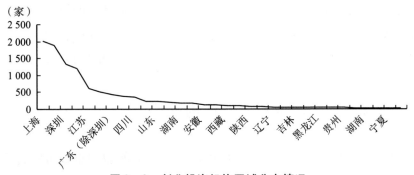

图 9 - 2　创业投资机构区域分布情况

资料来源：风险投资年报数据整理。

表 9 - 2　　　　　　　　　创业投资发展程度层次划分

层次类别	涉及的地区	创业投资机构总数（个）	创业投资机构占比（%）	活跃创业投资机构总数（个）	活跃创业投资机构占比（%）
投资中心	上海、北京、深圳	5 218	48. 22	621	68. 47
活跃地区	浙江、江苏、天津、广东（除深圳）、湖北、四川、重庆、山东、福建	41 410	38. 34	235	25. 10

层次类别	涉及的地区	创业投资机构总数（个）	创业投资机构占比（%）	活跃创业投资机构总数（个）	活跃创业投资机构占比（%）
欠发达地区	湖南、河北、安徽、新疆、西藏、河南、陕西、江西、辽宁、山西	10 105	10.12	42	4.63
落后地区	吉林、云南、黑龙江、广西、贵州、内蒙古、海南、甘肃、宁夏、青海	360	3.33	10	0.10
合计		10 822	100	1 007	100

资料来源：风险投资年报数据整理。

投资中心的资金管理规模达到了 4 466 亿美元，占全国管理资金总额的 73.23%。活跃地区的管理资金总量为 1 286 亿美元，占比达到 21.010%，而在欠发达和落后地区，这一比例仅为 5.68%。

假设对于区域类型 1，不同区域投资组合 R_l 是投资组合 $W_l = (W_1, W_2, W_3, \cdots, W_4)$，组合 R_l 的协方差 $\mathrm{Cov}(R_l, R_t)$（$t = 1, 2, \cdots, 4$；分别表示投资中心、地区、活跃地区、欠发达地区、其他地区；$t \neq 1$）。

其中，投资组合 $W_l = (W_1, W_2, W_3, \cdots, W_4)$ 表示以区域为变量的所有基于区域 1 的组合项目 R_l；W_l 表示第 1 个区域的项目 R_l 的投资额占投资组合 $W_l = (W_1, W_2, W_3, \cdots, W_4)$ 的总投资额比重。

9.3.2　不同行业的交易结构设计

行业组合要求创业投资机构将资金在不同的行业之间匹配。由于各个行业需要的专业知识和关系网络各不相同，每个创业企业所处的发展环境和技术周期也千差万别，这使投资不同的行业会面临不同的风险和收益。一般来说，创业投资机构会优先投资自己熟悉的行业，但有时为了学习新的知识并拓展自己的业务范围，创业投资机构也会采用跟投等方式进入自己不熟悉的行业。通过将投资分散到不同行业，可以减轻经济周期对投资的影响。此外，还可以同时投资于新兴行业和成熟行业，利用新兴行业高回报但不稳定的特点，以及成熟行业低回报但风险小的特点，实现风险的分散。另外，还可以通过投资不同产品的生命周期来分散风险，选择多个项目进行组合投资，降低总体风险。

创业投资通常涉及多个高科技项目，以降低风险，实现综合经济效益并确保资金回报。然而，在高科技产业中，技术对投资具有重大影响，这关乎着一笔投资是成功还是失败。所以，在投资组合时，应尽可能从不同的行业中选取项目，以降低这些行业间的技术风险关联度，并避免在同一个行业中出现多个行业间的竞争。创业投资不仅注入资本，更重要的是提供专业能力，包括对产业趋势的敏感性和正确的判断力，并具备对高科技项目进行评估、甄别和商业转化的能力。风险投资与高新技术行业有着紧密的联系，并以高新技术行业为重点。但是，由于各国、各区域在科技水平、风险资本市场发达程度等方面存在着差异，因此风险投资的区域也存在着明显的区域差异。企业的选择取决于投资者对该行业的了解程度和行业自身的特征。由于不同投资者在人才、技术、资金、管理经验和信息等方面存在差异，多数投资人都是基于其在特定行业中所具有的优势，或将其主要投资于其所熟知的行业。这样既可以减少因产业陌生造成的投资风险，又可以给被投企业带来更多的技术、市场和管理支持。因此，投资者需要在自己熟悉的领域进行专业化投资，并根据资本规模、人才结构和资源优势在不同行业间分散投资。从创业投资的产业结构来看，目前主要集中在知识密集型、技术密集型的产业，比如电子信息、新医药、新能源等。由于这类行业具有很高的风险和很高的失败率，但是如果成功了，就会获得很大的收益，所以更适宜风险资金的投资。需要注意的是，在组合投资中要考虑高科技项目与非高科技项目的结合。

假设对于产业类型 k，具有相同区域的投资组合 R_{kl}，是一个投资组合 $W_l = (W_{1l}, W_{2l}, W_{3l}, \cdots, W_{5l})$，组合 R_{kl} 之间的协方差 $\text{Cov}(R_{kl}, R_{sl})$

（$s=1$，2，$\cdots$，6；分别表示 IT、互联网、生物技术、机械制造、娱乐传媒、电子，$s \neq k$）。

其中，投资组合 $W_l = （W_{1l}，W_{2l}，W_{3l}，\cdots，W_{5l}）$ 表示第 l 个区域内所有基于产业 k 的投资项目 R_{kl}；W_{kl} 表示第 k 个产业，第 l 个区域的项目 R_{kl} 的投资额占投资组合 $W_l = （W_{1l}，W_{2l}，W_{3l}，\cdots，W_{5l}）$ 总投资额的比重。

9.3.3　不同阶段组合的交易结构设计

选择不同风险企业成长阶段进行组合投资。由于不同阶段的风险企业具有不同的资本需求、风险水平和投资回报率，因此需要在投资阶段进行巧妙的组合。投资阶段的组合实际上涉及创业投资公司的资产组合，其中资本的时间分布需要满足盈利性要求，并考虑到不同投资项目的风险性，同时也需要提高资产的流动性，以满足创业投资公司的运营需求。此外，根据创业投资公司的投资目标，及时调整长期、中期和短期投资的金额和比例，以维持适当的投资回报率，也是投资阶段组合的一部分。创业投资机构会在投资策略和风险分散的基础上，平衡资本的投入与回报之间的关系，将资金按比例分配到不同发展阶段，以实现最佳回报和投资组合的效益。

在创业的各个发展阶段，创业公司所面临的风险也是不一样的。通常来讲，早期的风险是最大的，而随着创业公司的不断成长，风险会逐渐减少。不过，初期的投资是最便宜的，而且往往会在初创公司继续发展的过程中逐步增加。这就导致了在创业投资的每个阶段，其投资的回报率都是不一样的。因此，创业投资机构必须在企业的不同发展阶段，分批地投入资本和管理资本，还可以在同一投资时间点，对处于不同发展阶段的创业企业展开组合投资，这样不仅能降低投资风险，还能满足创业投资机构的流动性要求。

根据《2016 年创业投资年鉴》，共有 44 105 家机构具有历史上的投资行为和单个投资数额。按照数据库中的分类，机构可以分为三类，分别是风险投资（VC）机构、私募股权（PE）机构和风险投资/私募股权（VC/PE）机构（见表9-3）。如果风险投资的平均单笔投资金额不超过100万美元，则被认为是早期风险投资；而如果超过100万美元，则被认为是中后期风险投资。由此，形成了四类投资机构。在早期阶段，只有11.1%的风险投资机构给予了足够的重视，这与早期的融资需求相比，显得非常不充分。与此同时，私募股权投资公司中有42.10%的人将目光投向了成熟期的公司，这是一个过热的行业。许多人都将自己的投资放在了不同的时期，尤其是成长和扩张的时期；其次为初期/发展阶段/扩展阶段；只有一小部分资金对各个时期的投资，覆盖了一个商业发展的整个时期。

表9-3 全国创业投资机构的类型

机构类型	数量（家）	占比
早期 VC 机构	501	11.1%
中后期 VC 机构	1 250	27.8%
PE 机构	1 929	42.9%
VC/PE 机构	815	18.1%
合计	4 495	100.0%

假设对于企业发展阶段 j，具有相同产业和相同区域的投资项目组合 R_{jkl} 是一个投资组合 $W_{kl} = (W_{1kl}, W_{2kl}, W_{3kl}, \cdots, W_{6kl})$，组合 R_{jkl} 之间的协方差 $\mathrm{Cov}(R_{jkl}, R_{rkl})$（$r = 1, 2, \cdots, 5$；分别表示企业发展的种子、创建、成长、扩张和成熟期；$r \neq j$）。

其中，投资组合 $W_{kl} = (W_{1kl}, W_{2kl}, W_{3kl}, \cdots, W_{5kl})$ 表示第 l 个区域内，第 k 个产业，所有基于企业发展阶段 j 的组合项目 R_{jkl}；W_{jkl} 表示企业第 j 个发展阶段，第 k 个产业，第 l 个区域的项目 R_{jkl} 的投资额占投资组合 $W_{kl} = (W_{1kl}, W_{2kl}, W_{3kl}, \cdots, W_{6kl})$ 总投资额的比重。

9.3.4　创业投资组合的交易结构设计

对于投资项目 i，企业相同发展阶段、相同产业和相同区域的投资项目 R_{ijkl} 是一个投资组合 $W_{jkl} = (W_{1jkl}, W_{2jkl}, W_{3jkl}, \cdots, W_{njkl})$，$R_{ijkl}$ 之间的协方差 $\mathrm{Cov}(R_{ijkl}, R_{njkl})$（$m = 1, 2, \cdots, n$）（$m \neq i$）。

其中，投资组合 W_{jkl} 表示企业第 j 个发展阶段，第 k 个产业，第 l 个区域内所有的项目组合，第 i 个项目的投资额占投资组合 $W_{jkl} = (W_{1jkl}, W_{2jkl}, W_{3jkl}, \cdots, W_{njkl})$ 总投资额的比重。

9.4　组合设计的收益及风险分析

X_{ijkl} 为 $0-1$ 型自变量，表示企业第 j 个发展阶段，第 k 个产业，第 l 个区域，第 l 个创业投资项目的决策变量。U 表示投资组合的期望收益率；σ^2 表示投资组合的方差，也就是投资组合的风险。

U_{ijkl}：$U_{ijkl} = E(R_{ijkl})$，表示企业第 j 个发展阶段，第 k 个产业，第 l 个区域，第 l 个创业投资项目收益率在相应概率分布时的期望收益率。

σ_{ijkl}^2 表示企业第 j 个发展阶段，第 k 个产业，第 l 个创业投资项目收益率在相应概率分布时的方差。

λ 表示创业投资中投资者的风险偏好程度，λ 越小表示投资者越厌恶风险，λ 越大表示投资者越偏好风险，$0 \leqslant \lambda \leqslant 1$。

9.4.1　确定组合投资设计的收益

金融理论通过考虑收益和风险两个方面来描述金融资产的本质。同样，一个实际工程的报酬可以用它的报酬来测量，而这个报酬的不确定和波动就是风险。把投资项目的投资回报率看作是一种随机变量，对投资项目的投资收益与风险进行了衡量。在此基础上，对多个项目进行平均、方差的权重计算，从而得到投资组合的收益与风险。所以，对投资项目的收益与风险进行分析就成为一个重要的课题。在投资之前，投资者必须对有价证券未来一段时间的收益作出估计，并据此决定有价证券的预期收益与风险。这些估计是在金融市场中运用证券组合理论的关键。

在同一区域，企业第 j 个发展阶段，第 k 个产业，第 l 个区域所有项目的期望收益率为：

$$U_{jkl} = \sum U_{ijkl} \times W_{ijkl} \times X_{ijkl} = \sum E(R_{ijkl}) \times W_{ijkl} \times X_{ijkl}$$

在同一行业内，第 k 个产业，第 l 个区域所有项目的组合期望收益率为：

$$U_{kl} = \sum U_{jkl} \times W_{jkl} \times X_{ijkl} = \sum E(R_{jkl}) \times W_{jkl} \times X_{ijkl}$$

在同一阶段的各种项目中，第 l 个区域所有项目的组合期望收益率为：

$$U_l = \sum U_{kl} \times W_{kl} = \sum E(R_{kl}) \times W_{kl}$$

综合区域、行业、阶段等因素，表示总投资项目的组合期望收益率为：

$$U = \sum U_l \times W_l = \sum E(R_l) \times W_l$$

9.4.2 组合设计的风险衡量

1. 一般的组合风险的衡量指标

$$S_p = \sqrt{\sigma_\rho^2}$$

2. 组合投资的风险

（1）协方差：刻画变量间的关系。

（2）相关系数：相关系数为 $-1 \sim 1$。如果两者之间的相关性为 -1，则说明两者之间存在着一种完全的负性关系，也就是两者之间的收益率变动方向与幅度是相反的。如果两者之间的相关性为 $+1$，说明两者之间的相关性是完美的，也就是两者之间的相关性是一致的。而在相关系数为 0 的情况下，表示两项资产之间没有线性相关性，即它们的收益率变化不具有明显的关联。

表 9-4　　　　　　　　　　　相关系数与风险分散情况

相关系数 r_{12}	组合的标准差 σ_2（以两种证券为例）	风险分散情况
$r_{12} = 1$（完全正相关）	$\underset{\sim}{\sigma_2} = A_1\sigma_1 + A_2\sigma_2$ 组合标准差 = 加权平均标准差	$\underset{\sim}{\sigma_2}$ 达到最大 组合不能抵消任何风险
$r_{12} = -1$（完全负相关）	$\underset{\sim}{\sigma_2} = \mid A_1\sigma_1 - A_2\sigma_2 \mid$	$\underset{\sim}{\sigma_2}$ 达到最小，甚至可能是零 组合可以最大限度地抵消风险
$r_{12} < 1$	$\underset{\sim}{\sigma_2}$ < 加权平均标准差	资产组合可以分散风险，但不能完全消除风险

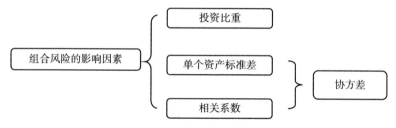

图 9-3　组合投资的风险影响因素

3. 不同组合投资的风险测量

在同一区域，所选择的具体项目不同，企业第 j 个发展阶段，第 k 个产业，第 l 个区域所有项目的方差为：

$$\sigma_{ijkl}^2 = \sum (W_{ijkl} \times X_{ijkl})^2 \sigma_{ijkl}^2 + \sum (W_{ijkl} \times X_{ijkl})$$
$$\times (W_{mjkl} \times X_{mjkl}) \mathrm{Cov}(R_{ijkl}, R_{mjkl})$$

在同一行业，第 k 个产业，第 l 个区域所有项目的组合方差为：

$$\sigma_{ijkl}^2 = \sum (W_{ijkl} \times X_{ijkl})^2 \sigma_{ijkl}^2 + \sum (W_{ijkl} \times X_{ijkl})$$
$$\times (W_{mjkl} \times X_{mjkl}) \mathrm{Cov}(R_{ijkl}, R_{mjkl})$$

在同一阶段的各个项目中，第 l 个区域所有项目的组合方差为：

$$\sigma_l^2 = \sum W_{kl}^2 \sigma_{kl}^2 + \sum W_{kl} \times W_{sl} \times \mathrm{Cov}(R_{kl}, R_{sl})$$

综合区域、行业、阶段等因素，表示总投资项目的组合方差为：

$$\sigma^2 = \sum W_l^2 \sigma_l^2 + \sum W_l \times W_t \times \mathrm{Cov}(R_l, R_t)$$

9.5 小　　结

一个有效率的资产组合应当具备两个条件。第一，在一定的风险下，该资产组合能够获得最大的期望回报。也就是说，在风险相等或者更小的情况下，没有其他可能获得同样的回报。第二，当期望报酬率已知时，投资组合的风险等级是最低的。也就是说，没有其他可能产生与期望报酬率相当甚至高于期望报酬率，但风险等级却与期望报酬率相当。

若投资者只对单一证券进行投资，则其投资范围有限，无法保证得到最佳的投资机会。为提高投资成功率和降低风险，投资者可以采取多样化的策略，即把自己的资金按照一定的比例，分别投入不同种类的资产中，即投资组合。在创业投资中，同样也有相同的理念，即以组合方式进行投资，这样能创造出更多的投资机会，进而降低总体风险。

第10章 创业组合投资的风险分析

在创业投资中，高风险和高收益并行不悖，但这并不意味着风险投资对风险是放任自流的。在实际的创业投资中，创业投资家总是竭力控制和降低投资风险，在收益尽可能大的情况下选择使风险最小的策略。而构建投资组合成为控制风险的最常用方式，通过构建投资组合的方式来进行风险分散，即将资金按照不同的比例对不同的投资项目进行投资，使其形成一个最优组合，当回报不变时，风险最小化，或当风险不变时，回报最大。事实上，风险投资中的资产组合问题，既是资产组合理论在风险投资中的具体应用，也是现代财务理论在风险投资中的崭新发展与运用。本章将对组合投资过程中的风险进行详细分析。

10.1 创业组合投资风险类别

10.1.1 投资对象风险

创业投资不同于传统投资，通常情况下，将初创企业划分为五个阶段，分别是种子期、创立期、成长期、扩张期、成熟期。创业投资者在对企业不同阶段的投资中所面临的风险与预期收益都有所不同。按照组合投资的要求，创业投资公司需要投资不同阶段的创业企业从而达到分散风险的目的，但创业投资的投资项目一般都集中在新兴行业，科学技术处于同期的前沿，因此对种子期、创立期、成长期企业的投资比重一直都比较大，这也是由创业投资者追求高额回报的偏好所决定的。但是，在传统的投资中，不管是对证券投资还是对产业投资，它的风险和收益水平一般都是以历史数据为基础来计算的，也就是用历史收益的平均值来计算未来收益的期望值。采用过去与市场收益的相关程度来估算未来的风险，因此就需要具有一定经营历史的企业。创业投资的投资对象一般都是刚起步的创新企业，这与传统投资的投资对象存在一定的差异，经营业绩的数据获取就成为创业投资的一个难题。组合投资选择投资对象时，由于投资对象的特殊性，无法得到相关的数据作为参考，从而无法具体衡量投资组合的风险收益，进而无法确定组合投资对整个创业投资的风险分散程度。

在项目建设过程中，对建设项目的经济效益进行了评估，并对其进行了风险分析。根据这一概率分布，可以明确项目投资效益评估指数的具体值及达到这一值的可能性。如果给出项目投资的经济评价指标与累积概率的关系曲线，就可以得到风险发生的全部信息。这样，决策者就可以更容易地作出决策，理解并采取适当的措施，从而为理性决策提供依据。但是，由于风险投资主体不能向创投企业提供特定的信息，使创投企业的风险分担变得更加困难。

10.1.2　投资方式风险

创业投资公司主要通过普通股、优先股以及债券等方式参与投资。与传统投资不同的是，创业投资不仅提供资金，还通过各种方式参与创业企业的管理，因此绝大多数创业投资公司投资的方式都是股权投资。我国创业投资公司一般通过参与董事会、提供管理咨询、派驻财务人员、派驻高层管理人员等方式参与创业企业管理。组合投资理论认为，分散风险需要增加投资组合中项目的数量，减小彼此的相关性，最终达到降低风险的作用。在这里，创业投资需要选择不同的投资方式降低整个组合收益的不稳定性。但不同的投资方式意味着不同的参与程度，其中股权投资参与程度最高，能够参与企业的管理，优先股其次，债务投资参与度最低。

组合投资理论对应的传统投资表现方式更加消极，通常他们不会参与到创业企业的经营活动中，但创业投资者会以多种方式对创业企业经营过程中的风险进行规避，盲目地选择不同的投资方式来分散风险可能反而会降低整个组合的收益，增加组合的不稳定性。

10.1.3　投资组合风险

投资组合理论指出，合理的构造投资组合能降低整个组合的风险，但无论投资组合包含多少投资项目，投资风险都无法完全避免，组合始终面临一定的风险。这部分风险称为系统风险，它与项目数量的关系见图 10 – 1。

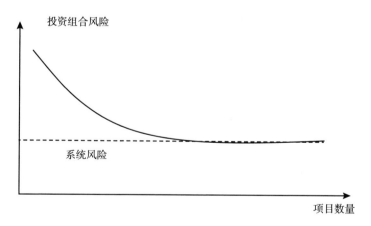

图 10 – 1　投资组合风险与组合项目数量关系

组合投资理论认为投资者能通过分散化投资最大限度地降低组合风险，最终使组合的非系统风险降为零。在以消极投资方式为主的传统投资市场，组合投资理论是十分有意义的，但对于以积极投资方式为主的创业投资市场，一味地使用组合投资理论来进行投资，有可能会适得其反。创业投资的高回报率需要高风险来支撑，整个创业投资的过程也是一个企业发展的过程，需要考虑到企业的各个阶段的配合，而不是单独的某一个阶段。创业投资面临着企业各个阶段不同的风险，在使用组合投资进行风险分散时，也要考虑到创业投资的特殊性，对于创业投资与组合投资的关系还需要进一步研究，从而构造出创业投资的组合投资模型。

10.1.4 指标选取风险

创业投资有高风险、高收益的特征，而创业企业在不同的阶段会表现出不同的风险收益特征，故与传统的投资相比，创业投资具有复杂性、动态性与协同性的特点。利用组合投资的方式对创业投资进行风险控制，理论上可以达到消除非系统风险，降低总风险的作用。对于创业投资公司来说，创业投资公司会定期对投资组合内的项目进行主观的评估，并根据项目的表现对投资组合进行调整，但投资组合也会因此产生新的风险。

投资组合理论是研究在成熟的证券市场中证券风险与收益之间的关系。前提是市场具有很高的流动性，投资者可以在市场上随时买卖证券。使证券投资组合能随时满足最优投资组合。然而创业投资作为一种长期投资方式，具有更复杂的投资周期，而且在创业投资项目取得成功前，外界无法提供一个环境供创业投资公司进行合理定价。创业投资项目的这些特征使它不具备普通投资项目的风险收益特征，因此当创业投资公司对投资组合进行调整时会产生新的风险。用传统的投资组合理论中的风险收益指标来对创业投资项目进行风险控制会有一定的局限性。

10.2　创业组合投资风险来源

10.2.1　源于环境风险

我国的创业投资业正处于机遇与挑战并存的阶段。但目前我国的创业投资业仍存在很多问题。

首先，创业投资业发达的国家中，创业投资家的融资对象比较宽泛，囊括了全部的机构、富裕家庭及个人。在美国，民间资金已经占据创业投资总额的 70%，而我国的创业投资资金主要来源于政府投入，占比约 80%。作为主要的基金，我国每年的投资额度仅占国内生产总值的 0.6%，与美国、日本相比差距很大。

其次，我国创业投资业面临着退出渠道不通畅的风险。高额投资收益是创业投资的主要目的，若没有高效便利的创业投资退出渠道，创业投资就无法实现资金的增值，进而影响到投资者获得的最大投资回报和创业投资的连续运作。一般来说创业投资有 IPO、回购、并购、清算四种退出方式。其中 IPO 的效率最高，然而在我国由于股票市场对于公司设置的上市门槛较高，对于高科技企业而言，通过股票市场实现 IPO 相对较难，国内的创业投资公司通过 IPO 退出的成本过高。寻求破产清算是创业投资公司的无奈之举，若投资不成功，创业投资公司需要通过破产清算的方式退出，但目前我国并不具备相对完善的与破产相关的法律与政策。《破产法》中的一些条例对创业企业不具有法律效力，甚至有的条例与创业投资完全相背离。这种环境下，我国的创业投资公司在退出时会面临更大的风险。

再次，我国创业投资业面临着外部环境的风险。完善的外部环境是创业投资业运行的前提条件，我国创业投资业的外部环境经过一段时间的努力已经有了相当大的改善，但在一些地方仍不能满足创业投资业发展的需求，甚至已成为阻碍创业投资业的弊端。创业投资本身是一种市场行为，从各国的发展历史来看，创业投资离不开政府的支持，但结合我国体制与政策环境的实际情况来看，我国已形成科研经费由政府或者行政主管部门拨发的局面，同时在政策扶持方面和税收优惠方面，我国在创业投资发展的税收优惠体制方面还有待进一步完善，政府在资本供给上更重视国有企业，对中小企业和创业企业发展面临的资金问题还需要加强重视；在法律环境方面，目前我国的创业投资业存在着法律真空和法律错位，应加强组织机构设立、注册登记、投资审批、资金募集、推出套现、税收管理到国内金融的准入许可等方面的法律规制；从文化环境方面，我国还要进一步完善创新和创业的环境，比如解决高发的经济诈骗；同时，当前投资者过度要求控股的心态与创业投资最初的设想存在一定的矛盾，使创业投资的这种合作在某种程度上进入了误区，阻碍创业投资的发展。

最后，我国创业投资业面临着人才和技术的风险。技术是风险企业发展的基础，但我国的技术市场发展仍不够成熟，科研人员和生产者之间缺少技术商品化转让的竞争，技术经纪人的培养、技术成果的开发转让及生产力的转化都落后于发达国家。同时，创业投资是一门特殊的行业，涉及评估、投资、审计、法律、金融等多门学科，还需要成熟高水平的管理。因此，创业投资家需要的是具有强烈的创新意识和创新能力，而且有较强的领导管理能力和敏锐的洞察判断能力的复合型人才，但我国缺少真正懂创业投资的人才，具有实际操作能力的人更少，创业投资人才和创业企业家的缺少是我国创业投资业面临的一大风险和问题。创业投资行业的整体环境必然会影响到整个创业投资的组合投资风险。

10.2.2 源于创业企业

近些年，由于国家大量的创业政策支持，法律不断完善，创业环境逐渐成熟，吸引了大批刚毕业的年轻人、海归人士以及企业高管参与创业。同时，科创板的出台，进一步增强了创业企业迅速成长的潜力，这更让创业者有了更加明确的目标，希望自己的企业能够成为下一个独角兽。可现实是残酷的。据统计，中国的创业企业的平均存活年限低于三年。这说明项目本身并非企业倒闭的唯一原因，创业者对自身企业可能面临的风险没有清晰的认识，以及没有风险管理工具加以应对，以至于项目无疾而终。因此，创业企业者应时常警惕企业可能面临的财务风险，提高管理水平，这样企业才能行稳致远。

创业企业的风险管理水平也会成为组合投资的风险源。(1) 创业企业者一般缺乏专业的财务素养，容易忽略对财务风险的管理。一般而言，创业者一般对某一特定的领域具有充足的知识储备和超前认知或者拥有丰富的资源，然后基于此开始创业，但创业者本身不了解财务相关知识，在创业初期又会花费大量的精力在业务领域，以至于忽视了企业的财务管理；此外，还存在财务管理基础薄弱、财务管理机制不健全等问题。创业企业最开始主要由核心成员构成，各个成员都具备出色的专业技术和业务水平，但由于前期资金有限，往往会出现成员身兼数职的情况，在企业财务上往往会侧重于税务及账务的处理，而弱化财务管理，缺乏对财务风险的把控。(2) 融资决策缺乏科学性。在我国，一些创业者对财务管理以及财务风险的控制主要基于主观意见以及经验进行决策，缺乏科学依据，认为只要路演成功，就能得到 VC 的青睐，那么企业就能快速成长，而未认真考虑企业在扩张中的实际资金需求量、背后可能的财务风险以及如何防范。(3) 对支持政策的理解还不够。在我国，针对创业已经制定了很多的扶持政策，但各个部门在扶持创业企业方面的侧重点不相同，因此对于企业是否符合政策的标准也存在差异。因为创业者自身也很难对企业符合的扶持政策进行判断，所以也就会丧失一些政策支持和曝光的机会。(4) 创业投资中收入分配的不合理性。因为初创公司的融资需求很大，所以很有可能把公司的大部分或者所有收入再投资到公司，而没有把钱分给投资者或者员工。因此，对上市公司的员工进行股权激励是十分必要的。

除此之外创业企业还会面临多方面的挑战。

首先，创业企业可能会面临项目价值不同的挑战。在当前高科技产业蓬勃发展的背景下，各国经济受到科技型企业的显著影响。在众多科技企业和项目竞相涌现的情况下，由于经营者的能力和市场等多种因素的影响，科技企业和项目的价值可能存在差异。部分创业项目根本不符合当前市场的发展，创业投资企业在筛选项目时，必然会对优质项目进行考量，如果在筛选的项目中，出现高比例的亏损情况，其整体投资效果也会不尽如人意，即便存在一些优质项目，其积极影响也是非常有限的。因此，在风险管理中，项目的含金量风险是一种特殊风险，寻找有前景的创业企业也是创业投资公司需要解决的难题。

其次，创业企业可能会面临技术风险的挑战。对于科技型企业来说，其核心竞争力在于技术水平。技术水平的高低直接影响着企业产品的质量，这也是创业者面临的一个重大挑战。在科技型企业的经营中，技术方面的投资往往占很大一部分。当这种竞争优势消失时，企业将会遭受巨大的损失。所以，技术层次风险是高科技企业面临的一种比较特殊的风险。

再次，创业企业可能会面临管理层能力问题的挑战。高科技型产业的发展对技术水平和管理水平都提出了极高的要求。在科技型企业的发展过程中，从研究与开发到成本控制，再到制造与销售，每一个环节都是关键。管理团队是一个综合素质较高的团队，它既有专业技能，也有管理理念，更有管理经验。另外，由于公司的管理层经常和新创公司的投资人有直接的接触，所以其是否胜任也会对公司造成很大的影响。

最后，创业企业面临着发展风险。在规避了前面几种风险后，企业面临着进一步开拓市场、持续发展等问题，在管理层有能力管理公司时，还需要考虑未来的发展战略以及因此带来的一系列不确定性，在管理好公司的前提下，能否发展好它。

10.2.3　源于主体偏好

在创业企业家与创业投资者签订投资协议后，创业投资者将专注于产品的研发和上市，同时在创业投资者的协助下进行企业经营和管理。作为委托人的创业投资者与作为代理人的创业企业家对项目本身可能会存在信息不对称问题。创业企业家有时可能会出于个人利益而采取行动，这些行动可能有损于创业投资者的利益，构成创业企业家的道德风险。如果不对创业企业家的行为进行适当监督，投资者可能难以实现预期的回报，甚至可能导致更大的经济损失。因此，分析创业投资项目中的道德风险并采取预防措施，不仅有助于最大程度地保护创业投资者的利益，也有助于确保投资项目的顺利进行，这具有重要的意义。

另外，我国的创业投资者水平参差不齐，创业投资又属于高风险投资。因此，在创业投资过程中，由于创业投资者和创业企业家各自扮演不同的角色，导致信息不对称问题。首先，创业企业家通常掌握着关键信息，如产品研发情况、企业利润水平以及核心技术等，而创业投资者的信息获取主要依赖于财务报表，难以获得这些重要信息。因此，创业企业家可能更加偏向于维护自身利益而忽略创业投资者的利益。其次，对于创业企业家来说，创业企业不仅是谋取利益的工具，还代表了他们辛勤努力和智慧的结晶。他们渴望取得名利双收，为了实现个人价值，甚至可能将创业投资者的资金投入市场前景不佳但创业企业家抱有较高期望的项目中。最后，在创业企业陷入亏损并且创业投资者应当退出时，为了避免创业企业破产清算，创业企业家可能会采取各种手段让创业投资者相信企业仍有利可图，导致创业投资者错失了最佳的退出时机。这些情况都增加了信息不对称问题。

10.2.4　源于投资项目

创业投资将创业项目的价值实现视为一个系统，不管是创业企业家，还是对其投资的创业投资公司，他们是否能够获得创业的技术经济价值和风险资本的经济价值，都取决于创业企业的创业过程是否已经完成。实现该技术经济价值周期的长度取决于一家企业的发展进程，如果在这个过程中有一项风险没有得到很好的防范和控制，或者没有对系统性风险进行有效的控制，那么就不能实现创业投资的价值。在此基础上，建立在技术经济价值的实现体系中，风险与回报的选择性基础上，形成了高风险的特征。

创业投资公司的创业投资项目成功率相对较低。创业投资者需要挑选的投资项目各式各样，所产生的专利基数较大，但最终能转化成有利润的项目却相对甚少。因此，寻求同时具备市场前景与核心技术的创业企业绝非易事，而创业投资者在处理该类问题时会面临成功率低的风险。

创业投资公司在进行创业投资时通常会选择组合投资或联合投资，但在创业投资的组合投资中，由于环境、创业企业自身、投资者等多方面的因素，也会面临一定的风险。例如，组合投资中包含国际投资组合时，由于国内缺乏专门的海外投资风险评估机构来协助海外投资企业进行对海外投资项目的可行性评估，企业在评估某个项目在国外的发展前景时受自身水平和信息渠道等因素的限制，使其难以作出准确的判断，有时甚至因为某些海外企业未充分开展前期调查工作，导致项目在后期出现亏损，这在一定程度上并没有达到组合投资分散风险的目的。而且组合投资风险产生一方面也是因为投资者认知能力的局限和客观事物的不可测性，因此组合投资风险具有很强的隐蔽性。一般的创业投资者容易将组合投资当作创业投资中分散风险的重要方法，而忽略组合投资也面临着一定的风险。

创业投资是一个复杂的系统工程，由于其所涉及的项目往往存在较大的不确定性，且缺少可借鉴的类似或历史数据，难以对其进行量化评估。在很多时候，只有定性的评估才能进行，而且往往要依靠专家的判断方法。但是，在风险投资中，由于信息的非对称性，创业者往往具有信息上的优越性。为了自己的利益，政府或会对资讯流动加以限制，或会散布虚假资讯，造成资讯不透明。虽然评估人员可能会通过提问等方法获得某些信息，但是他们获得的信息往往是不全面、不精确的。另外，由于评价人员的主观因素，评价结果并不完整。在此基础上，本书提出了一种基于"半可知、半不可知"的全过程投资风险分析方法。这就使证券市场上的风险更大、更隐蔽，从而使创投企业面临更大的风险。

在创业过程中，创业投资项目的风险会随着时间发生变化，存在的风险具有动态性。一般来说，创业投资项目主要有市场风险、管理风险、生产风险、发展风险等，随着创业投资项目发展的不同环节，具体风险的主导性质是不同的，这种创业投资项目的动态风险性也影响着创业投资。

10.3　创业组合投资风险分析方法

10.3.1　损失期望值法

在创业投资中，对投资项目的未来收益损益可通过概率预测进行估计。对收益率及概率的预测，可以得出期望收益率：

$$E(r) = \sum_{i=1}^{n} x_i p_i$$

其中，x 表示项目的收益率，p 表示该收益率发生的概率。

风险通常定义为未来收益发生的不确定性，用方差 δ^2 或标准差 σ 来表示：

$$\delta(r) = \sqrt{\sum_{i=1}^{n} \left[x_i - E(r) \right]^2 \times p_i}$$

假设某一投资组合包括 n 个不同的投资项目，第 i 个项目的权重为 $w_i(i=1, 2, \cdots, n)$。那么该投资组合的期望收益率可表示为：

$$E(R_p) = \sum_{i=1}^{n} w_i R_i$$

该组合的标准差为:

$$\delta_p = E[R_P - E(R_p)]$$

$$= E\left\{ \sum_{i=1}^{n} w_i [R_i - E(R_1)] \right\}$$

$$= \sqrt{\sum_{i=1}^{n} \sum_{j=1}^{n} w_i w_j \delta_{ij}}$$

损失期望值法用来评价投资项目发生风险的概率以及可能的损失,算出项目的风险损失期望值,并用期望值去度量项目风险。

10.3.2 模拟仿真法

模拟仿真法是用数学模拟或系统模型去分析和度量风险。具体可以采用价值风险(VaR)方法进行度量。VaR 是市场正常波动情况下,在特定的置信水平下,投资或投资组合在一定持有期内可能遭受的最大潜在损失。其用数学表达式为:

$$p(\Delta p < -\text{VaR}) = 1 - c$$

其中,$\Delta p = p_{t+\Delta t} - p_t$ 表示组合在未来持有期内的损失价值,c 是置信水平,VaR 表示在 c 的置信水平下投资组合的在险价值。

计算 VaR 的方法很多,比如历史模拟法、蒙特卡洛模拟法等,计算 VaR 的关键在于得到 Δp 的概率分布。假设 Δp 的密度函数为 $f(r)$,则可以得到:

$$1 - c = \int_{-\infty}^{-\text{VaR}} f(r) d(r)$$

其中,有多种方法确定 Δp 的分布,主要包括收益率映射法和历史模拟法。在收益率映射法中,由于金融资产价格序列的不稳定性,而收益序列相对稳定,因此通常使用收益率的概率分布来分析投资组合在未来的损益变化情况。在分析某一个初始值为 p_0、在持有期 Δt 内的投资收益率为 R 的组合,假设 R 的分布已知,其期望收益率和标准差分别为 μ 和

σ，则该组合的期末值 $P = P_0(1 + R)$，P 的期望值为：$E(P) = P_0(1 + \mu)$，组合价值为 $\mathrm{VaR}\Delta P_A = P - E(P) = P_0(R - \mu)$。

历史模拟法是可采用的一种方法，它通过分析过去某一时期内各个风险因子的变化分布和情景来描述这些风险因子未来的变化和分布情况。然后，通过建立风险因子与资产组合价值之间的关系映射，模拟出资产组合未来可能的损益分布，以计算在给定置信度下的 VaR。假设某资产组合的价值为 $V(t)$，受资产收益率 $r(t)$ 的影响，$t < 0$ 表示过去时刻，$t = 0$ 表示现在时刻，$t > 0$ 表示未来时刻，则有 $V(t) = V[r(t)] = P_0[1 + r(t)]$。同理组合的当前价值为 $V_0(t) = P_{-1}[1 + r_0(t)]$。通过选取历史数据，模拟风险因子的可能取值，即 $\Delta r(-t) = r(-t+1) - r(-t)$，用当期 $r(0)$ 作为基础值，分别加上 $\Delta r(-t)$，求出未来的 T 个 r 的可能值。通过历史数据模拟出的收益率序列 $r(t)$ 求出该组合未来的可能损失值，即 $\Delta V_t = V_0 r(t)$，并将其按从大到小进行排序，即求出组合的未来损益分布，假定置信水平为 c，则选取上述分布的第 $cT + 1$ 个值，即为组合在置信度 c 下的 VaR 值。

10.3.3　专家决策法

专家决策法是项目风险度量中常用的一种方法，通常可以替代前面提到的其他方法。例如，在估量项目的成本风险、工期风险以及质量风险等方面，专家们的经验通常是可靠的，他们运用自身的专业知识和经验来度量项目的各种风险往往是准确的，有时甚至比通过模拟和数学计算得出的结果更可信。此外，对于许多项目，需要提供高、中、低三种项目风险概率以及不同风险损失程度的数据，要求精确度较低，因此采用专家决策法获取风险度量数据通常是可行的，而且数据可靠。专家决策法的专家经验可以通过多种途径获得，如向有类似项目经验的专家请教，查阅历史项目相关资料等。

10.3.4 条件风险价值法

1997 年阿尔茨纳（Artzner）提出一致性风险度量（conditional value at risk，CVaR）克服了 VaR 次可加性、凸性以及尾部测量的局限性。CVaR 是指在一定的置信水平下，损失超过 VaR 的条件期望。

$$CVaR_\beta = E[f(x, y) | f(x, y)] \geq VaR_\beta$$

由上式可知，CVaR 只有在给定持有期和置信水平下才有意义，并且 CVaR 的值要大于 VaR 的值，对风险的估计更为保守。

由 CVaR 的定义得到正态分布下的计算公式：

$$CVaR_\beta = c_2(\beta)\sigma_x - \mu_x$$

其中，$c_2(\beta) = \dfrac{\phi[\Phi^{-1}(1-\beta)]}{1-\beta}$。

10.4 创业组合投资风险分析实证

在投资过程中，风险与回报是一对相互制约的关系，因此这是一个不变的主题。一般而言，高回报、低风险是投资者始终追求的目标，而现代证券组合理论则对投资者的这种心理进行了全面的分析，从而确立了多样化的投资理念。本章在马科维茨（Markowitz）投资组合理论的基础上，引入熵指数作为风险分散化程度的度量，利用主成分分析法（PCA），通过构建均值－分散优化模型，进一步探讨组合投资风险分散化效果。

10.4.1 模型理论及方法

1. 投资组合的收益率

假设对 n 只资产进行投资组合，投资组合预期收益率为 r_p（i 为 n 只资产中的任意一只），则：

$$r_p = \sum_{i=1}^{n} w_i r_i \qquad (10.1)$$

其中，r_i 为第 i 只资产的收益率；w_i 为 n 维向量，代表组合中投资时限内资产的投资权重，该投资组合的收益率 $E(r_p)$ 就是每只资产的收益率与权重之积的累加：

$$E(r_p) = E(w_1 r_1 + \cdots + w_n r_n) = w_1 E(r_1) + \cdots w_n E(r_n) \qquad (10.2)$$

则组合预期收益 $E(r_p)$ 可以写为：

$$E(r_p) = \sum_{i=1}^{n} w_i E(r_i), \quad \sum_{i=1}^{n} w_i = 1 \qquad (10.3)$$

其中，w_i 是资产 i 的投资权重，$E(r_i)$ 是资产的预期收益率。

2. 投资组合的风险

马科维茨在其投资组合理论中，以方差来度量投资风险的大小，即资产收益与其收益率偏离数的平方的期望：

$$\sigma_p = E[r_i - E(r_p)]^2 \qquad (10.4)$$

引入相关系数以量化两个收益之间的相关性，设 ρ_{ij} 表示证券 i 和证券 j 收益率之间的相关系数，则有：

$$\rho_{ij} = \frac{\text{Cov}(r_i, r_j)}{\sigma_i \sigma_j} \qquad (10.5)$$

将组合方差 σ_p^2 和协方差 $\text{Cov}(r_i, r_j)$ 用 σ_{ij} 表示，则式（10.4）可表示为：

$$\sigma_p^2 = \sum_{i=1}^{n} \sum_{j=1}^{n} w_i w_j \sigma_{ij} \qquad (10.6)$$

对其开方得到标准差，得到：

$$\sigma_p = \sqrt{\sum_{i=1}^{n} \sum_{j=1}^{n} w_i w_j \sigma_{ij}} \qquad (10.7)$$

该标准差被广泛用来作为投资组合风险的量化标准，设 $\sum$ 为资产收益之间的协方差矩阵，则投资组合风险 $\text{Var}(r_p)$ 为：

$$\mathrm{Var}(r_p) \; = \; \sum_{i=i}^{n} w_i w_j \sum \qquad (10.8)$$

对于各资产之间不相关的投资组合，组合风险可表示为单个资产风险源引起的风险的叠加：

$$\mathrm{Var}(r_p) \; = \; \sum_{i=1}^{n} w_i^2 \mathrm{Var}(r_i) \qquad (10.9)$$

资产组合中的风险往往是多个风险指标共同作用的结果，而它们的相关性又不能被直接判定，所以有必要将它们的相关性转化为线性不相关的问题，也就是用几个风险指标来解释收益率的方差 – 协方差结构，从而保持了原变量中较多的风险信息，并保持了它们的线性不相关性。

3. 主成分分析（PCA）

主成分分析是将一系列相关的指标重新组合成新的线性无关的指标组合，是研究各变量间的内在关联性、探索数据的基本构造、简化数据的一项重要技术。投资组合风险包含了一组不相干的风险，利用主成分分析法将它们分解开来。PCA 法对收益率协方差对称方阵进行特征分解，再通过正交变换，将其转换成新的坐标体系——超平面，也就是 n 维欧式空间里余维度为 1 的线性子空间。最大的危险源被投射到了第一个坐标（第一个主成分组合），而第二个危险源被投射到了第二个坐标，每个坐标都尽量代表了最大的危险源数据，并且危险会随着坐标维的增加而降低。为引入 PCA，对式（10.6）的组合风险可以写为：

$$\sigma_p^2 = \sum_{i=1}^{n} \sum_{j=1}^{n} w_i w_j \sigma_{ij} = [w_1, w_2, \cdots, w_n] \begin{bmatrix} \sigma_{11} & \cdots & \sigma_{n1} \\ \vdots & \ddots & \vdots \\ \sigma_{n1} & \cdots & \sigma_{nn} \end{bmatrix} \begin{bmatrix} w_1 \\ w_2 \\ \vdots \\ w_n \end{bmatrix}$$

$$= w^T \sum w = \mathrm{Var}(r_p) \qquad (10.10)$$

由于协方差矩阵 $\sum$ 是正定对称矩阵，且除对角线元素以外全部为 0，以及是标准正交矩阵，对收益协方差矩阵 E 进行分解：

$$\sum = E^{T}AE \qquad (10.11)$$

其中：$A = \mathrm{diag}(\lambda_1^2, \lambda_2^2, \cdots, \lambda_n^2)$ 是收益协方差矩阵的特征值向量，对应元素的值为降序排列，$E = (e_1, e_2, \cdots, e_n)$ 是对应的特征向量，其值大小同样是降序排列，经过分解后 $(e_1, e_2, \cdots, e_n)$ 称为主成分组合的载荷向量，A 元素的开方 λ_i 即表示第 i 主成分组合的波动率，其大小依次递减。

设分解前投资组合的投资权重向量为 w_n，则分解后投资权重可以表示为：

$$\overline{w}_n = E^{-1}w_n \qquad (10.12)$$

一些经济学家发现，金融时间序列的波动在一定时间内呈现出偏高或偏低，这种情况称为波动的集群性或波动的簇拥性。在本节中，第 n 个主成分组合的波动集群为：

$$\overline{v}_n = \overline{w}_n^2 \lambda_n^2 \qquad (10.13)$$

由式（10.10）、式（10.11）结合有：

$$\mathrm{Var}(r_p) = w^T \sum w = w^T E^T A E w = \sum_1^n \overline{w}_n^2 \lambda_n^2 = \sum_1^n \overline{v}_n \qquad (10.14)$$

即波动集群的叠加也可解释为 n 维主成分组合的总方差。对波动集群进行归一化处理：

$$S_n = \frac{\vec{v}_n^2}{\mathrm{Var}(r_p)} = \frac{\vec{v}_n^2}{\sum\limits_{i=1}^n \vec{v}_n^2}, \; i = 1, \cdots, n \qquad (10.15)$$

由式（10.15）可以看出，归一化处理后的 S_n 可以理解为各主成分在全部方差中所占的比重。很容易地了解其数值的大小与其相应的组合分散的程度相关，且 S_n 呈现出几何分布。由于 S_n 满足 $0 \leqslant S_n \leqslant 1$、$\sum S_n = 1$，故可以将 S_n 视为概率，故引入熵。

4. 熵

熵代表了最大的危险源数据，并且危险会随着坐标维的增加而降低。最早是香农提出熵值较大，说明不确定度较大，信息含量较低；相反，当不确定度较小时，所含信息也较多，因此用随机概率的大小来刻画不确定度，它的定义与投资组合风险相似。为此，本节利用信息熵对证券组合的风险进行了定量，并利用信息熵指标对证券组合的风险进行了量化。熵的表达式：

$$H(S) = \sum_{i=1}^{n} S_i \ln \frac{1}{S_i} = - \sum_{i=1}^{n} S_i \ln S_i, \ i = 1, \cdots, n \qquad (10.16)$$

熵的指数表达式：

$$I_{H(S)} = \exp\left[H(S) \right] \qquad (10.17)$$

熵与它的指数的关系见图 10 - 2，由于熵 $0 \leqslant S_n \leqslant 1$，则 $\ln S_i \leqslant 0$，则 $I_{H(S)} \geqslant 0$，那么对于含有 n 只证券的投资组合，熵的指数取值范围是 $0 \leqslant I_{H(S)} \leqslant n$。故可得出结论，熵越大，熵指数越大，组合风险越分散，因此可用熵的指数度量组合的分散化程度。当 $I_{H(S)} = 1$ 时，投资风险只由一个主成分组合承担，这种情况分散投资的分散程度最低；当 $I_{H(S)} = n$ 时，投资风险由 n 个主成分组合表示，此时的分散化程度高。

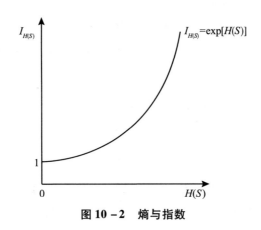

图 10 - 2　熵与指数

5. 均值 - 分散优化模型

分散投资是降低非系统风险的一个重要途径，但并非分散化程度越高，投资收益越好。若资金过于分散，一旦被抄底，抢抓反弹时机时不但不利于资产权重的弹性调整，而且也容易导致投资者对风险缺乏应有的敏感性，很难看到股票和基金的收益变化，从而使投资亏损加剧。所以，在分散投资中收益与分散必须有一个平衡。上一节论述了用熵的指数量化分散化的程度，则用熵的指数作横坐标，预期收益为纵坐标，建立均值 – 分散化有效前沿：

$$\max_{\text{s.t.}\,w\in C} w_\theta = \left\{ \theta\max(u^T w) + (1-\theta)\max\left[I_{H(P)}(w) \right] \right\} \qquad (10.18)$$

其中，u 是预期收益；θ 是权衡参数且取值为 $\theta\in[0,1]$，表示投资组合分配资产的权重时，在增加收益与增加分散度之间的权衡。当 θ 值取较小值时，投资头寸优先考虑增大组合分散化；当 θ 值取较大值时，投资头寸向增大组合收益的方向考虑资产权重配置。C 是投资约束，包括组合构建约束和资产权重调整约束。

6. 权重调整约束下投资组合的构建

所谓资产配置，就是把一定的基金投入一定数额的证券中去的过程。随后在投资期限内进行调整。基金管理人认为，与其将资产配置视为一劳永逸，倒不如将其视为一个能带来巨额损失的动态过程。投资人应依市况及所设投资目标，随时调整其投资组合，以期取得最佳回报。以上使用主成分分析方法对组合风险源进行空间降维后，构成一个线性空间，投资组合在投资期限内权重调整的约束也可以被看作是一个线性空间，权重调整只能在该空间指定的方向上进行。限制方程式是：

$$X\Delta w = 0 \qquad (10.19)$$

其中，X 为 $c\times n$ 矩阵，它的行表示权重调整约束，利用启发式搜索递归算法对权重调整约束下的组合进行选择。如果对组合以 c 约束，则组合的调整只能在 $n-c$ 维无约束的子空间中进行。比如，如果前三个资产权重维持不变，则 $c=3$，在约束等式表现为 $l^T\Delta w_i = 0$，（$i=1,2,3$）。由于对前 c 维有约束的组合，其分散无法操作，因此对 $n-c$ 维无约束组合的分散结构进行优化操作。通过这种方式，投资者可以在任何时候都能及时地对投资组合进行风险管理，从而获得最佳的投资收益。在这种情况下，投资组合全部风险可以分解为两个部分：c 维有约束的主成分造成的风险和 $n-c$ 维无约束的主成分造成的风险。为求出含有 c 约束的组合资产权重，首先在 c 维有约束的子空间里求得有约束的主成分组合，然后根据前面已经构建好的组合，在 $n-c$ 维子空间里求得其余的无约束的组合。

10.4.2 模型的建立与求解

根据以上思路，建立相关模型。首先求出 c 维有约束的组合。利用二次规划模型：

$$\begin{cases} \max\limits_{\text{s.t.}\,w\in c} e_n = e^T \sum e \\ \text{s.t.}\ e^T e = 1 \\ e_i^T \sum e_i = 0,\ i = c+1,\cdots,n \end{cases} \tag{10.20}$$

由该模型的限制条件可知，为了得到第一个维度的证券组合，需要将 $n+c$ 维度的数值设为 0。该模型的求解即为相互无关的 c 项投资权值的系数。从线性空间的观点来看，这两个基元都是这一线性空间的 c 个标准正交基，并且这两个基元的投影长度随着时间的推移而逐渐变小，这意味着它的波动性也随着时间的推移而逐渐变小。然后，在不受重量调节限制的情况下，重新计算 $n-c$ 个组合：

$$\begin{cases} \max\limits_{\text{s.t.}\,w\in c} e_n = e^T \sum e \\ \text{s.t.}\ e^T e = 1 \\ X\Delta w_i = 0 \\ e_i^T \sum e_i = 0,\ i = 1,\cdots,n \end{cases} \tag{10.21}$$

与此相似，对于不能重新调节的两组，它们的波动性是相互独立的，并且它们的波动性是由大到小的。

为了构建拉格朗日第一类方程，令 $e_i^T \sum e_i = Y$，对式（10.18）用拉格朗日乘子法求条件极值：

$$l(\alpha, \beta) = e^T \sum e - \alpha(e^T e - 1) - \beta Ye \qquad (10.22)$$

可计算出向量 e_n，$n = c + 1$，$\cdots$，n，即在权重调整约束下的投资组合。在式（10.19），由于 $l^T \Delta w_i = 0$，$i = 1$，$\cdots$，c 和 $l^T e_i = 0$，$i = 1$，$\cdots$，c 都可以表示为对前 c 个组合不进行资产权重变动，则令 $\Delta w_i = e_i$，$Z = \begin{pmatrix} X \\ e^T \sum \end{pmatrix}$，同样对式（10.19）用拉格朗日乘值子法求条件极值：

$$l(\alpha, \beta, \eta) = e^T \sum e - \alpha(e^T e - 1) - \beta Ye - \eta Ze \qquad (10.23)$$

同理可计算出向量 e_n，$n = c + 1$，$\cdots$，n，即 $n - c$ 个彼此不相关的无约束的投资权重系数。将式（10.20）与式（10.21）的解合并，得到特征向量 $E_i = (e_1, e_2, \cdots, e_i)$，$i = 1$，$\cdots$，也就是说，$n$ 个不相干的有价证券的权重系数。因为 E 是标准的正交性，所以可以用式（10.24）来表示：

$$\sum = E^T AE \Rightarrow AE \sum E^T \qquad (10.24)$$

可求得对应的特征值，即每个组合对应的收益波动。

10.4.3 实证分析

1. 数据的选择

本节选择上海综合指数中流动性较强的企业作为样本，将其划分为能源、建筑材料、金融、信息技术和通信服务业等 10 个行业，共 30 个行业。研究的时间范围从 2009 年 4 月 1 日到 2011 年 9 月 30 日。通过周期性地调整某一资产的权重，使各资产的初始权重相等，即 $w_n = \dfrac{1}{30}$（$i = 1$，$\cdots$，30），每 3 个月也就是一个季度对投资权重进行调整。它们的季度收益率 $= \ln\left(\dfrac{p_t}{p_{t-1}}\right)$，由式（10.7）求得投资组合标准差 σ_p。令投资组合预期收益率 $u = \dfrac{1}{2}\sigma_p$。因为在 2010 年以前，为了便于经营，为了防范风险，中国证券监督管理委员会对卖空行为进行了严格的限制。然而，由于缺乏"卖空"机制，投资者只能"做空"，这不仅限制了"卖空"的发挥，也极大地降低了"卖空"的效率。为降低因缺少卖空机制而给证券组合带来的冲击，本书从可售空与不可售空两个角度展开研究。且它们的资产配置权重约束分别为：$0.2 \leq w_i \leq 1.0 (i = 1, \cdots, n)$，$0 \leq w_i \leq 1.0 (i = 1, \cdots, n)$。

2. 无权重调整约束时组合分散化分析

在不进行任何调整约束的情况下，可以随意更改投资组合的权重。执行最优化程序，求得特征向量 $E_n = (e_1, e_2, \cdots, e_n)$ 和对应的特征值 λ_n，根据式（10.12），可以得到该组合在分解之后的重量配置。这时，$\theta = 0$，则投资组合的分散最大化，并且从式（10.15）中可以获得如图 10−2 所示的投资组合分散的分布。

由图 10−3 可知，在完全分散的情况下（熵指数最大，接近投资组合中的资产数量），多样化的分布基本相同，各主要成分分布均匀。这是由于在经过分解和转换后，这些完全离散化的组合，其方差值等于总体的方差值，因而具有同样的离散化分布。

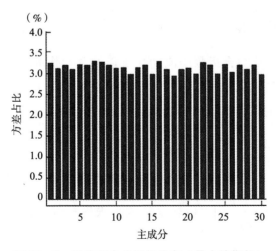

图 10−3 投资组合分散化分布（最大熵指数）

当 $\theta = 1$ 时，使投资组合的收益最大化，其中投资组合是按图 10-4 所示分布的。如图 10-4 所示，多元化的分布主要集中在投资组合收益最大化时的第一个主成分，此时并不完全分散，因此资产之间仍然存在很强的相关性。且第一次的投资得到了最大的回报。同样可以明白，与职位相关性的大小将会直接影响到投资的风险。由于 θ 不能 $=0$ 或 1，因此必须求出最佳的 θ。这样，我们就可以构造出平均 - 离散有效边界。

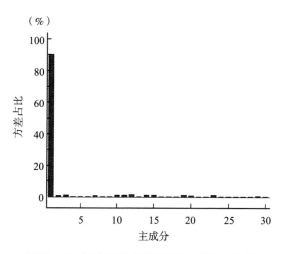

图 10 - 4 投资组合分散化分布 (最大收益)

当允许卖空时，见图 10-5。当投资组合分散程度增加时（熵值指数的增大），期望收益会逐渐下降，也就是分散程度越高，期望收益越低，反之则相反。由于分解后的特征值相同，在图中还有两个更加显著的断裂，因此投资组合的权重可以有多种分配方式，也会有多个最优解。在不允许做空的情况下，平均分散的有效边界见图 10-6。

将图 10-5 与图 10-6 进行比较可以发现，卖空的有效边界不能更平滑，也不存在突破口，因为没有相同的特征值，所以资产权重不相等，从而改进了优化结果的唯一性。另外，在图 10-6 中，随着期望回报迅速降低，曲线呈现出"凹"形。这是因为，如果是做空头，基金管理人可以利用基金的对冲功能，提高资金的安全性，降低投资风险，从而获

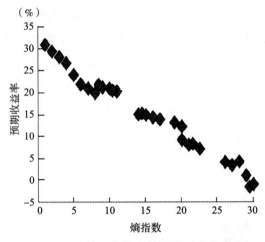

图 10 - 5   均值 - 分散有效前沿（允许做空）

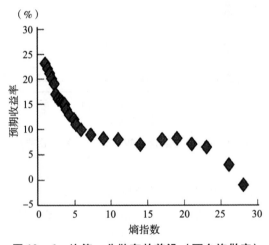

图 10 - 6   均值 - 分散有效前沿（不允许做空）

得因股票价格下跌带来的收益。而在不容许做空的情况下，当投资人预期到股价会跌的时候，他们也只能抛售手里的股份，空着头寸，静观其变。因此，其资金套期保值的作用并不能得到最大程度的发挥，从而导致其投资回报急剧下降。

3. 权重调整约束下投资组合的分散化分析

实施最优方案 $c=5$，使前 5 个主要分量的权重保持不变。在最大离散度下，它们的分配方式和没有限制的分配方式完全不同（见图 10 - 7）。由于优化是在所有的组合中选择的，因此，在受限制的投资组合里，风险所占的比例是很大的。在没有限制的情况下，这些分布几乎均匀地分布在其余的组合中，类似于上述（见图 10 - 7、图 10 - 8）。

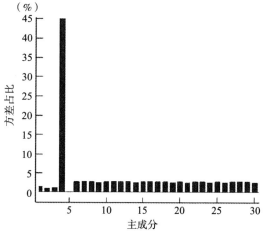

图 10 - 7　投资组合分散化分布（最大熵指数）

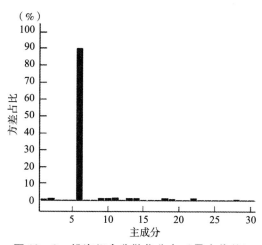

图 10 - 8　投资组合分散化分布（最大收益）

当权衡参数为最大值时，结果表明五种主要因子的危险比都很低，接近于0。因为以利益最大化为目标，约束条件的调整也是以利益最大化为目标，因此分散分布一般较小。在第六个投资组合中，收益最大，它的差异性是0.91，这意味着它的风险基本上都集中在这一资产组合上。在权重调整约束下建立平均 - 分散有效边界，如图10 - 9所示。从图10 - 9可知，它的有效边界光滑，没有断点，所以只有一个最优解。图10 - 9中的负预期回报与投资不应过度分散或适得其反的结论相对应。

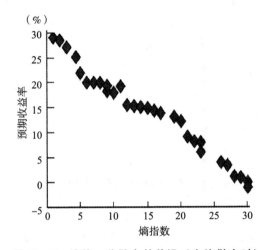

图 10 - 9　均值 - 分散有效前沿（允许做空时）

缺乏做空机制的有效前沿与上一节相似，此处不再赘述。

4. 主成分分析最优化分解后的投资组合的夏普比率

许多研究仅把风险或者回报作为单一考虑的范畴，而夏普比率则将两者同时纳入其中。为了检验优化后的投资组合效果，我们利用平均利差模型对优化后的投资组合与上证综合指数的利润率进行了比较。以一年定期存款利率 r_f 为基准，夏普比率 S_p 可表示为：

$$S_p = \frac{r_p - r_f}{\sigma_p} \tag{10.25}$$

样本数据涵盖了 2009 年 4 月 1 日至 2011 年 9 月 30 日共 10 个季度，因此有 10 个周期序列。在此期间，中国人民银行对利率进行了五次调整，将调整后的利率分别纳入相应的序列。计算后的结果见表 10 - 1。

表 10 - 1　　　　　　　　　　夏普比率的比较

交易时间	上证综指	均值 - 分散优化模型组合
2009 年 4 ~ 6 月	0.1312	0.2317
2009 年 7 ~ 9 月	0.1394	0.1994
2009 年 10 ~ 12 月	0.1421	0.2171
2010 年 1 ~ 3 月	- 0.1137	0.1024
2010 年 4 ~ 6 月	- 0.0321	0.1451
2010 年 7 ~ 9 月	0.1118	- 0.0025
2010 年 10 ~ 12 月	0.1431	0.1920
2011 年 1 ~ 3 月	- 0.0094	0.0180
2011 年 4 ~ 6 月	0.0135	0.1390
2011 年 7 ~ 9 月	0.1061	0.2270

如表 10 - 1 所示，由于主成分分析分解中出现相同的特征值和特征向量，且最优解缺乏唯一性，因此误差较小。通过分权组合，锐利比率普遍高于上证综合指数的估值，采用分权管理取得了较好的效果。

现代投资理论将风险分散视为唯一的"免费午餐"，然而，它并不能通过随意的分散来获得。过多的分散化将导致更多的危险，而不是得到想要的效果。每一种股票之间都有一定的相关性，而每一种风险来源之间也都有一定的相关性。采用 PCA 方法对股票进行降维，可以消除股票间的相关性。为了最大限度地发挥分散效应，采用熵值指数对分散程度进行了定量。受马科维茨 MV 模式的启示，本书提出了一种平均分散性最优模型，用来定量地描述资产组合中期望回报和分散性之间的关系。最后，运用夏普系数对分散化策略进行了检验，结果显示，采用分散化策略的资产组合能够有效地分散风险。

第 11 章　创业投资的联合投资

我国的创业投资领域不断扩张，联合投资方式已成为常见的创业投资运作方式。联合投资能够有效提高创业投资项目的成功率和效率。因此，本章将从联合投资的综合概述开始，深入研究联合投资的基本原则和合作伙伴的选择，并提出可行的解决方案，以全面评估不同基金采用的联合投资方式的效益。

11.1　联合投资的总体概述

11.1.1　联合投资的定义

联合投资是旨在通过多个投资主体对同一家或同一项目进行联合投资，以降低风险并获得更多资源信息，从而发挥各自的优势的一种投资行为。通过采用联合投资策略，投资者能够在投资过程中最大程度地降低风险，同时实现信息资源的共享和互补，从而为各方带来更多的获利机会。联合投资的好处包括使企业能够获得规模经济、范围经济和协同效应等优势，同时也能够为投资者带来更大的利益。根据联合投资的成功经验，可以看出联合投资能够促进风险企业之间的信息共享，减少信息不对称，提高项目质量，而联合投资项目的绩效通常优于独立投资项目。

创业投资，也称为"风险投资"，是指私人投资者向有一定资金实力并愿意承担高风险的创业家提供股权投资服务。股权投资是一种针对创业企业的投资方式，旨在通过股权转让获得资本增值收益，以促进这些企业的成熟和发展。在广义上，创业投资涵盖了创业投资的所有活动内容，以及创业投资基金管理公司、风险投资业和相关服务机构。在创业过程中，那些处于种子期、起步期、扩张期、成熟前的过渡期以及重建过程中的成长性企业，尤其是科技型中小企业，具有较大的成长潜力。广义范围上的创业投资则指的是对高科技领域内的各种项目进行融资活动，包括风险投资、私募证券基金和其他形式的金融创新活动。而在狭义的创业投资范畴内，则更强调将资本注入高风险、高科技的产业中，通过高新技术的市场化和规模化，以获得较高的投资回报。广义范围上的创业投资则以风险投资为代表，通过资金融通、项目孵化和管理服务来推动高科技产业化的活动。根据美国风险资本协会的观点，创业投资是一种旨在推动企业发展壮大的策略，其基础是风险投资公司与其他投资人或机构之间建立的合作关系。这些投资人或机构为创业投资提供资金支持，并参与其管理。在创业投资领域，联合投资指的是多家风险投资公司联合投资一家具有巨大发展潜力的企业。联合投资不仅限于一个项目，还可以涵盖两个或更多个行业，甚至跨行业投资。关于联合投资，有一种观点认为，通过参与更多项目，投资者可以分担风险。此外，由于投资组合中的资金比例不同，投资收益也会有所差异，因此可以根据收益情况确定投资比例。此外，不同的风险投资企业具有各自独特的偏好、经营领域和专业技能。通过联合投资，可以实现资源互补和共享，从而获得更大的收益机会。此外，风险投资企业和被投资企业之间存在合作关系，这种关系使联合投资能够有效降低双方的风险水平。最后，联合投资被信息经济学家视为一种有效的信息共享方式，可以减少风险企业之间的信息不对称，提高项目的质量。而且，联合投资项目的绩效通常优于独立投资项目。联合投资具体包括两种方式：多家风险投资公司同时对同一项目进行联合投资，或者多家投资商在不同时间段对同一项目进行分阶段投资，这被称为序贯投资。

11. 1. 2　联合投资的发展现状

1. 联合投资基本概况

风险投资资金的关键在于资金间的互补性，因此，在进行风险投资时，必须全面考虑资金、市场、管理、政府和社会资源等方面的互补性，而联合投资则能够实现风险共担和优势互补的目标。

如表 11 − 1 显示了 1999 ~ 2012 年参与联合投资的风险投资机构的比例及变化趋势。

表 11 −1　　　　　　　　联合投资和非联合投资机构对比

年份	联合投资机构数（个）	联合投资机构占比（%）	非联合投资机构数（个）	非联合投资机构占比（%）	总投资机构数（个）
1999	39	38. 61	62	61. 39	101
2000	86	43. 22	123	56. 78	199
2001	73	35. 61	132	64. 39	205
2002	70	36. 46	122	63. 54	192
2003	89	40. 27	132	59. 73	221
2004	184	47. 42	204	52. 58	388
2005	270	54. 22	228	45. 78	498
2006	517	57. 7	379	42. 3	896
2007	737	50. 79	714	49. 21	1 451
2008	716	45. 59	858	54. 51	1 574
2009	521	23. 64	858	76. 36	1 379
2010	738	46. 24	858	53. 76	1 596
2012	578	49. 4	592	50. 6	1 270

资料来源：风险投资年报数据整理。

图 11－1 显示了 1999～2012 年联合投资事件的变化趋势，联合投资
事件的数量在 2005 年以后呈现快速增长态势，由于受到 2008 年金融危
机的影响，2008 年、2009 年投资时间数量呈现下降趋势。而 2010 年后
风险投资事件总数快速回升。

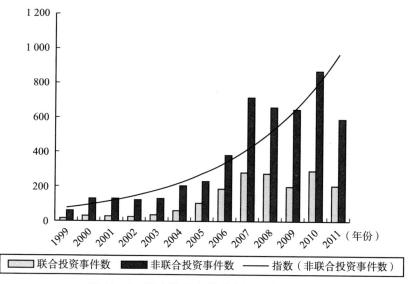

图 11－1　联合投资和非联合投资事件数量

资料来源：风险投资年报数据整理。

根据图 11－1 的数据显示，联合投资在总的风险投资事件中占比超
过 1/4；而在风险机构总数中，联合投资机构数量接近一半。同时，
2008～2009 年的波动与整体外部经济环境和风险投资业的发展密切相
关。有效的联合投资不仅能够汇集风险资金、共担风险和避免恶性竞争
中的互相压价问题，还能够发挥协同管理的作用，通过各方合作的互补
性增值服务产生价值溢出。随着我国风险投资业的发展和竞争越来越激
烈，风险投资机构对联合投资的青睐将不会减少。这场关于风险、利益、
关系和资源的博弈将会持续下去。

2. 联合投资的地域聚集情况

联合投资是一种风险投资模式，具有地域集聚的特点，呈现明显的分布趋势。作为一种战略选择，联合投资在风险投资公司和被投企业之间产生激励效应、协同效应和规模经济等特点。在风险投资的整体环境中，联合投资受到多种因素的影响，包括经济、科技和人才创新能力等，这些因素对联合投资的影响不容忽视。我国是一个科技大国，高新技术产业发展迅猛，但仍处于初级阶段。因此，联合投资呈现明显的地域聚集趋势，主要集中在经济发达的地区。通过研究发现，我国各地市之间存在显著差异，并且这种差距呈不断扩大的趋势。根据《中国风险投资年鉴》的数据（见表11-2），可以看出联合投资在三大中心城市和五大区域的分布情况。

表 11-2   联合投资五大地区分布

地区	辐射范围
东北	辽宁、吉林、黑龙江
华北	天津、河北、山西、内蒙古
华东	山东、江苏、浙江、安徽、江西、福建
中南	河南、湖北、湖南、广东、广西、海南
西部	陕西、新疆、重庆、四川、贵州、甘肃、青海、宁夏、云南、西藏

资料来源：风险投资年报数据整理。

联合投资的地域分布。可以看出，在风险投资中，联合投资主要分布在北京、上海、深圳，以及华东、中南地区。其中，北京是最集中的地区。综合来看无论联合投资的事件数还是风险投资金额，主要集中在北京、上海、深圳，以及华东、中南等地，这是由许多因素造成的。

综合来看，北京、上海、深圳，以及华东、中南等地是联合投资事件数和风险投资金额的主要聚集地，这是由多种因素共同作用所致。

（1）风险投资角度看：第一，"三市两地"是中国主要的经济发展区，其经济增长呈现出强劲的态势，同时经济规模也得到了快速扩大。

其中前四个地区更是靠近沿海，经济发达，对投资的需求极其庞大，为风险投资提供了良好的土壤。与此同时，中南地区以武汉、重庆、成都为核心，经济迅猛发展，风险投资也得到了快速发展。第二，风险投资的典型经营模式是对初创科技型企业进行投资，待企业发展成熟后，投资机构出售股票或者转让股权以获取收益。而北京、上海、深圳，以及华东地区的证券交易市场相对较为成熟，可以降低风险投资基地内部的交易成本，减少交易风险，提高经营效率，从而提高风险投资的投资绩效。第三，上述区域拥有享誉全国的知名高等学府和研究机构，其科技创新实力不可小觑。这些因素有利于推动联合投资的开展。此外，政府还不断推出相应的政策和措施，完善风险投资的法律法规，为风险投资提供了优越的环境，同时加大了对风险投资的支持和引导。此外，这些地区还具有发达的信息传播渠道，使风险投资能够及时获取最新信息。在这些地区，风险投资的发展不仅极大地推动了联合投资的蓬勃发展，同时也为其注入了强劲的动力。

（2）从联合投资本身来看：第一，联合投资指的是两家或者多家投资机构联合投资于一家企业，而投资结构主要集中在北京、上海、深圳，以及华东等地，方便对被投资企业进行管理和监督，被投资的企业也应主要集中在这些地区。第二，联合投资结构还可以通过互相学习相关经验，增加信息传递的效率，因此地域集中性分布在联合投资中十分常见。

11.2　联合投资的机制研究

11.2.1　联合投资的动机

1. 金融角度——风险的分散和分摊

（1）减少风险投资公司的投资风险

为了实现多元化投资目标，风险投资公司通过联合投资多个项目来提供充足的资金支持。这种方式有效提高了投资效率，并避免了重复投资的问题。采用分散投资策略可以有效降低投资风险。本书将介绍风险投资中的项目组合问题以及相应的数学模型。企业面临的风险可以分为两类：一类是系统性风险，即市场风险；另一类是非系统性风险，即企业或项目自身的风险。虽然系统风险无法通过项目组合来降低或减少，但企业的非系统性风险可以通过项目组合来分散。由于单个项目的收益率是固定的，每个项目都有可能盈利或亏损。因此，当某个项目失败时，其他项目将获得较高的收益。根据组合投资理论，一般情况下，多个项目同时失败的概率较小，因为多个项目的总收益等于这些个别项目收益的加权平均，而多个项目的总风险则不等于个别项目的加权平均风险，反而更低。

（2）弥补投资项目所需资金的不足

在风险投资项目或需要大量资金的企业中，如果风险投资公司的资金不足，为了推动企业发展，风险投资公司可以积极寻找适合的投资伙伴，进行联合投资，以填补资金缺口。在这种情况下，可以将每个项目划分为多个子项目，并将其作为投资目标，然后根据各个子目标之间的关系建立一种数学模型。另一种情况是，在后期投资阶段，风险企业对资金的需求超过了风险投资公司的最高投资额，此时联合投资可以引入大量资本，以满足风险企业的后续融资需求。通过联合投资，风险投资公司可以有效提高资金的供给能力，促进企业的发展和成长。

（3）减少由于创业投资市场上流动性差引起的风险

风险企业的投资者看重的并非短期的投资回报，而是对企业长期发展带来的回报。因此，只有在风险投资公司的资金在风险企业停留的时间短则3~5年，长则5~7年的情况下，才能确保投资项目的顺利完成，并最终实现投资回报。从这里可以看出，在风险资本市场，资本的流动性并不理想。只有当风险投资公司对风险企业进行投资时，才能充分揭示企业真正的风险。如果企业的风险超出了风险投资公司的预期，由于风险资本市场上资本流动性差的特点，风险投资公司很难通过多样化的项目组合来降低投资风险。在这种情况下，风险投资公司可以与合作伙伴联手投资，以降低投资所面临的风险。通过联合投资，风险投资公司能够更好地降低风险，以实现投资目标。

2. 资源角度——生产资源的集合体

（1）优化项目的选择

在还没有确定某个项目是否被选中或者是否增加投资之前，几个风险资本家可以对项目进行评估，以筛选出更有价值的方案。即使主导型风险投资公司已经对某一投资项目进行了评价，仍可能对该项目的前景有所疑虑，因此会向其他风险投资公司寻求意见。通过多家独立风险投资公司对项目进行评价，可以更好地理解该项目的前景和价值。因此，联合投资能够验证主导型风险投资公司在项目决策上的准确性，并选择有潜力的投资机会。通过联合投资，可以增加对项目的认可度，提高投资决策的可靠性。

（2）提高投资项目价值

联合投资的风险投资公司不仅提供资金支持，还提供一系列增值服务，如管理经验、市场渠道、会计和金融知识等。这些增值服务能够最大化风险投资公司的投资项目的回报。通过联合投资，风险投资公司能够为项目提供更多的资源和专业知识，从而提高项目的成功概率和价值。这些增值服务的提供，使投资项目能够更好地实现投资回报，并为风险投资公司带来更多的利益。

（3）整合所有投资者的专有资源，获得整合效应

风险投资公司并非仅仅是金融机构，而是由多种资源组成的综合体。通过联合投资，不同的风险投资公司可以相互交流信息，充分利用各自的专有资源，包括无形和有形资源。这种合作可以实现相关行业知识的互补，并在管理、策略、财务、营销、人事等方面与相关专业技能和专业人才相互补充。联合投资可以提高风险投资的效率，降低成本，并促进风险投资行业的发展。由于风险投资行业缺乏专业人才，管理者只能

管理有限数量的项目。然而，联合投资为风险资本家提供了增加管理项目的机会，从而最大限度地利用各投资公司的人力资源。通过联合投资，风险投资公司可以更好地发挥其人力资源的优势，提高项目的管理水平和投资回报。

3. 风险投资公司自身——稳定发展战略

（1）保持项目流的充足性

风险投资公司并非简单的金融机构，而是由多种资源组成的综合体。受地理条件和行业差异的影响，风险投资公司在选择投资领域时，对于那些距离较远且陌生的行业，其投资机会或项目的选择相对较少。此外，由于风险投资公司自身的知识难以区分，因此在其投资领域以外的领域，存在着一些具有发展潜力的投资机会或项目，这些机会或项目难以区分。通过与一些在地理和行业上存在显著差异的风险投资公司联合投资，可以拓展投资领域和范围，扩大项目选择范围，从而筛选出最具优势的投资项目。通过联合投资，风险投资公司能够充分利用各自的资源优势，共同探索并开拓新的投资领域，以实现更好的投资回报。

（2）拓宽项目来源渠道

根据相关资料，风险投资公司通常会通过政府主管部门的推荐、项目中介机构、朋友介绍、项目业主的主动联系、媒体宣传、股东推荐、公司网站的项目数据库、网上信息以及银行介绍等多种渠道获取项目信息。联合投资是风险投资公司拓展关系网络、拓展项目信息渠道的一种有效方式。

4. 信息角度——获取稳定的投资机会

从信息角度来看，风险投资公司之所以采取联合投资，是为了获得和交换信息。由于风险投资项目具有较高的不确定性，单独的投资决策容易受到怀疑。因此，风险投资公司通过与其他投资者联合投资，进行信息沟通和交流。不同投资者的判断标准不同，他们对项目可行性的观点能够向其他投资方传达宝贵的信息，有助于判断项目的真实品质。尤其是在面临潜在的不确定项目时，信息共享对于占主导地位的风险投资公司至关重要。多方面的认识和观点能够帮助人们更好地评判一个项目的优劣。根据勒纳（Lerner，1994）的研究，早期投资更需要谨慎选择投资伙伴。因此，联合投资通过信息共享有助于降低项目质量的不确定性。

11.2.2　联合投资的原则

1. 经济合理性原则

在进行联合投资时，必须以最小化总成本为总目标，这意味着在投资风险管理中也必须考虑成本，以最优、最经济的方式来处理安全保障目标。投资风险管理人员需要进行科学的效益和费用分析，并对其进行严格核算，以确保投资的可持续性和风险控制的有效性。

2. 整体性原则

整体性原则决定了投资决策者必须将各种风险因素作为整体来考虑。在作出投资决策时，投资者应对涉及的所有内容有充分的认识和把握，深入分析影响整体投资的各种风险因素以及它们之间的相互关系。特别是要充分认识所选投资品种的风险特殊性，并综合预测这些风险因素在投资过程中可能带来的危害。同时，还应考虑自身的最高风险承受能力，选择适当的投资对象，并采用适当的风险管理策略。此外，整体性原则还决定了投资风险管理不能只关注眼前的风险，而是要从投资内容和时机的整体性上把握风险因素及其变动。因此，投资者在进行风险管理时，应全面考虑投资的整体性，以确保投资决策的合理性和风险控制的有效性。

3. 全程管理原则

在不同的投资阶段，相关的风险因素也会发生变化。投资风险是一个复杂的系统，具有不确定性和模糊性等特点。因此，联合投资的另一个基本原则是要求管理者保持警觉，根据不同的风险因素采取相应的风险管理策略。一般来说，投资风险管理可以分为三个阶段：第一阶段，确定初始投资目标，然后确定目标，并确定风险管理的范围；第二阶段，我们需要制定相应的投资策略，并确保每一步实施都与风险管理密切相关；第三阶段是对所选择的投资组合进行优化和调整。

4. 自愿性原则

联合投资的参与方应遵循自愿协商的原则，享有自主选择和决策投资对象的权利，同时尊重对方的意愿和社会公共利益。他们不得强加自己的意志于他人或任何第三方。在进行联合投资时，管理者需要根据各个投资者对项目所处市场状况以及自身财务状况的判断来决定是否采取联合投资方式。只要在交易或其他民事活动双方的行为符合法律规定的情况下，其他任何机构、团体、个人等第三方均无权干预。

5. 互惠互利原则

在联合投资的过程中，各参与方应根据平等和互惠互利的原则，通过协商达成安排，以维护成员方之间的利益平衡。同时，需要通过多种途径实现合作双方的利益共享和双赢目标。这包括但不限于制定合理的合作协议、共同承担风险和责任、分享项目的收益等。通过这样的减让安排，可以确保各方在联合投资中都能获得相应的收益和利益，实现合作的成功和可持续发展。

11.2.3　联合投资的意义

1. 有利于弥补单个投资在资金规模上的不足

例如，一家创业投资公司，资本规模为 1 亿元。根据创业投资公司的投资章程，单个企业的投资规模不超过公司总资产的 20%，其对个别公司的最高投资限额为 2 000 万元。如果一家成长性创业企业投资金额为 5 000 万元，那么它明显超过了创业投资公司独自投资的能力。在此情况下，同其他创业投资公司联合投资是很明显的。

2. 有利于弥补单个企业在增值服务上的不足

投资的显著特征在于通过提供增值服务为所投资企业创造价值。然而，企业的增值服务需求是多方面的，包括但不限于产品开发、市场营销、企业管理和融资安排等。这些方面往往超出了单一投资公司的信任范围。在资金规模上，创业投资公司并没有特别大的优势和潜力。在这种情况下，最明智的策略是寻找一家能够填补自身增值服务不足之处的投资公司，并与其展开联合投资。通过与其他投资公司的合作，可以互相补充优势和资源，提供全方位的增值服务，满足企业的需求。这样的联合投资不仅可以提高投资效益，还可以分散投资风险，实现共赢的目标。

3. 有利于更好地主动控制投资风险

为了避免单一投资公司难以胜任的情况，可以通过严格的项目筛选、特别股权安排、分阶段投资控制、全方位全过程的项目监控管理以及适度的组合投资来分散投资风险。然而，由于风险鉴别能力的局限性和资本实力与股权比例的限制，单一投资公司无法在重大决策方面施加有效的控制。如果一家投资公司不能有效地满足企业对增值服务的需求，会导致企业经营业绩下降或破产清算。因此，联合投资多家创业投资公司可以补齐这一领域的短板，提供更全面的增值服务。通过联合投资，可以整合各家投资公司的优势资源，增强风险分散能力，提高企业的发展潜力和竞争力。在面对风险多样化和增值服务需求多元化的情况下，联合投资是一种明智的选择。

11.3 联合投资合作伙伴的选择

11.3.1 联合投资合作伙伴选择偏好

联合投资网络组建的首要环节是合作伙伴选择问题。构建联合投资动态战略联盟的关键是风险投资的成功要素。在已有影响联合投资伙伴选择的研究基础上，本节对其进行了三个层面的探讨。第一，参与者层面。主风险投资机构为了取得较高收益，必须与拥有重要资源供给的客体开展合作。这是因为资源缺乏、能力不对称和环境不确定等原因导致的。第二，二元层面。不再重视个别参与人的兴趣作为共同动力，而是重视关系所产生的信任机制。主风险投资机构的合作意向目标包括与先前有直接和间接联系的合作伙伴进行协作，提高彼此间的信任；与具有相似投资经验和成功率的合作伙伴合作；与社会地位更高的投资机构合作。联合决策同时受到联合需求和联合机会两方面因素的制约。第三，情境层面。联合决策会受到多种情境的影响，如法律环境的成熟度、退出市场的流动性、竞争的剧烈程度、项目风险等。这些因素都会对联合决策产生影响。联合投资伙伴选择的影响因素由参与人一元视角拓展至参与人之间二元关系视角下，主风险投资公司联合投资伙伴的选择被视为可信任公司声誉，投资风格与以往合作等诸多因素共同作用的结果。据此，表 11 - 3 中归纳出联合投资合作伙伴的选择会受合作者财务状况、资源特征、投资风格和公司声誉的影响。

表 11 - 3 联系投资选择合作伙伴的主要考虑因素

因素	具体内容
财务特征	选择合作伙伴的时候，需要考虑对方的财务状况，即经济实力。只有达到相应的实力，才可能成为联合投资的候选对象，同时，由于实际运作中通常会分阶段对创业企业进行投资，选择资金实力雄厚的合作伙伴，有利于后续阶段的进一步投资，并减少重新寻找合作伙伴带来的成本
资源与互补性	诸如人力资源、社会网络、管理能力、技术支持等资源的获取是联合投资的主要动机。风险投资机构为了提高被投资企业的价值，需要根据拟投资企业的特点，联合那些具有互补性资源的风险投资机构联合投资，才能提高协同效率
声誉与信任	主导型投资者是联合投资中的关键角色，它一边连接着创业企业，一边连接着跟随者型投资者，必然要求其在风险投资联盟中拥有强大的公司声誉，同时也要求跟随者需要有良好的公司声誉。良好的信任关系是双方合作的基础，也是决定合作成功的关键因素
投资风格	不同的投资公司在投资阶段、投资方式、领域等方面的偏好。如果联盟间的投资风格差异较大，将起不到联合投资资源整合和价值创造的实际作用，有时反而会由于相互矛盾而降低效率
投资阶段	对处于不同阶段的创业企业进行联合投资时，风险投资机构对合作伙伴的要求也不同。对处于创业前期的企业投资时，投资者倾向于与声誉卓著的风险投资公司联合；在对成长后期的创业企业进行联合投资时，这种倾向性就会降低。这是由于在创业前期，对投资者的决策能力要求更高，与著名投资机构的联合能够更好地满足这种要求，在创业后期，这种要求就会降低

11.3.2　联合投资的合作方式

1. 企业委托—代理方式

委托—代理关系是一种契约关系，其中委托人将执行特定服务的权利委托给代理人。这种关系受限于有限理性和未来环境的不确定性,尤其是信息不对称的限制,导致签订的契约存在不完备性。因此,现代契约理论研究了如何在信息不对称的情况下建立合理的委托—代理契约,并设计有效的机制来激励和约束代理人,以降低委托—代理问题的可能性,并在一定程度上避免契约的不完备性。

企业委托—代理理论认为,当企业所有权与控制权分离时,就会形成委托—代理关系。在风险资本运作中,资本所有权与控制权也会分离。一级委托—代理关系在初始资本提供方——风险投资者和风险投资家之间形成,其中风险投资家作为代理者,而投资者则是委托人。另外,当风险投资家选择投资风险企业时,会产生第二级委托代理关系,其中风险投资家充当委托者,而风险企业家则负责企业的日常运营和管理工作,并成为代理人。此外,在风险投资家选择与其他风险投资家合作投资的过程中,还会产生第三级委托—代理关系,其中牵头型风险投资家作为委托者,而跟随型风险投资家则作为代理人参与项目评价、企业监督和管理。

2. 个人—合伙方式

合伙制度是由至少两名公民根据协议自愿联合,各自提供资金、实物、技术等资源,共同经营、共同劳动、共同承担风险、共同分担盈亏。风险资本是一种特殊的股权投资方式,通过向创业型企业注入资金并对创业者进行管理,以获取收益。在签署联合投资协议后,合伙方自愿参与投资项目的经营,按照特定的出资比例形成总投资额,并根据各自的投资比例来分配盈余。

11.3.3　利用大数据选择联合投资的伙伴

大规模数据的高效分析和处理为商业和社会带来巨大的价值。在合伙企业中,合伙人之间以合同关系为纽带,明确彼此的权利和义务,建立起一种平等合作的新型组织形式。通过利用庞大的数据库，如搜索数据、点击数据或网上消费数据等，一些常用的搜索引擎网站、知名门户网站和电商平台等互联网企业可以借助相关的量化分析来获取消费者行为、兴趣变化以及竞争对手动向等信息，从而更深入地了解企业。同时，企业还可以利用这些大数据分析出客户的潜在需求和购买习惯等，寻找联合投资的最佳合作伙伴可以通过利用大数据平台来实现。

如图 11 - 2 所示，充分利用数据资源，根据前述联合投资的合作伙伴因素，充分挖掘企业的数据服务。

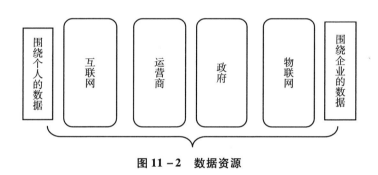

图 11 - 2　数据资源

（1）生产数据可视化：根据业务流程埋点、IOT 设备采集数据。

（2）行业数据线上化：根据行业模型进行数据的清洗、存储、计算、分析。

（3）价值数据生态化：将数据赋能到行业上下游构建产业链生态，形成价值闭环。

实际上，很多企业经营数据，如交易数据、电子商务数据、ERP 数据、销售系统数据、CRM 数据、公司的生产数据、库存数据、订单数据、供应链数据等都已经存放在相应的 IT 系统里，在很大程度上改善了信息不对称或是道德风险，促进了联合投资的顺利开展。

11.4 不同基金联合的投资效应分析

风险投资基金是一种旨在吸引机构和个人投资、支持缺乏上市资格的中小企业和新兴企业（尤其是高科技企业）发展的资金筹集方式。大数据分析技术是一种新兴的数据处理方法，其在多个领域都能发挥重要作用。风险投资基金不需要依赖风险企业提供的资产抵押担保，手续相对简单，操作流程更加便捷。作为一种新型的金融工具，风险投资基金的运营策略是在高风险环境下追求最大化的回报。通常，风险投资基金采用有限合伙制。它以股权的形式参与投资，主要目的是协助投资的企业快速成熟并获得上市资格，以实现资本的增值。一旦公司股票上市，风险投资基金可以通过证券市场进行股权转让，回收资金并继续投资于其他风险企业。

11.4.1 风险投资引导基金

为了解决科技型创新企业的资金问题，政府设立了风险投资引导基金。该基金的目标是正确引导风险投资企业的资金，并为创业企业提供支持。为了鼓励社会资金积极投入创投产业，引导基金通过让利制度来实现，政府并不追求自身的盈利。因此，风险投资引导基金被视为一种具有政策性的基金。作为一种政策性工具，政府将引导基金纳入日常管理范畴，但并不直接参与其运作。这种公私合作经营模式采用了市场化的方式。为了避免国有资本进入带来的障碍，政府选择不参与引导基金的运作和管理。在风险投资引导基金的投资过程中，退出渠道相对单一。通常情况下，引导基金不直接参与风险投资项目，而是与其他风险投资机构合作，共同设立新的子基金。这些子基金将自主选择风险投资项目。本节以风险投资为例，介绍了引导基金如何利用市场机制进行运作。

图 11 - 3 展示了风险投资的一般操作程序。

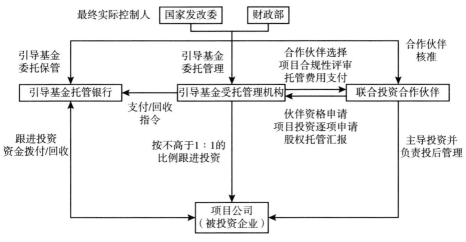

图 11 - 3 风险投资基金的一般运作流程

尤其是对于引导基金的运作模式来说，主要分为以下几个类型。

1. 参股模式

我国创业风险投资中的引导基金一般采用入股的方式。所谓入股，是指引导基金与社会资本合作设立创业投资企业（子基金）。子基金的组织形式可以是公司制、有限合伙制或其他形式。引导基金利用杠杆作用，将数倍于政府资金的社会资金投入子基金中，从而使创业企业获得投资并在约定的期限内退出，实现促进初创企业发展的目标。这种模式主要通过阶段参股来操作。即引导基金对创业投资企业进行股权投资，然后在规定的时间内撤资，主要用于支持新的创业投资企业。在这一模式中，引导基金运作方式类似于创投母基金（FOFs），与创业投资机构共同设立子基金，子基金向创业企业投资。引导基金不参与子基金的日常管理，只负责出资占股。通常情况下，引导基金认购子基金的比例不超过 25%，也不会成为第一大股东。这种操作方式可以通过设立创业投资基金来引导民间资本对初创期企业进行投资，进而发挥政府资金的杠杆效应。图 11 - 4 展示了 2016 年各风投机构的入股比例。

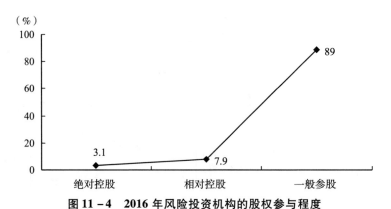

图 11 - 4　2016 年风险投资机构的股权参与程度

资料来源：风险投资年报数据整理。

2. 跟进投资

跟进投资是指跟随创投机构和引导基金投资初创期的中小企业。通常情况下，这种投资模式主要适用于引导基金的初期或地方性较小规模的引导基金。这些基金由创投机构共同出资，并按照一定比例或限额对资金的投向作出规定。这种投资模式具有较低的风险。

11.4.2　投贷联动

商业银行采用联合信贷投放和股权投资的方式，以匹配投资风险和收益为目标，为有融资需求的企业提供资金支持的模式，即投贷联动。目前，在我国的私募股权基金市场上已经出现了很多这种形式。商业银行通过将股权和债权相结合的方式投入企业，实现收益共享和风险共担，从而形成一种高效的投贷联动机制。在这种模式下，商业银行与风险投资机构或其子公司合作，优先满足企业的股权融资需求，然后商业银行提供剩余的融资支持。通过将传统的信贷业务与投行业务相结合，商业银行以债权和股权的形式为企业提供融资，更好地满足了企业的融资需求。

1. 基 金 模 式

商业银行通过与外部投资机构或政府合作设立基金，并利用基金进行投贷联动。在这个模式下，商业银行和其他机构以不同级别认购基金份额，并通过投资项目公司的股权和债权来实现投资。在基金到期后，商业银行通过回购基金份额的方式平稳退出基金。这种基金模式的投贷联动在我国商业银行已经有一些实施项目。过去，项目投资可能更多地偏向于政府支持的企业或城市基础建设等领域，但近年来，随着新兴产业的发展，投资范围变得越来越广泛。这种以基金模式为主的投贷联动为我们当前的试点引入提供了先例和经验，无论是在机构设置、风险隔离还是收益退出等方面都具有可供借鉴的意义（见图 11 - 5）。

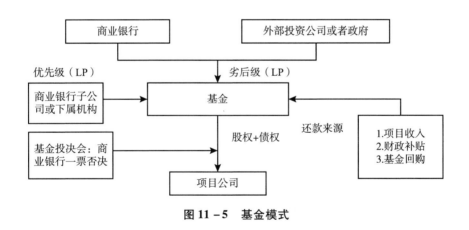

图 11 - 5　基金模式

2. 与 创 投 机 构 合 作 模 式

商业银行与创投机构（VC）等投资机构联合成立投贷联盟，旨在为已获得股权投资的企业提供适度的信贷支持，同时提供相应的金融服务，以实现股权和债权的融合。这种合作模式主要包括银行对基金管理人的投资管理和对项目公司的贷款管理两个环节。一般情况下，银行会在进行创投投资后，紧随其后进行贷款，以确保有效控制风险。这种模式能有效降低创投投资过程中所面临的各种风险。合作模式还包括与创投机构达成战略合作协议，为部分已入股的企业提供信贷支持，并约定在创投机构出售目标企业股权并获得超额收益后，按一定比例进行分成。银行作为股权投资机构，可以将企业的股权转让给创投机构进行处置，从而获得相应的投资收益。通过与创投机构合作，银行不仅规避了监管限制，还能分享企业股权回报，从而在一定程度上缓解风险。根据实践经验来看，创投机构和银行都有各自的优势和劣势，因此需要根据自身特点选择合适的运作方式。相较于银行，创投机构在筛选目标企业方面展现出更专业的能力，确保获得高质量的融资企业。在对目标企业进行贷款时，可以选择不同的授信对象，并根据其经营状况和行业特点合理确定贷款金额。为了满足目标企业的短期融资需求，银行会提供一定的授信额度，以满足企业发展所需的资金。同时，由于创投机构拥有先进的技术和经验，能够提高融资效率并降低融资成本，因此银行在进行投资时更倾向于选择这种模式。目前，银行与创投机构合作的模式已成为主流，以实现投贷联动。此外，银行在设计投贷联动产品时，会引入担保公司参与，形成银行、创投和担保公司多方合作的模式，有效降低了投贷联动业务的潜在风险。

相较于传统的银行贷款和风险投资，投贷联动在克服传统信贷投放条件高、成本大的困难的同时，具备比风险投资更为优越的金融机构资源和信息。总体而言，首先，投贷联动在支持融资企业发展、放开资本市场、推动金融改革、加快实施创新驱动发展战略等方面拥有三大优势。其次，可以缓解银行对中小企业的贷款难问题，提高商业银行对中小企业的服务水平，促进中小企业健康可持续发展。试点可促进银行业金融机构根据企业成长周期提供相应的融资援助，为不同生命周期的中小企业提供资金支持，从而有效增加中小企业的金融供给总量，为解决企业融资难的问题提供新的解决方案，同时优化金融机构在间接和直接融资方面的作用。最后，投贷联动能够提高商业银行的竞争力，降低经营风险。中小企业蓬勃发展，融资需求旺盛，然而这些企业通常具有轻资产、高风险的特征，缺乏抵押资产，难以获得银行贷款，融资成本高昂，特别是在企业成立初期或过渡期，资金需求问题更加突出。投贷通的推出，使银行和企业之间建立起联系，实现银企合作。投贷联动的推出使银行和企业建立起联系，实现银企合作。推进投贷联动有助于降低银行的风险容忍度，不仅可以通过股权融资满足企业的长期资金需求，还可以通过贷款填补日常营运的资金缺口，减轻企业的融资压力。目前，我国商业银行对企业投贷联动业务开展较多，并取得了良好成效。对于企业而言，借助商业银行的投贷联动融资，可以获得更低的利率、更高的品牌形象以及更加灵活广泛的放款方式。

11.4.3　母基金创业投资的投资模式

FoF 是一种专注于向其他证券投资基金进行投资的基金，其主要资金来自母基金。与直接投资股票或债券不同，FoF 通过持有其他证券投资基金的方式，间接拥有股票、债券等证券资产。这种创新的基金产品结合了基金和销售渠道的特点。

FoF 不直接投资股票或债券，而是通过持有其他证券投资基金的方式，间接持有股票、债券等证券资产，这是一种结合了基金产品创新和销售渠道创新的新型基金。由于其收益高且风险低，成为我国投资者参与证券市场投资的重要工具之一。在 FoF 的投资策略中，将多只基金捆绑在一起，降低投资成本，提高投资效率。相较于基金超市和基金捆绑销售等纯销售计划，FoF 采用基金的法律形式，以基金的运作模式为基础进行操作，实现完全的市场化运作。FoF 是一种可持续投资的金融工具，长期投资策略与其他基金相似，旨在为基金市场提供长期投资机会。此外，根据投资者的需求，选择合适的投资组合，实现风险分担和稳定投资收益。FoF 备受青睐，不仅带来了丰厚的回报，还具备完善的补偿机制。

截至 2008 年 8 月，中国的 FoF 产品被归类为银行和券商的理财产品，国内共有五只 FoF 产品发行。除了招商证券基金宝在今年上半年的表现低于开放式基金平均收益外，其他四只 FoF 产品的平均收益都高于开放式基金。这显示了投资者对券商的理财产品非常感兴趣，也表明券商的理财业务在国内金融创新中占据重要地位。尽管华泰紫金 2 号在 6 月大盘下跌了 14.69% 的情况下，而开放式基金的平均净值仍然保持了 4.4% 的增长势头。投资者可以通过以下渠道购买 FoF 产品。FoF 产品的主要投资对象是绩优基金和封闭式基金，具体的购买咨询可以向各大券商和银行咨询。FoF 不直接投资股票，而是通过投资基金来间接投资，这意味着他们可以选择投资绩优基金中的绩优股票，从而降低风险。

与公募基金不同，券商的 FoF 理财计划通常采用收益补偿机制。例如，广发增强型基金的优选计划规定，通过收取管理费来补偿投资者的收益。当计划到期时，如果满足补偿条件份额的期间收益率（三年化）低于 8.86%，管理人将以该份额所收取的全部管理费向持有人进行补偿，直至该份额的期间收益率（三年化）达到 8.86% 或管理费补偿完毕。

FoF 产品备受青睐，因为它们具有独特的优势。然而，随着时间的推移，越来越多的人开始对其价值产生怀疑，甚至出现了虚假的泡沫。随着泡沫的形成，投资者将不可避免地经历一次回归理性的过程，就像 "5·30" 前的股票和现在的基金一样。这一过程将不可避免地导致泡沫的破灭。FoF 产品的未来发展前景广阔，因为随着调整的进行，投资者将更加理性地看待市场，这与当前基金的情况相似。

11.5　联合投资风险分散

为了降低投资风险并提高投资回报，风险投资机构采用了多种投资策略。其中，联合投资是风险投资公司最为普遍的一种策略，它在降低风险投资公司的风险方面起到了显著的作用。然而，联合投资本身也存在一定的风险，这主要源于创业企业本身的不确定性以及市场环境的不确定性。联合投资的优势在于能使风险投资机构在面对不确定情况时具有更强的应变能力。特别是对于外资风险投资机构而言，中国的经济环境充满着巨大的不确定性，因此联合投资被视为一项至关重要的风险降低策略。通过联合投资，国际风险投资机构及其网络可以为中国的创业企业提供市场信息和技术支持。在联合投资过程中，领投者会根据不同行业的特点作出相应调整，以适应市场环境的变化。当风险投资所面临的风险更加多样化且资金负担更大时，联合投资的作用变得更加显著。领投者凭借其行业投资经验，可以通过联合投资关系巩固其在网络中的地位。总体而言，更多的行业经验与更多的联合投资相互联系，领投的风险投资在后续轮次中邀请新的伙伴加入，以利用其独特的能力和知识来改进交易选择，并提供更高质量的管理咨询。

风险投资机构和创业企业是投资过程中的两个主要参与方，面临着逆向选择和道德风险，这进一步增加了投资的风险。然而，联合投资可以有效地减轻逆向选择问题，因为联合投资者更加了解企业的信息。同时，联合投资也可以降低道德风险。在创业公司与风险投资家合作时，联合投资是最佳的投资组合形式，但并非最优解。联合投资为初创企业提供了一种潜在的解决盗窃风险问题的途径，然而，一旦盗窃理念的风险被证实，就会破坏企业家进行研究的动力，从而降低创新的可能性。如果盗窃理念能够被证实，那么诉讼的威胁就能够解决这种动力问题，但是如果在事前发现盗窃理念事后被证实的概率非常小，那么诉讼威胁就会变得无效。联合投资是一种有效的风险降低机制，它可以将投资分散到多个领域，实现投资的多样化和分散化，以克服信息不对称带来的交易成本。为了解决动机方面的问题，我们需要采取风险分担和增加投资组合的措施。

在决策联合投资时，多元化的资源组合比获得额外资源或进行交易更为重要。风险投资机构倾向于采用资源驱动的动机来减弱风险，而联合投资则是加强对关键行业关注的工具。通过与大量新的合作者联合投资或加入一个新的辛迪加的决策，可以获得多样化的好处，同时也能够开拓新的商业潜力。

建立战略联盟是风险投资机构实现风险分散的另一种方式，通过扩大联合投资伙伴的范围，可以增加其战略联盟的数量，使其成为资本注入的替代品、减轻技术风险或市场风险的手段，同时也是风险投资机构为其投资公司增值的重要机制。在风险投资与被投资企业之间存在不确定关系时，风险投资机构需要对联盟进行管理，以使联盟成员间达到双赢状态。联合投资的一个潜在动因在于共同策划，联合投资是一种避免同一联盟中的风险投资相互竞争的策略，从而获得垄断价格。此外，相对于自由竞争的均衡状态，联合投资将引入更多的风险投资到市场中，从长远来看，这将导致社会福利的下降。

联合投资的另一种潜在动机在于降低潜在竞争性项目之间的竞争力，而风险投资则会根据观察到的项目质量信号来决定是否进行联合投资，如果信号是公开的，则出于竞争的考虑会进行联合投资，这可能会导致有好信号的可行性项目被迫终止；如果信号是非公开的，风险投资家会选择不合作。在私下传递的信号并不总能激发风险投资家真实地披露他们的信息，因此联合投资的可能性会大大降低。

11.5.1　联合投资过程中的风险

1. 逆向选择风险

联合投资作为一种投资方式，涉及领投和跟投两个角色的双重逆向选择问题。领投由于提前接触到被投项目，对项目信息了解更全面，因此可能会优先选择最优秀的项目进行独立投资，而将次优项目留给其他机构进行跟投。而跟投者则更加了解自身的实力和精力状况，因此在决定是否参与联合投资时，可能会出现这样的情况：有经验且实力雄厚的风险投资家并不参与联合投资，而缺乏经验或时间有限的投资者则更倾向于参与跟投项目。具体表现在以下几个方面：

（1）在项目选择过程中，创业者对于项目质量和团队能力了解最为透彻，而投资方的了解相对较少。因此，在谈判阶段往往会出现双方的

"讨价还价"情况。如果投资方以"平均质量"为基准进行报价,那么优秀的项目可能会因为投资方报价过低而被淘汰,最终只有糟糕的项目留下。这会导致风险投资公司选择的项目质量不佳,错失更多优秀的投资机会。

(2)在寻找风险投资时,创业者不仅希望获得资金支持,还期望通过投资方的增值服务为企业带来更大的回报和更快的发展。由于风险投资公司的透明度较高,高质量的风险投资公司通常要求更高的投资价格,这可能导致创业企业只能接受实力较弱的风险投资公司的投资机会。

(3)在进行跟投邀请时,经验丰富且能力卓越的风险投资机构往往会提出更高的要求。而被选中的风险投资机构则对自身的资金实力和可提供的增值服务有清晰的认识。最终的谈判结果可能是选择能力较弱的合作伙伴作为领投方。

(4)如果领投方在早期已经对项目进行了投资,那么在后续的投资过程中,他们可能会选择保留最具潜力的项目,并将次优的项目作为邀请其他风险投资公司共同投资的机会。但如果所有风险投资公司都采取这种方式,就会导致没有项目可以进行联合投资。因此,联合投资存在逆向选择问题。逆向选择问题的存在必然会对联合投资的效率造成不利影响,进而对投资的最终回报产生负面效果,甚至可能导致整个风险投资行业的衰退和创业环境的恶化。

2. 道德风险

(1)联合投资中的双重道德风险问题

一般在对风险企业家和风险投资家关系的分析中,通常只关注风险企业家在信息不对称条件下面临的道德风险问题。即一旦被投资的企业获得资金,他们可能不会为实现其他目标而付出努力或有效利用这笔资金,从而大大降低项目成功的可能性。然而,对于风险企业的成功,风险投资家以咨询者的身份提供的增值服务也显得至关重要。此外,考虑到风险投资家付出的代价相同,他们可能存在着偷懒的动机。风险投资家对风险企业的作用可以分为两类：一类是在风险企业经营良好的情况下，风险投资家提供战略参考、协助招聘关键人员、与潜在供应商和客户建立联系，甚至参与日常运营等方面，对于风险企业家的支持至关重要。这些对企业家的"软性"支持行动是对其努力的一种补充，尽管这些行动可能会产生私人成本，但它们对于风险企业和企业家来说是有益的。另外一类是当风险企业陷入困境时，风险投资家会行使控制权，在适当的时机清算风险企业，或者寻找职业 CEO 来取代创始人。风险投资家采取的这种"硬性"控制行为也需要承担私人成本，虽然可以增加公司价值，但与风险企业家的利益存在冲突，而不是对企业家努力的一种补充。一般来说，风险企业家更倾向于让风险投资家扮演"咨询者"而不是"监管者"的角色。

作为投资方，联合投资的领投和跟投都存在着双重道德风险。跟投在为风险企业提供增值服务和监管时，可能会被领投视而不见，因为他们的努力程度不容易得到领投的观察和确认。另外，领投在及时了解风险企业经营状况信息和战略干预方面都比跟投更具优势。因此，在关键时刻如 IPO 或其他撤出时，领投有动力只为自己的利益作决定，这对跟投不利。此外，在合作过程中，可能会出现"敲竹杠"（Hold-up）现象。在联合投资中，合作方可能会以中途退出或其他未合作的方式来勒索获取更多企业份额，甚至以参与投资的名义盗取商业秘密或核心技术。

（2）联合投资中的"搭便车"问题

风险投资机构通常会对多个项目进行投资，并需要对每个项目进行监控和管理。因此，风险投资家在每个项目上的时间是有限的。当多个机构联合投资时，有些机构可能会更关注和管理联合投资项目，而其他机构可能会在该项目上付出较少的努力。然而，最终各方将按照投资比例分享投资收益，这被称为"搭便车"现象。这种情况可能会削弱付出较多方的积极性，就像"一个和尚挑水喝，二个和尚抬水喝，三个和尚没水喝"的情况一样。最终，这种搭便车现象不仅无法发挥联合投资的积极协同效应，还可能带来其他风险，导致不符合预期的结果。

11.5.2　联合投资风险防范

1. 逆向选择的防范措施

为了避免逆向选择，可以通过积极行动向对方传递信息，获得信息优势来增加当事人辨认的准确度。信号传递有两个途径：信息披露和声誉信号。在项目选择阶段，创业者对项目质量和创业团队能力的了解远远超过投资方。因此，创业者需要主动提供项目的专利、技术先进性、市场成熟度、创业团队和诚信情况等信息，以使投资方真正理解并相信项目的潜力。此外，在选择风险投资机构和跟投时，创业者还应提供有关机构的资金状况、来源、成功投资案例和关系网络的实际情况。经验丰富的风险投资公司通常会明确公布其投资领域和阶段等信息，以便项目能够发出信号。另外，风险投资的知识积累主要是在实践中学习的，这就需要有经验的积累。为了披露这些私人信息，声誉信号传递机制是一个好的方法，因为声誉的形成不是风险投资机构宣传的结果，而是市场客观反映其投资成果的结果。

另一种解决逆向选择问题的方法是由信息劣势一方主动采取措施，使用信息甄别机制进行筛选和鉴别。具体做法如下：

（1）制定严格的评估标准，经过初步评估和谨慎调查等方式筛选出具有较好潜力的项目和创业者。风险投资机构为了甄别具有发展潜力的方案，制定了高投资评估标准，严格筛选方案。一般情况下，方案评估需要经历方案筛选审核、约见和审慎评估等环节，任何环节都有可能拒绝不适合的方案。

（2）建立信息共享的网络，以实现投资信息的互通。风险投资机构可以通过建立业务关系网络来获取必要的人力资源信息，这些信息在选择投资伙伴时非常重要。

（3）为了区分不同类型的创业者和跟投者，我们提供多样化的合同选择，供代理人自主决策。风险投资机构可以通过设计各种不同的合同来满足不同类型的创业团队。为了区分不同类型的创业者，风险投资机构制定了多样的合同，并要求创业者在初始阶段进行联合投资。这些合同明确了创业者的收益与经营绩效的关系，并通过分阶段投资设定了可观测的目标界限，只有达到一定目标才能获得相应的资金。对于那些缺乏能力和信心的创业者来说，他们可能不会接受这些条款，因为作为代理人，创业者会根据自身特点选择最适合自己的合同。为了区分跟投者的不同能力，领投可以采用预先设计多个合同的方式。

2. 道德风险的防范措施

为了避免联合投资中的道德风险问题，可以通过制定制度，将各方利益捆绑在一起，并建立激励机制来激励每位合作者不断努力奋斗。同时，对于机会主义行为，应采取预先声明的惩罚措施，并确保这些惩罚措施是可信的。在这种情况下，可以通过声誉机制来削弱其声誉，以阻止合作者的合作，并避免他们在同行中再次被发现。对于风险投资公司对风险企业的投资，除了提供风险资金外，还提供顾问咨询增值服务，包括经营服务、网络、形象、道义支持、综合商务知识和纪律等方面，以满足多元化的业务需求。为解决联合投资中增值服务方面的"搭便车"问题，可以考虑结合跟投的经验水平和领投进行联合投资的动机，以提高投资的效率和质量。

情况1：若跟投方具备经验且能提供增值服务，并且领投方依赖其专有资源和增值服务，跟投方的努力程度对最终收益有重要影响。因此，应通过股权安排激励跟投方积极提供增值服务，并考虑到其声誉风险问题。

情况2：若领投方只关注资金或项目来源，允许经验不足的风险投资公司作为跟投方，这种跟投对最终价值影响较小，可以容许其参与且无需提供增值服务。然而，为了补偿，应要求其投入相对于有经验的跟投方更多的资金，这部分额外投资可以视为获取投资经验和业绩的回报。

（1）对有经验的跟投"搭便车"的解决措施

方法一：领投方应适当让出一部分股权给经验丰富的跟投方。

方法二：

理解一：跟投方存在"搭便车"问题，可能导致声誉损失和未来机会减少，进而影响收益。

对策一：在签约阶段即明确跟投方能够提供的增值服务，并取得其承诺。

理解二：跟投方提供增值服务，可能收益小于成本，但可以获得良好的声誉，并在未来合作中得到补偿。

对策二：强调长期合作意愿，并表明有意愿参与由跟投方主导的项目。

（2）对经验欠缺的跟投"搭便车"的解决措施

方法一：在联合投资协议中，可以让跟投方以较高价格获得风险企业股份，将这部分额外资金视为跟投方"搭便车"的费用，同时也作为其获取投资经验和业绩效应的补偿。

方法二：对于希望扩大自己关系网络和声誉影响的领投方来说，给予跟投方"搭便车"的机会可以看作是一种关系投资或声誉投资。因为在该行业经验不足的跟投方往往具备其他行业的经验和关系网络，与这类跟投方合作可以扩大弱关系，了解另一领域的纽带。

11.5.3　联合投资的注意事项

从风险投资各渠道吸纳风险资本，尽管风险投资企业以联合投资的方式来达到风险分担的目的，但是这一风险分担并不等于风险企业整体风险的减少，中外联合投资这一模式仅是风险投资企业间的一种风险转移方式。然后可采用联合的方式来进行投资，为了让被投资创业公司在企业发展过程中产生超额收益，那么针对创业教育企业自身的特点来说，应该注意以下几点：联合投资双方应该有重要的资源互补性，比如优势互补，同时也需要高效的信息整合；处理好领投和跟投之间的关系；联合方式应符合中国社会保护环境，并遵守特殊法律，以保护国情。下面就联合投资作一些具体思考。

1. 厘清联合投资人的出资

联合投资的实施离不开联合投资者的资助，这是开展联合投资业务的物质基础。联合投资人可以通过多种方式获得产权，例如电子货币、实物和知识等，并以土地资源使用权或他国财产权利的方式获取资金，或者通过劳务取得资金。联合投资者的股本贡献金额可能不相等，资本贡献的种类也可能不一致，但是资本贡献应以价值折价的方式作为股份。因此，无论采用哪种出资方式，都应明确约定联合出资人的出资方式、金额和期限等。对于联合投资人出资数额的决定，我们可以将所有学生共同出资的金额交由法定评估管理机构进行风险评估，并决定其价值。也可以商议决定所有中国共同出资的金额。然而重要的是，在签订联合政府投资合作协议时，需要明确规定各部门共同出资的金额和比率。这样，在未来的盈余分配和债务承担方面，对各国共同出资的权利和义务有明确要求。

2. 联合投资人的主体资格审查

联合投资者资格的审查应考虑多个方面，包括人品、能力、家庭情况、资产情况以及是否存在大额外债等。这些是签署联合投资协议时最重要的考虑因素。如果合作伙伴是企业，应保留其营业执照的复印件；如果合作伙伴是个人，应详细记录其身份证号码、家庭住址和电话号码。

另外，在审查企业联合投资人主体资格时还应注意通过以下限制性规定：

（1）国有企业、上市公司、公益机构和社会组织不得成为普通联合投资者。

（2）普通合营投资企业中，联合投资人为自然人的，具有完全民事行为能力；有限合营投资企业中，有限合营投资人为自然人的，可以由有完全民事行为能力人承担。

（3）特殊的普通联合投资管理企业中，联合投资人需要有相应的专业人员资质，如律师事务所中的联合投资人需要具有中国法律相关的从业资格。

（4）有限连带投资人自然人死亡、被依法宣告死亡，或者有限连带投资人的法人或者其他组织终止的，其继承人或者权利人可以依法取得有限连带投资企业有限连带投资人资格。

3. 禁止使用的字样

在联合投资协议中，不得以"有限"或"有限责任"字样命名联合投资企业。如果联合投资管理企业以"有限"或者"有限责任公司"字样命名，则具有欺骗性，由此可能产生影响正常的市场交易行为。

4. 明确约定联合投资人的权利和义务

（1）联合投资人的权利主要包括

①联合投资事务的经营权。

联合投资表决权和监督权的业务活动由联合投资者共同决定，无论投资多少，联合投资者都有权经营、投票、监督。

②联合投资利益的分配权。

合作投资者有权按照协议的规定分配利润。利润是按照出资比例、投入精力还是可以联合进行投资公司管理工作职责或其他方式分配，哪怕全体联合投资人都默示同意，也应在协议中明确写明。

③查阅账簿的权利。

合营投资者有权查阅账簿，了解合营企业的经营情况和财务状况。

④退伙的权利。

在协议中，应考虑退出合伙的方式、债务分担、联合投资财产的分割以及如何补偿其他联合投资者因退出造成的损失。

（2）联合投资人的主要义务

①足额出资。

联合投资人应按照协议约定实际交付出资。

②分担联合投资企业的经营损失和债务。

具体表现为企业对外的连带法律责任，对内的按比例、按约定分担公司经营损失和债务的责任。为了避免今后发生相互推挤的情况，协议也应当尽可能明确。

③竞业禁止。

联合投资者不得自行经营或者与其他与联合投资企业竞争的人合作经营。

④退伙后保守商业秘密的义务。

我国经济法律对联合投资人退伙后的保密义务教育并未明文规定，在联合政府投资合作协议中协商约定，即能对我们全体学生联合投资人产生约束力。设立联合投资企业，要求联合投资者之间签订书面协议，即联合投资协议。当然，这个协议的签署不一定需要经过公证程序。只要协议当事人具有相应的民事行为能力，协议内容不违法，当事人意思表示真实，签订的协议合法有效。而办理公证其实并不会对企业联合投资协议的生效产生什么影响。

11.5.4 小结

风险投资的重要特点不仅在于资金方面，还包括仔细选择投资目标并积极监控和管理投资以增加其价值。在选择和管理投资时，风险投资机构通常采取合作的方式，其中一种常见的形式是联合投资。联合投资是指几家风险投资机构联合投资一个风险企业项目，通常有一到两家牵头的投资公司。联合投资是风险投资中重要的分散风险策略之一，也是风险投资机构增加投资价值的手段之一。

我国的风险投资业起步较晚，直到 20 世纪 80 年代才在国家政策的支持下开始发展。随着中国加入 WTO 和资本市场的开放，外资的风险资本纷纷涌入，我国的风险投资业也迎来了爆发式增长。未来十年被认为是中国风险投资发展的黄金十年，既面临巨大机遇，也面临现实挑战。我国的风险投资行业存在一些问题，如缺乏经验、从业人员素质不高、市场不完善、机制不成熟和配套法规不健全等。在这种背景下，研究联合投资这种重要的分散风险和传播经验的策略对我国的风险投资行业、风险投资合伙人、风险投资机构以及正在或即将寻找风险资本的风险企业都具有重要意义。

第 12 章　创业投资的组合投资的绩效评价

在知识经济时代，科学技术对社会发展起着决定性作用。创业活动在促进经济发展方面扮演着重要的角色，它是将科学技术转化为现实生产力的桥梁。中小科技创业企业对我国高新技术产业的发展和国家创新体系的构建都具有重要影响，已经引起了理论界和各国政府的广泛重视。根据发达国家的经验，创业投资被称为科技型企业的"孵化器"，既能资助中小科技创业企业，又能积极参与企业管理，提供专业化的帮助，改善企业管理状况。对于风险投资来说，为了避免高风险带来的损失，广大投资人采取了相应的方式。而组合投资创业投资则成为最常见的一种方式。然而，在创业投资中，组合投资缺乏一套完整适用的绩效评价指标体系，可能导致评价结果失真，增加投资不成功的风险。这不仅会造成资源浪费，还会降低创业投资者的投资热情，从而对中小科技创业企业的成长产生整体影响。因此，需要构建一套科学合理的创业投资组合投资绩效评估指标体系，以期更好地引导我国创业投资组合投资业的发展和中小科技创业企业的成长。这对于我国创业投资业具有重要的科学引导作用。

12.1　创业投资的组合投资的绩效评价的必要性

我们知道，创业投资的组合投资的绩效评价是创业投资的组合投资决策中的一个重要基础，因此我们客观地评价绩效无论是对于风险投资者的科学决策还是对于中小科技创业所投资公司的成长都具有十分重要的作用。

（1）创业投资组合投资绩效评估的研究具有重要的理论意义。在风险投资过程中，对创业投资组合中的项目进行评估至关重要，这是决定项目成败的关键因素。然而，现有的研究主要集中在投资前期项目风险筛选阶段，很少有学者将创业投资组合投资全流程评估作为研究对象，导致创业投资组合投资绩效评价研究相对薄弱。此外，现有研究主要以实证研究为主。因此，创业投资组合投资绩效评估研究在理论上具有重要意义。

（2）创业投资组合投资绩效评估对于创业投资者的科学决策具有重要意义。风险投资组合投资操作过程包括资金募集、项目搜寻与甄别、项目评价、项目决策、后期监督和退出等多个环节。在这个过程中，对所投项目进行持续评估是至关重要的，而项目评估又是决定投资组合成功与否的关键环节。由于被投企业技术和市场的高度不确定性以及管理和信息的不对称性等原因，风险投资者通常无法准确评估被投企业。通过科学、合理地评估被投企业的风险投资，可以帮助风险投资者全面了解其经营状况，并根据评估结果采取相关改进措施，以帮助其改善经营管理，提高投资项目的成功率，降低风险。

（3）创业投资还有助于被投资企业自身的成长。一般来说，被投资企业由新技术创造者创立，这些人通常具有强大的技术创新能力，但在管理方面缺乏经验和技能，并且没有足够的时间和资源来全面及时地评估自己的绩效。与普通投资不同，创业投资者在将资金投入风险企业后，也会积极参与被投资企业的经营，从而推动风险企业的成长。创业投资组合投资进入企业后，创业投资者会因为收益的一致性而对其日常运营进行监督，并不断评估其风险绩效，从而帮助其改善运营和管理，使其能够最大程度地实现成功。被投资企业可以根据绩效评价结果自我诊断其经营状况、发展潜力和管理水平，作为自身改进的借鉴。

12.2　创业投资的组合投资的理论基础

在 20 世纪 60 年代，马科维茨等提出了一系列金融理论，包括资产组合理论、资本资产定价模型以及有效市场假说等。这些理论的提出为基金绩效评价提供了坚实的理论基础。创业投资者通过长期跟踪被投资企业的生产状况、经营情况和未来发展趋势等信息，规避风险，实现投资收益最大化。本节采用了资产组合理论、资本资产定价模型和有效市场假说等金融理论，作为创业投资的组合投资绩效评价的理论基础。笔者从不同角度分析了创业投资的组合投资对其自身和整个行业的经济效益，并说明了创业投资的组合投资者具有良好的收益稳定性。随着对这些经典理论的深入研究，创业投资的组合投资绩效评价研究正不断发展，对创业投资的组合投资绩效评价产生了重要影响。

12.2.1　资产组合理论

1. 资产组合理论的概述

马科维茨于 1952 年发表的 *Portfolio Selection* 被广泛认为是现代投资组合理论的奠基之作。随着资本市场的不断发展，投资组合理论逐渐成为金融学领域中最重要且充满活力的研究分支之一。根据资产组合理论，当两个证券的预期回报率相同时，投资者更倾向于选择风险较小的证券，这意味着他们必须承担较高的风险才能获得超额收益。为了规避这些风险，投资者通常会选择分散化的投资组合。基于这一理论，马科维茨发展出了经典的均值—方差模型，并以此为基础形成了资产组合理论，这成为现代投资学研究的重要内容之一。马科维茨的投资理论量化了证券组合的风险和收益，通过加权平均期望回报率和标准差的定量表示，为投资者提供了构建资产组合的选择。本节通过分析资产组合理论，探讨了投资者如何进行投资决策以实现最大收益。提出投资组合理论的前提是基于以下假设条件：

（1）理性投资者：投资组合理论假设投资者是理性的，能够全面、准确地评估资产的预期收益和风险，并基于这些信息作出投资决策。

（2）预期收益率和风险可测量：投资组合理论假设投资者能够准确地测量和预测资产的预期收益率和风险。这意味着投资者能够根据历史数据和其他相关信息对资产的未来表现进行合理的估计。

（3）无风险利率：投资组合理论假设存在一个无风险资产，其收益率是确定的，不受市场波动的影响。这个无风险利率可以用作投资组合的基准或风险补偿。

（4）投资者的目标只关注预期收益和风险：投资组合理论假设投资者的投资决策仅基于对预期收益和风险的考虑，忽略其他因素如税收、流动性需求等。

（5）资产价格是有效的：投资组合理论假设市场是有效的，即所有的信息都能够迅速、准确地反映在资产价格中。这意味着投资者不能通过分析信息来获得超额收益，只能通过有效的资产配置来优化投资组合。

根据投资组合理论的前提条件，市场投资者追求最大化投资回报，同时最小化投资风险。在实际经济生活中，投资者面临不同程度的非系统性风险和系统性风险。为了实现这一目标，投资者应采取分散化投资策略，即在不同行业的证券上进行投资，以降低风险。随着证券数量的增加，非系统性风险逐渐减少，最终降至零。此时，资产组合所面临的风险仅限于系统性风险，与市场风险相等。因此，投资者应重点关注低相关性和高风险性的股票进行分散投资。根据马科维茨的理论，当证券之间的相关系数较小时，整个证券投资组合的风险将降低。因此，在实际投资过程中，应尽可能选择相关性较小的证券进行投资组合。此外，投资组合中的投资品种数量与风险的抵消程度相关，但并不意味着投资品种越多风险越能有效减少。在我国，证券市场存在明显的过度分散化现象，过度分散化会导致投资的交易成本、时间成本和信息成本的增加。因此，在进行投资组合选择时，应尽可能采用分散投资策略。在构建投资组合时，每种证券的市值占比都具有至关重要的意义，因此可以通过调整不同证券的投资比例来灵活调整证券组合的风险水平。

2. 资产组合理论对创业投资的组合投资的绩效评价的影响

马科维茨的资产组合理论揭示了投资组合中收益和风险之间的紧密联系。它为建立高效的投资组合和分析资产组合收益和风险提供了坚实的理论基础。本节运用这一理论指导创业投资基金的实践，并结合我国实际情况提出了一些建议，以提高创业投资的绩效。这也对投资组合选择在组合投资中产生了深远影响，并为未来创业投资的组合投资的绩效评价提供了坚实的理论基础。

（1）在期望效用准则中，收益和风险这两个概念的明确定义对于投资绩效评价产生了深远的影响。这使评价范畴从单纯的收益评价转变为将风险纳入考量的综合评价。这种转变为投资者提供了更全面、更准确的评估方式，帮助他们更好地理解和衡量投资组合的绩效。在实际经济生活中，投资者面临不同程度的非系统性风险和系统性风险。在资产组合理论问世之前，投资者只关注投资组合的回报，而缺乏对风险的评估方法。然而，期望效用准则的出现解决了这一问题。该准则以资产组合的期望回报作为收益指标，并采用标准差和方差作为风险指标，提出最大效用化理论，为风险投资的组合选择提供了理论支持。这一理论的出现使投资者能够综合考虑收益和风险，从而更全面地评估和选择投资组合，提高投资决策的科学性和准确性。风险调整后收益率指标反映了整体收益情况。随着风险和收益概念的引入，风险投资中的组合投资效益指标已经从单一的收益指标发展到兼顾风险和收益的综合指标。马科维茨的资产组合理论为组合投资的风险评价提供了坚实的理论支持，并为后续风险调整后的收益指标奠定了可靠的基础。

（2）资产组合理论为投资者构建合理的分散化投资组合提供了理论

依据，也为评价风险投资的组合投资的分散化投资能力提供了理论。资产组合理论中提出相关系数和方差的概念用来衡量证券组合之间的相关性，投资组合的方差公式为：

$$\sigma_m^2 = \sum_{i=1}^{n} w_i^2 \sigma_i^2 \sum_{i=1}^{n} \sum_{j=1}^{n} w_i w_j r_{ij} \sigma_i \sigma_j \tag{12.1}$$

其中，σ_m^2 表示投资组合的方差，w_i、w_j 表示证券 i 和证券 j 在投资组合中所占的比例，σ_i、σ_j 表示第 i 种和第 j 种证券的标准差，r_{ij} 表示证券 i 和证券 j 之间的相关系数。如果各证券之间的相关系数为零，则方差公式表示为：

$$\sigma_m^2 = \sum_{i=1}^{n} w_i^2 \sigma_i^2 \tag{12.2}$$

从式（12.2）可以得知，通过分散投资组合，可以降低资产组合的风险。当资产之间的相关系数越小时，组合的方差也会越小，从而实现更大程度的风险消除。然而，在现实市场中，无论采用何种资产组合，系统性风险都无法完全消除。分散化投资的效果在于降低资产组合的非系统性风险，从而降低总体风险，但并不能将风险降低至零。资产组合理论的实际意义在于为风险投资者的管理能力评估提供了理论依据。风险投资者可以运用自己的专业能力来构建资产组合，以实现收益最大化和风险最小化的目标。这一理论为风险投资者提供了指导和支持，使其能够更加科学地管理资产组合，实现更好的投资绩效。

12.2.2　资本资产定价模型

1. 资本资产定价模型概述

随着投资组合理论的兴起，国际学者在马科维茨的资产组合理论基础上相继提出了一系列相关的理论。在此基础上构建了基于期望效用准则的风险投资组合投资绩效指标体系。1964 年，美国经济学家威廉·夏普在《金融杂志》发表了名为"资本资产价格：风险条件下的市场均衡理论"的论文,深入研究了资本资产定价问题。他认为,通过简单的数学模型可以解决资本资产定价问题。随后,林特纳和莫森(Lintner & Mossin)进一步完善了该模型,共同构建了描述市场均衡状态的资本资产定价模型。资本资产定价理论逐渐发展成独立学科,并广泛应用于金融学、财务学和计量经济学等领域。资本资产定价模型的提出建立在特定的假设之上,这些假设分别是:

(1)投资者根据投资组合在单一投资期内的预期收益率和标准差来评价其投资组合。

(2)投资者总是追求效用的最大化,当面临其他条件相同的两种选择时,将选择收益最大化的那一种。

(3)投资者是厌恶风险的,当面临其他条件相同的两种选择时,他们将选择具有较小标准差的那一种。

(4)市场上存在一种无风险资产,投资者可以按无风险利率借进或借出任意数额的无风险资产。

(5)税收和交易费用都忽略不计。

资本资产定价模型解释了资产价格和总风险之间的关系,它对风险的衡量对于组合投资绩效评价产生了重要影响。根据 CAPM,投资者可以根据个人的风险收益偏好,选择是否借入无风险资产,并假设投资者有一致的预期。在这种情况下,市场将达到均衡状态,此时任意的投资组合都将成为最佳组合。资本市场线则表示了投资收益与标准差之间的线性关系,具体表达如下:

$$r_i = r_f + \frac{r_m - r_f}{\sigma_m} \times \sigma_i \qquad (12.3)$$

由式(12.3)可知,投资组合的收益由无风险收益和风险收益这两部分组成,其中无风险收益是确定的报酬,而风险收益报酬是由风险决定的,风险越大,得到的风险补偿越大。为了准确预测证券收益率,又引入了 β 系数用来衡量证券的系统性风险,用公式表示为:

$$r_i = r_f + (r_m - r_f) \times \beta_i$$

$$\beta_i = \frac{\text{Cov}_{im}}{\sigma_m} \tag{12.4}$$

其中，Cov_{im} 是证券 i 与市场证券组合的收益率协方差，σ_m 是市场证券组合收益率的标准差。

2. 资本资产定价模型对创业投资的组合投资的绩效评价的影响

资本资产定价模型（CAPM）在市场中的应用使与实际价格不符的证券能够实现价值回归并促使市场向均衡状态发展。与传统的投资组合理论相比，CAPM 在风险投资组合的绩效评价方面发挥了更大的作用。

（1）资本资产定价模型（CAPM）揭示了证券收益与风险之间的线性关系，从而导致投资者在决策过程中将风险因素纳入考量，使风险投资的组合投资的绩效评价由单纯追求收益转向收益与风险的权衡。在这一背景下，学者们开始探索如何有效控制风险，以实现最佳的组合投资绩效。基于 CAPM 模型，学者们进一步发展了用于评价风险投资组合绩效的指标，其中包括 Treynor 指数、夏普指数和詹森指数等经典评价指标。这些指标被广泛应用于风险投资组合绩效的评估中，为投资者提供了有价值的参考。

（2）资本资产定价模型（CAPM）利用 β 值作为衡量系统性风险的指标，为证券风险评估提供了一种新的方法。这一模型揭示了证券收益与系统性风险之间的密切关系。系统性风险是指整个市场共同面临的风险，与个别证券本身的特性无关，因此无法通过分散投资来消除。然而，投资者可以通过有效管理投资组合，调整对市场组合变动的敏感度，以满足个人的投资需求，从而提高风险投资组合的风险管理水平和要求。通过这种方式，投资者可以更好地平衡风险和回报，实现优化的投资组合配置。

（3）资本资产定价模型可用于评估证券的合理定价。根据证券市场线的理论，如果投资组合位于该线上方，证券则被低估；相反，若投资组合位于该线下方，则证券被高估。这为风险投资者提供了一种思考方式，即将被低估的证券添加到其投资组合中，并卖出被高估的证券，以使投资组合始终接近均衡线，从而在市场上获得回报。这为风险投资者提供了评估市场能力和投资能力的机会，进而评价风险投资组合的绩效。

12.2.3　有效市场假说

1. 有效市场假说概述

1965 年，尤金法玛在商业学刊发表了一篇名为《股票市场价格行为》的文章，提出了著名的有效市场假说理论。有效市场假说认为，在竞争激烈的市场中，所有信息都能迅速为投资者所了解，并迅速反映在股票价格上，因此投资者无法依靠内幕消息提前购买股票以获取超额收益。有效市场假说的假设条件包括：信息获取成本为零，市场充分竞争，市场参与者都是理性投资者。有效市场假说根据市场有效性分为三种类型：

（1）弱式有效市场假说（weak-form EMH）

弱式有效市场假说认为市场价格已经反映了历史市场数据的所有信息，包括过去的股票价格、成交量和交易模式等。根据这一假说，投资者无法通过分析历史数据来获得超额收益，因为这些信息已经被市场充分反映在资产价格中。因此，技术分析等基于历史数据的交易策略在弱式有效市场中是无效的。

（2）半强式有效市场假说（semi-strong-form EMH）

半强式有效市场假说认为市场价格已经反映了所有公开信息，包括财务报表、新闻公告、研究报告等。根据这一假说，投资者无法通过分析公开信息来获得超额收益，因为这些信息已经被市场充分反映在资产价格中。因此，基本面分析等基于公开信息的交易策略在半强式有效市场中是无效的。

（3）强式有效市场假说（strong-form EMH）

强式有效市场假说认为市场价格已经反映了所有可获得的信息，包括公开信息和非公开信息（内幕信息）。根据这一假说，投资者无法通过任何信息来获得超额收益，因为所有信息都被市场充分反映在资产价格中。因此，在强式有效市场中，即使拥有内幕信息的投资者也无法获得超过市场平均水平的收益。

2. 有效市场假说对创业投资的组合投资的绩效评价的影响

因为内幕信息的存在和使用难以监测和控制，全球资本市场尚未形成强式有效市场，因此，评估风险投资的组合投资绩效变得至关重要。本节旨在通过建立简单的风险资产定价模型，分析如何评价一个国家或地区的证券市场是否具有弱式有效性。在众多的研究中，人们更关注资本市场是否能够满足投资者的要求以及如何提高资本市场效率。

由于我国证券市场起步较晚，且仍处于初步弱式有效市场阶段，导致证券价格无法充分反映有效信息，因此我国股票市场仍存在着利用历史或未公开消息获利的机会，风险投资者可以根据自己的管理能力，采取适时的策略来获取超额收益，这为证券市场的非强式有效性提供了理论支持。因此，评估风险投资者的能力变得非常重要。风险投资家可以根据市场表现，运用专业知识和投资理念，选择合适的投资产品，并在适当的时机进行资产配置。这将对风险投资组合的绩效产生影响，因此评估他们的能力至关重要。

12.3　创业投资的单一因素绩效评价方法

我国的创业投资行业得到了快速的发展，在技术创新和国民经济增长等方面发挥着重要作用。然而，由于创业投资带来了高风险高收益，创业投资组合投资能够更好地平衡风险和回报，因此吸引了投资机构的关注。然而，我国在创业投资组合投资绩效评价方法和机制方面相对滞后，这给创业投资机构带来了很大的困扰，也限制了对创业投资组合投资的深入研究。因此，提出合适且有效的创业投资组合投资绩效评估方法对于该领域至关重要。本节从净资产法、投资收益率法、内部收益率法和基于风险考虑的创业投资组合投资业绩相关指标四个方面，对创业投资组合投资绩效评价方法进行了详细阐述。

12.3.1 净资产值法

净资产值法（net asset value，NAV）是一种用于估计基金或公司价值的方法。它的基本原理是通过计算资产减去负债得出净资产值，然后将净资产值除以总发行的股份数量，得到每股的净资产值。具体而言，净资产值法通常用于估计基金的净值或投资公司的净资产价值，其计算公式如下：

$$净资产值 = 总资产 - 总负债 \tag{12.5}$$

而每股净资产值的计算公式为：

$$每股净资产值 = 净资产值 / 总发行股份数量 \tag{12.6}$$

这个方法的基本假设是，公司的价值主要来自其所拥有的资产减去负债，而每股的净资产值则代表了每一股股份所对应的实际价值。净资产值法的优点是相对简单易懂，能够提供对基金或公司价值的估算。它适用于那些资产和负债比较明确，且没有明显特殊价值的情况。然而，净资产值法也存在一些限制。首先，它没有考虑公司的未来收入和盈利能力，因此无法反映潜在的盈利增长。其次，净资产值法也未考虑市场需求和竞争力等因素，因此可能无法准确反映市场价格。

12.3.2 投资收益率法

创业投资的组合投资主要侧重于未上市股权，其股权价值通常取决于未来回报。尤其是对创业企业而言，其价值主要表现为无形资产，如技术专利、人力资本和产品潜力等，而实物资产较少。因此，仅对创业企业的净资产进行评估容易导致低估，从而限制了创业投资组合投资评价方法的应用。

投资收益率反映了投入与产出的情况，不仅考虑了创业投资组合投资的净资产价值，更重要的是考虑了净资产的增长速度。从相对动态的角度来反映创业投资组合投资净资产的增长情况，即期末净资产相对于期初净资产的增长率。用公式表示为：

$$投资收益率 = \frac{Npv_1 - Npv_0}{Npv_0} \qquad (12.7)$$

其中，Npv_1 表示期末净资产值，Npv_0 表示期初净资产值。

在评估组合投资的风险投资业绩时，可以将特定时期的投资收益率与整个行业的平均投资回报率以及同期股价指数变化率进行对比。如果投资收益率高于整个行业的平均投资回报率或同期股价指数的上涨率，就意味着该产业的投资业绩表现出色。在特定时期内，可以横向比较不同的创业投资组合，评估它们的投资回报率，以判断它们的业绩优劣。

12.3.3　内部收益率法

在评估创业投资的组合投资的经营绩效时，传统的投资收益率法存在一些缺陷。该方法仅考虑企业的会计价值，没有考虑整体市场价值和时间价值，仅以总期末净资产为基础进行计算。虽然该方法引入了某一时间段内净资产的变化指标，但忽略了资金的时间价值，对于一些以高科技为主的企业和创业企业来说，会产生不可忽视的误差。因此，为了更准确地评估风向投资的组合投资经营业绩，内部收益率指标被更广泛地采用。本节提出了一种新的评价方法——内部收益率与资本成本比率法。该计算方式基于净现值法的基础之上：

$$NPV = \frac{\sum CF_t}{(1+r)^t} \qquad (12.8)$$

其中，NPV 表示净现值，t 表示时间（单位年），r 表示贴现率，CF_t

表示不同时点的现金流。

内部收益率是使上式中净现值为 0 时的贴现率，一般用线形插值和试错法得到。它可视为投资获得的利率，具有良好的经济学含义，在计算时是完全内生的，不需要预先给定一个基准，具有很强的真实性和客观性。因此，在风险投资的组合投资的绩效评估中使用相当普遍。

然而，内部收益率法也存在一些限制。首先，计算内部收益率需要预先估计未来现金流的大小和时间，这对于一些项目可能存在较大的不确定性。其次，内部收益率法可能存在多个解或不存在解的情况，这可能导致对项目盈利能力的评估不准确。此外，内部收益率法还未考虑到通胀、税收和风险等因素对投资回报的影响。

12.3.4 基于风险考虑的创业投资的组合投资绩效的相关指标

投资者的绩效受风险和收益两个变量的影响。通过建立风险和创业投资组合收益之间的关联性，可以评价创业投资组合在收益方面相对于某个比较基准目标的表现，从而更准确地衡量其绩效。夏普指数、Treynor 指数和詹森指数等典型的风险调整绩效评价指标被广泛应用。这些指标考虑了投资组合的风险水平，并将其与预期收益进行比较，以提供更全面的绩效评估。

1. 夏普指数

夏普指数（Sharpe ratio）是一种用于衡量投资组合的风险调整回报的指标，它由诺贝尔经济学奖得主威廉·F. 夏普（William F. Sharpe）于 1966 年提出。夏普指数将投资组合的超额回报与其风险水平进行比较，以评估投资组合的综合表现。夏普指数的计算公式如下：

$$SR = \frac{r_p - r_f}{\sigma_p} \tag{12.9}$$

其中，SR 为夏普指数，σ_p 为组合收益率的标准差，r_f 为无风险利率，r_p 为投资组合的平均收益率，夏普指数反映的是在单位总风险下，所能获得的超额收益率。夏普指数越高，表示投资组合在单位风险下获得的超额回报越多，即相对于风险的承担，获得的回报更高。夏普指数的值越大，说明投资组合的表现越好。

夏普指数的优点是将回报与风险结合在一起进行评估，可以帮助投资者判断投资组合的综合表现。通过比较不同投资组合的夏普指数，投资者可以选择具有较高夏普指数的投资组合，从而更好地平衡回报和风险。

然而，夏普指数也有一些限制。首先，夏普指数假设投资组合的回报率服从正态分布，并且风险是通过标准差来度量的，这可能忽略了非正态分布的风险因素。其次，夏普指数对投资者的风险偏好有一定的假设，可能不适用于所有投资者。此外，夏普指数无法考虑到投资组合的特定风险特征，如流动性风险或信用风险。

2. Treynor 指数

Treynor 指数（Treynor ratio）是一种用于衡量投资组合的风险调整回报的指标，由美国金融学家杰克·特雷诺（Jack Treynor）于 1965 年提出。Treynor 指数通过将投资组合的超额回报与投资组合的系统风险（β 系数）进行比较，以评估投资组合的综合表现。Treynor 指数的计算公式如下：

$$TR = \frac{r_p - r_f}{\beta_p} \tag{12.10}$$

其中，TR 为 Treynor 指数，β_p 为组合的系统性风险系数，r_f 为无风险利率，r_p 为风险投资的组合投资的投资收益率。Treynor 指数越高，表示投资组合在单位系统风险下获得的超额回报越多，即相对于市场风险的承担，获得的回报更高。Treynor 指数的值越大，说明投资组合的表现越好。

Treynor 指数的优点是将回报与系统风险结合在一起进行评估，可以帮助投资者判断投资组合的综合表现。与夏普指数相比，Treynor 指数更加关注投资组合的系统风险，适用于投资者更加关注市场风险的情况。

然而，Treynor 指数也存在一些限制。首先，Treynor 指数假设投资组合的回报率服从正态分布，并且系统风险是通过 β 系数来度量的，这可能忽略了非正态分布的风险因素。其次，Treynor 指数无法考虑到投资组合的特定风险特征，如流动性风险或信用风险。

3. 詹森指数

詹森指数（Jensen's alpha），也被称为 α 系数，是一种用于衡量投资组合或基金经理相对于市场的超额收益的指标。它由美国金融学家迈克尔·詹森（Michael Jensen）于 1968 年提出。詹森指数的计算方法是通过比较投资组合的实际回报与根据市场风险和投资组合的 β 系数的预期回报之间的差异来衡量超额收益。詹森指数的计算公式如下：

$$E(r_p) = r_f + \beta_p(r_m - r_f)$$
$$\alpha = r_p - E(r_p) \tag{12.11}$$

其中，$E(r_p)$ 为基金的期望收益率，r_f 为无风险收益率，β_p 为基金投资组合所承担的系统风险，r_m 为市场投资组合收益率，r_p 为基金实际收益率，α 为詹森指数。如果詹森指数为正值，表示投资组合或基金的实际回报高于预期收益，表明基金经理或投资组合管理者具有超额的投资能力。如果詹森指数为负值，表示实际回报低于预期收益，表明基金经理或投资组合管理者的表现不佳。

詹森指数的优点是可以单独衡量基金经理或投资组合管理者的投资能力，将超额收益与市场风险进行比较。它可以帮助投资者评估基金经理的主动投资能力，即相对于市场表现的能力。

4. M^2 方法

尽管可以通过对组合绩效进行排序来评估其优劣，但夏普指数本身的数值难以解释。因此，威廉·F. 夏普提出了一种赋予夏普指数数值化解释的指标，即目前被称为 M^2 测度的指标。M^2 测度提供了一种更加直观和可理解的方式来解释组合的绩效表现。

M^2 方法将投资组合或基金的绩效分解为两个主要组成部分：系统性绩效和无系统性绩效。系统性绩效是指投资组合或基金的回报与市场回报之间的差异，而无系统性绩效是指投资组合或基金的回报与市场回报之间的无关部分。计算公式如下：

$$M^2 = \bar{r}_p^* - \bar{r}_m = S_p \sigma_m + r_f - \bar{r}_m = \frac{\sigma_m}{\sigma_p}(\bar{r}_p - r_f) - \bar{r}_m + r_f \qquad (12.12)$$

其中，$\bar{r}_m$ 表示组合 P 在水平下的平均收益率；σ_m 与 σ_p 分别表示组合 P 和市场 M 的标准差；r_f 表示无风险收益率。

M^2 值越高，投资组合或基金的整体绩效越好。它反映了投资组合或基金经理相对于市场的超额回报能力，即是否能够在承担相同市场风险的情况下获得更高的回报。M^2 方法的优点是考虑了投资组合或基金的系统性风险，并将其与市场进行比较，可以更准确地评估和比较不同投资组合或基金的绩效。此外，M^2 方法还可以帮助投资者判断基金经理的选股和择时能力。

5. M^3 方法

对于组合构建和基金业绩的有效排序，仅使用夏普指数和 M^2 方法还不足够。目前，对于组合与基准之间的标准差差异的调整还不够充分，而不同相关性对应不同的风险水平。忽视了组合与基准之间的相关性可能导致错误的排序和评价结果。为了更全面地考虑相关性差异和投资者的风险目标，学者们提出了 M^3 测度方法。该方法重点研究了两个方面的问题：业绩排序以及基金、基准组合、无风险资产在基金投资组合中的权重构成和最优组合。此外，M^3 方法还可以应用于多基金的情况。实证研究表明，在 M^2 和 M^3 方法下，排名差异不大，但从收益上来看，M^3 方法更好。相关的计算：

$$M^3 = r_{p*} - r_m$$
$$r_{p*} = ar + (1-a-b)r_f + br_m$$
$$b = \rho_{T,m} - (a)\frac{\sigma_p}{\sigma_m}\rho_{p,m}$$

$$a = +\sqrt{\frac{\sigma_m^2(1-\rho_{Tm}^2)}{\sigma_p^2(1-\rho_{Pm}^2)}}$$

M^3 方法类似于三基金分离定理。其中，a、b、$(1-a-b)$ 分别表示组合或基金、市场组合或基准组合、无风险收益率三者的权重。

6. 信息比率

信息比率（information ratio）是一种用于评估投资组合或基金经理相对于基准的超额回报能力的指标。它衡量了投资组合或基金经理每单位承担的主动风险所带来的超额回报。信息比率的计算公式如下：

$$IR = \alpha/\omega \qquad (12.13)$$

信息比率越高，表示投资组合或基金经理在相对于基准的超额回报中承担的主动风险带来的超额回报越高，说明其具有较好的投资能力。相反，信息比率较低则意味着投资组合或基金经理的超额回报不足以弥补其承担的主动风险。

信息比率的优点是能够考虑到投资组合或基金的超额回报相对于风险的表现，因此更全面地评估了投资组合或基金经理的绩效。它相对于简单比较绝对回报的方法更加准确，并且可以帮助投资者判断投资组合或基金经理的主动管理能力。

12.4 创业投资的组合投资绩效评价方法

12.4.1 法玛和弗伦奇（Fama & French）的三因素模型

法玛和弗伦奇的三因素模型是一种经济学和金融学中用于解释股票回报的模型。该模型于 1992 年由经济学家尤金·法玛和肯尼思·弗伦奇

（Eugene Fama & Kenneth French）提出，是对资本资产定价模型
（CAPM）的扩展和改进。该模型认为，除了市场风险因素外，股票回报
还受到其他两个因素的影响：市值因子（*SMB*）和账面市值比因子
（*HML*）。

市值因子（*SMB*）衡量了小市值股票相对于大市值股票的收益差异。
根据该模型，小市值股票在投资组合中表现出更高的回报。账面市值比
因子（*HML*）衡量了账面市值比较高的股票相对于账面市值比较低的股
票的收益差异。根据该模型，高账面市值比股票在投资组合中表现出更
高的回报。

这个多因素均衡定价模型可以表示为：

$$E(R_{it}) - R_{ft} = \beta_i [E(R_{mt} - R_{ft})] + siE(SMB_t) + h_iE(HMI_t)$$

（12.14）

其中，R_{ft} 表示时间 t 的无风险收益率；R_{mt} 表示时间 t 的市场收益率；
R_{it} 表示资产 i 在时间 t 的收益率；$E(R_{mt}) - R_{ft}$ 是市场风险溢价，SMB_t 为
时间 t 的市值（Size）因子的模拟组合收益率（small minus big），HMI_t 为
时间 t 的账面市值比（book-to-market）因子的模拟组合收益率（high mi-
nus low）。

β、s_i 和 h_i 分别是三个因素的系数，回归模型表示如下：

$$R_{it} - R_{ft} = \alpha_i + \beta_i(R_{mt} - R_{ft}) + S_iSMB_t + h_iHMI_t + \varepsilon_{it} \quad （12.15）$$

法玛和弗伦奇的三因素模型在解释股票回报方面相对于 CAPM 具有
更好的解释能力。通过引入市值因子和账面市值比因子，该模型更好地
解释了市场上存在的小市值股票和高账面市值比股票的超额回报现象。
它对投资者提供了更全面的资产定价和投资决策依据。

然而，需要指出的是，三因素模型并不能完全代表资本定价模型的
全部内容。最近的研究表明，三因素模型还存在一些未能解释的因素，
例如短期反转、中期动量、波动性、偏度和赌博等。因此，接下来我们
将介绍卡哈特（Carhart）四因素模型。

12.4.2　卡哈特（Carhart）四因素模型

卡哈特四因素模型是一种用于解释股票回报的经济学模型，由经济学家马克·卡哈特（Mark M. Carhart）于 1997 年提出。该模型是对法玛和弗伦奇的三因素模型的进一步扩展，引入了一个额外的因素——动量因子（MOM）。卡哈特四因素模型认为，股票的回报除了受到市场风险、市值因子和账面市值比因子的影响外，还受到动量因子的影响。动量因子衡量了股票过去一段时间的表现对未来回报的影响。根据该模型，表现良好的股票在未来仍然可能继续表现良好，而表现差的股票可能继续表现较差。四因素模型公式如下：

$$R_{i,t} - R_{f,t} = \alpha_i + \beta_{i,MKT}MKT_t + \beta_{i,SMB}SMB_t + \beta_{i,HML}HML_t + \beta_{i,UMD}UMD_t + \varepsilon_{i,t}$$

$$(12.16)$$

四因素模型中，基金的收益率用 $R_{i,t}$ 表示，市场上的无风险收益率用 $R_{f,t}$ 表示。α 表示市场组合平均收益率与市场无风险收益率之差，SMB 表示小市值股票与大市值股票的收益率差，HML 表示高账面市值比股票与低账面市值比股票的收益率差，UMD 表示高收益股票与低收益股票的收益率差。

卡哈特四因素模型通过引入动量因子，进一步提高了解释股票回报差异的能力。动量因子反映了市场上股票价格的趋势和市场情绪的影响，能够更好地解释股票回报中的超额收益。卡哈特四因素模型在投资组合构建和资产定价方面具有一定的实践意义。它提供了更全面、细致地解释股票回报的框架，帮助投资者更好地理解股票市场的运行机制，提高投资组合的绩效。

12.4.3　多目标动态整数规划模型

根据整数规划原理，可建立风险投资项目多目标动态整数规划模型：

$$\max U_{kl} = \sum_{j=1}^{N_{kl}} Z_{jkl} \cdot X_{jkl} \, (k = 1, 2, 3; l = 1, 2, \cdots, 6)$$

$$\text{s.t} \sum_{j=1}^{N_{kl}} C_{jkl} \cdot X_{jkl} \leqslant C_{kl}$$

$$X_{jkl} = \begin{cases} 0 \\ 1 \end{cases} \qquad (12.17)$$

其中，U_{kl} 为第 k 个时期，第 l 个领域的目标函数（组合投资效用）；Z_{jkl} 为第 k 个时期，第 l 个领域，第 j 个项目的综合评价值；N_{kl} 为第 k 个时期，第 l 个领域的项目总数；C_{jkl} 为第 k 个时期，第 l 个领域，第 j 个项目所需投资额；C_{kl} 为第 k 个时期，第 l 个领域的投资限制值（动态变化取值）；X_{jkl} 为决策变量。

12.5 风险投资的组合投资绩效评价案例分析与实证研究

12.5.1 风险投资项目分类

例如，陕西省风险投资公司收到了 1 100 多项投资项目的申请。针对该省五大重点发展的高新技术领域，从中筛选出了 41 项基础理论研究项目。这些项目在学术水平上表现出较高的水准，并且具有良好的应用前景。此外，它们还筛选出了 116 项应用技术开发项目，这些项目具有高附加值、高利税、高创汇和良好的经济效益。另外，还有 137 个项目技术成熟且近期内可以实现产业化。总计共有 294 个项目。这些项目在陕西省的分布情况如下：

（1） A——微电子科学和电子信息技术，共 79 项，分基础研究项目（$a11$）、应用开发项目（$a21$）和产业化项目（$a31$）三个层次；

（2） B——材料科学和新材料技术，共 74 项，分基础研究项目（$b12$）、应用开发项目（$b22$）和产业化项目（$b32$）三个层次；

（3）C——生物工程和生物医学工程项目，共 19 项，分应用与开发项目（$c23$）、产业化项目（$c33$）两个层次；

（4）D——光电子科学和光机电一体化项目，共 35 项，分应用与开发项目（$d24$）、产业化项目（$d34$）两个层次；

（5）E——空间科学和航空航天技术产业化项目，共 16 项，有产业化项目（$e35$）一个层次。其层次结构如表 12－1 所示。

表 12－1　　　　　　　风险投资项目分类层次结构

时期 k	微电子	新材料	生物与医药	光机电一体化	航空航天
1. 基础研究	a_{11}	b_{12}	—	—	
2. 应用与开发	a_{21}	b_{22}	c_{23}	d_{24}	—
3. 产业化	a_{31}	b_{32}	c_{33}	d_{34}	e_{35}

294 个重点规划项目所需总投资额为 41.43 亿元，最终可形成年销售收入 279.14 亿元，投入产出比为 1 : 6.7。

12.5.2　风险投资评价指标

经过广泛征询专家和综合决策部门的意见，我们针对我国科技政策和高新技术的特点，制定了三种不同层次的风险投资项目评价指标，以便对其进行合理评估。这些评价指标的设计考虑了项目的风险程度、技术创新性、市场前景等关键因素，旨在提供一个全面而准确的评估框架，帮助投资者在决策过程中更好地理解和评估风险投资项目的潜在回报和风险。

基础研究项目的评估标准对于我们来说是必不可少的。这些指标反映了我国在国家重大科研计划中在基础科学领域所取得的主要进展和水平。本节涵盖了 15 个评价因素，其中包括五个指标。在课题设计中，我们考虑到了四个关键因素：立题依据、研究内容、研究方案和研究周期。基于这些因素，我们制订了一套完整的研究方案。预期的成果由四个要素构成，包括创新思维、技术潜能、对经济的贡献以及对企业需求的影响。科研条件由申请者的研究基础、合作者的能力和仪器设备的条件共同构成。制定预算时，我们需要考虑经费的合理性和强度，以确保经费的合理分配。此外，我们还需要预测未来的风险等级。

对于应用与开发项目而言，其评估标准是必不可少的。以下是九个评价指标，其中包括项目的水平、实际效益、潜在应用、年产值、年利税、年节创外汇、投资回收期、项目等级以及计划的达成进度。

对产业化项目进行评估的衡量标准。每一个因素都有不同的量化方法。这里涵盖了四个评价指标以及 12 个评价因素。以下是四个关键指标：我们建立了风险投资项目风险分析的指标体系，该体系基于以下几个指标：（1）技术经济性，包括产品的先进性、投资回报率和投入产出比；（2）市场的需求性，取决于市场的可接受性、需求规模和可替代进口的能力；（3）生产规模性，包括产品寿命周期、更新换代能力和规模生产可能性。该项目的经济和社会效益由三个要素构成，分别是净现值、年节创汇以及社会效益。为了对三个层次的风险投资项目进行评价，我们采用了一种综合评价方法，该方法结合了定性和定量的加权求和。

12.5.3　组合投资优化

为了提高投资组合的效益，我们采用了风险投资组合模型，并进行了优化。针对每个因素，我们使用了不同的量化方法。该模型使用了交互式分解协调优化技术，其核心数学模型是 0 - 1 整数多目标的动态优化。在目标体系中，参数呈现出动态可调的特性，而投资限制值 C_{kl} 则具有动态仿真的特征，从而表现出高度的动态变化。为了实现高新技术风险投资项目的筛选，我们建立了相应的非线性规划模型。考虑到这是一项涉及多个目标和层次的综合决策，所以我们在优化过程中针对不同类型的高新技术项目，采用了不同的优化目标体系，以期达到最佳效果。在优化模型中，针对基础研究项目、应用与开发项目和产业化项目，分别设定了 15、9、12 这 3 个层次的优化目标，以最大化各领域的综合评价分值为目标函数。对各级别、各领域的高科技风险项目进行了全面评估，并将每个项目的综合评估得分 Z_{jkl} 代入优化模型中。通过这样的方式，我们得到了一个既符合投资原则又兼顾经济效益的最优方案。按照该领域、该层次所需总投资额的 95%、90%、85% 的比例，C_{kl} 的投资限制值将按照 5% 的间隔由高到低的顺序进行取值。通过动态计算，我们可以确定在不同的资金条件下需要进行投资或舍弃的项目，并找到各层次、各技术领域投资项目的最佳决策点，以应对规划项目所需资金无法完全保证的情况。因此，采用这种方法对某公司进行技术改造方案的优选是可行的。通过优化结果的分析，我们发现，在满足该层次和技术领域综合评价分值的最大值的前提下，通过剔除评价分值较低、所需投资额较高的项目，能够显著提高单位投资所获得的最终年销售收入。同时，现投入资金与原所需资金相比大幅度下降，而 2018 年的销售收入仅略有下降，与原计划年销售收入略有差异。经过优化后，投入与产出的比例从原来的 1∶6.7 提高至 1∶10.3。通过运用投资组合模型，我们实现了显著且可观的经济成果。这些优化结果表明，我们的投资决策具有良好的经济效益，并为进一步的投资决策提供了有益的参考。

12.5.4　实证研究

1. 样本选取

实证样本被选为中国邮政创业投资管理有限公司下中国邮政科技创新精选 A，该基金是以合同为基础的开放式基金，专注于国家在经济结构调整、科技创新过程中带来的投资机会，投资范围包括科技板、中小板、创业板等主要领域的风险投资，评选样本期为 2020 年 2 月 28 日 ~ 12 月 4 日，周报发布结束。选定比较基准为中国战略性新兴产业成分指数收益率 ×70% + 上证国债指数收益率 ×30%。

2. 本节根据每周公布的数据库中的资产净值计量数据，进行了对创业基金的资产收益率的样本数据处理

$$r_i + r_f + \beta\ (r_m - r_f)$$

其中，r_i 表示组合收益率；r_f 表示无风险收益率；r_m 表示市场收益率；β 表示组合的 β 系数。

3. 无风险利率的调整

在样本期间，我们采用银行一年期存款利率作为无风险利率，其数值为 1.50%。

4. 实 证 结 果

首先用 CAPM 模型进行最小二乘法（OLS）回归，基本的统计结果见表 12 - 2。

表 12 - 2　　　　　　　　　　　实证回归结果

. reg r_it r_mt

Source	SS	df	MS			
				Number of obs	=	40
				F（1，38）	=	70.52
Model	0.020307115	1	0.020307115	Prob > F	=	0.0000
Residual	0.010943029	38	0.000287974	R-squared	=	0.6498
				Adj R-squared	=	0.6406
Total	0.031250144	39	0.000801286	Root MSE	=	0.01697

r_it	Coef.	Std. Err.	t	P > |t|	［95% Conf. Interval］	
r_mt	0.8305416	0.0989041	8.40	0.000	0.6303208	1.030763
_cons	0.0058733	0.0027347	2.15	0.038	0.0003371	0.0114095

根据市场模型的理论，证券或组合的收益率可以被视为市场收益率的线性函数。其中，斜率表示证券或组合 I 对市场组合收益率的敏感程度，也就是系统风险的度量。

从表中可以看出，中邮科技创新精选 A 回归的各统计特性较为理想，均较为显著，β 的高度相关亦说明选取的指数基准对于组合净收益率有较强的解释作用，而 β 值小于 1，说明中邮科技创新精选 A 的投资组合风险小于市场风险。

此外，科技创新精选投资组合的收益也用不同的指数计算。这些指标包括：（1）没有进行调整的平均收益率，（2）Sharpe 指数，（3）Treynor 指数，（4）M^2 方法调整的收益率。有关结果载于表 12 – 3。

表 12 – 3 中邮科技创新指数

基金公司	周平均收益率	Sharpe	Treynor	M^2 指数
中邮科技创新精选 A	0.0103125	0.358575036	0.012067427	0.010017758

其中，绩效指数采用的公式：

Sharpe 指数：

$$\frac{R_p - R_f}{\sigma_p}$$

Treynor 指数：

$$\frac{R_p - R_f}{\beta_p}$$

M^2 指数：

$$\left[\frac{\sigma_M}{\sigma_p}(R_p - R_f) + R_f\right] - R_M$$

12.5.5 结论

在考虑风险投资项目不同发展时期和不同产业领域的组合特点时，组合投资模型综合评价了技术和产品、市场、财务、团队与管理、环境和风险等多个目标。采用这种模型有助于提高经济效益和降低风险，为风险投资的决策提供了科学依据。

第13章　创业投资产业链和生态圈机制

随着我国创业投资的不断发展，创业投资所投资的标的不再局限于单个企业甚至单个产业，而是越来越倾向于投资以头部企业为核心的产业链上下游，构建创业投资生态圈，通过对全产业链的投资和把握来降低风险，增加创业资本的盈利能力。本章从产业链、技术链、人才链以及生态圈角度来研究创业投资行为与机制。

13.1　产业链及其机制

13.1.1　产业链的定义

1. 产业链的定义

根据传统产业经济学的定义，产业链指在一定的技术经济关联下，各产业部门间按照某种时空布局和逻辑关系形成的类似于一个完整链条的形态。从不同维度来看，产业链可以大致划分为企业链、价值链、空间链和供需链。

行业的发展不断突破自身形成产业，在产业链中核心企业的带动下，对上下游企业进行整合形成产业链。从结构上来看，产业链包括上游链、下游链和中间链；从价值属性来看，产业链中在不停地做着链上、下游价值及信息的交换，体现在上游企业/单位向下游企业/单位提供有形产品或无形服务，下游企业/单位则向上游企业/单位反馈信息。

2. 产业链的内涵

（1）产业链是产业层次的表达

产业链是以核心企业或者头部企业为中心，连接上下游企业，以产业或者技术构建链条关系而形成的一种新型产业模式。研究产业链不能孤立地看待产业链上的各个企业，而必须以整体的、宏观的角度来看待整个产业链条，把单个的企业连接起来视作一个整体。

多个企业通过业务关系或技术关系有机地联合在一起形成产业链。而产业链上的各个组成企业，往往其业务种类或者业务模式具有趋同性或相似性，或者说一个产业链上的各企业往往聚焦于一个或数个产业。所以，把握产业链要从其对应的产业出发。

（2）产业链是产业关联程度的表达

产业关联程度是针对产业链上各个企业而言的，各个企业的业务种类、技术种类、经营内容的内在相关性决定了它们的关联程度。产业链上各企业的业务、技术、经营模式越趋同或相似，或者内在联系越紧密，可以视作其产业关联程度越高；反之，各企业的业务、技术、经营模式等越有差异，其产业关联程度越低。

一般说来，能够组成一条较为成熟的产业链的各个企业间的产业关联程度较高；反之，其产业关联程度较低。

（3）产业链是资源加工深度的表达

单个企业要实现其价值最大化往往需要进行资源整合或资源加工。资源整合是企业日常经营管理的工作，也是企业调整发展策略的手段。整合就是要优化资源配置，要获得整体的最优。

产业链是单个企业的有机加总，整个链条上的各个企业的资源进行整合加总，要实现其最大效用，就要进行资源加工。一个高效的产业链需要对链条上的资源进行深度加工，使链条上各企业间的资源能够进行相互调剂，提高资源或资金的使用效率，促进产业链的发展。

13.1.2　产业链的形成及分布

1. 产业链的形成

由于现代化企业的生产效率不断提高、生产分工不断细化，产品和服务的产生被划分成链式生产环节。生产与分工变得越来越复杂化和精细化，在提升生产效率的同时也给企业提出了诸多挑战。对于企业来说，寻找一种合适的分工和交易形式成为当务之急。而依靠企业间的商务合作或者生产关联来形成联结关系，找到最佳的企业间组织结构的原动力推动了产业链的形成。

2. 产业链的分布

产业链的分布主要是在空间层面讨论，总体来说，不同产业链在各个地区之间有明显的差异。主要表现可分为以下两点：

（1）产业链的完整性与经济区划紧密相关

不同经济区域由于经济条件、自然环境及人文素养的不同，对于企业的吸引力也大不相同。各企业为寻求更好的发展前景和实现利益最大化，就一定会尽力寻找最适合自身发展的经济区域。所以，一方面，在经济发展程度好、配套设施齐全的区域或者国家会出现"企业扎堆"的现象；另一方面，大量企业的扎堆也会进一步促进该区域的相关产业链的完善以及经济发展。同时，往往经济区域的地理面积越大、相关设施越完善、人文素养越高，所囊括的产业链也会倾向于表现出更好的完整性。

（2）产业链的层次性与区域类型密切相关

产业链有上下游之分，一般而言，企业/单位越处于产业链上游，其技术密集性和资金密集性就越强；企业/单位越处于产业链下游，其劳动密集性和资源密集性就越强。根据产业链上下游的层次划分，相匹配的区域类型也会与之发生变化。与产业链层次划分类似，区域类型可以简要分为发达区域和欠发达区域。总体来说，发达地区的经济活动倾向于具有较高的资金量和技术性；欠发达区域则更偏向于劳动密集型的经济活动，对应的资金量和技术性较前者偏低。

因为产业链本身的层次划分和区域发展程度的匹配要求，经济发达区域一般汇聚了产业链下游企业，而欠发达经济区域更多地拥有产业链的上游企业。

13.2 创业投资所投资的产业链——高新技术产业链

从创业投资的内涵及特点来看，其投资标的公司在具有高风险性的同时应具备高回报性，在此背景下，投资战略性新兴产业和高新技术产业就成为其极为合适的选择。

13.2.1 战略性新兴产业

1. 战略性新兴产业的内涵

战略性新兴产业是近年来出现的一个热门词语，其产生是基于我国当前的基本国情，指的是以实现重大技术突破为追求，满足经济发展需求，对整个国家和社会的发展具有引领带动作用，潜力巨大的产业。

2. 战略性新兴产业的类型

根据《国务院关于加快培育和发展战略性新兴产业的决定》，新能源、新材料、新能源汽车、节能环保、信息、生物、高端装备制造等就是现阶段重点发展的战略性新兴产业。

13.2.2　创业投资与战略性新兴产业链的联系

创业投资热衷于追求高额投资回报率,并且愿意承受较长的投资回收期和投资风险,这一点与战略性新兴产业非常匹配,其对战略性新兴产业的作用主要有资金支持、技术推进、企业孵化和专业新兴咨询服务促进等。

1. 创业投资对战略性新兴产业发展的资金支持效应

资金流是企业延续的源头活水,产业链上下游的企业通过资本,可以获得维持其生存和助推其发展的资金。对于"萌芽期、初创期"的战略性新兴企业来说,创业资本的注入就显得格外重要。克莱珀(2002)提出了著名的产业生命周期理论,将企业生命周期主要划分为萌芽期、成长期、成熟期与衰退期。

产业链上的企业在发展的萌芽期和成熟期,一般都面临生产设备效率低、生产流程不完善、市场需求小、产品功能不稳定等困难。目前,由于发展时间的限制、生产技术的局限以及资金的匮乏等原因,我国大量的战略性新兴产业仍处于初创期,具有上述困难,对于传统的融资渠道来说,银行等金融机构出于自身风险性、流动性和安全性经营原则的考虑,很难提供资金介入新兴类产业的发展;同时,由于初创期的企业难以达到上市条件,也很难进行股权融资。创业资本的介入便显得雪中送炭,创业投资能够很好地承受战略性新兴产业在发展过程中存在的诸多风险,通过多阶段投资或者联合投资来弥补战略性新兴产业的资金缺口。

出于对整个国家和社会长远发展的考虑,政府一般也会采用政策补贴或者资金扶持的方式来支持新兴产业的发展,但审批时间一般较长、审批额度也受到种种限制，与之不同的是，创业资本能够以更快捷、更全面的方法去化解战略性新兴产业发展过程中的资金难题。

2. 创业投资对战略性新兴产业的技术推进效应

创业资本往往具有信息优势，通过其广泛和多元的投资经验，其可以识别和分辨哪些技术或者创新能够更好地适应市场需要。如果有必要，创业投资会对同一技术项目或者同一类型技术项目的产业化进行全方位的投资，比如对技术项目产业化过程中的不同节点进行投资，从而推动该技术的研发、改善和应用，通过技术的发展来提升目标产业链上企业的竞争优势。

3. 创业投资对战略性新兴产业的孵化和增值服务效应

创业投资能够根据产业链上下游企业的需要，介入企业的经营管理中，为企业提供管理经验和生产指导，通过资金的注入和信息咨询、人际关系推介等方式加速战略性新兴产业的孵化。

达维拉等（Davila et al.，2010）曾提出创业投资能够帮助创业企业实现规范管理，让公司的管理不局限于创办企业的个人，而是转为专业团队管理公司。创业投资对战略性新兴产业的孵化还体现在其广泛采用联合投资的方式。联合投资方式是指多个创业投资机构对同一初创公司或者创业项目进行投资，能够达到令参与其中的创业资本在信息、资源等方面实现快捷共享，更利于初创企业。

4. 创业投资对战略性新兴产业的成长支持效应

创业资本与战略性新兴产业具有内在的契合性。战略性新兴产业所有的高风险、高创新、高成长等特点与创业投资的特点、方向和追求高度契合。因此，创业投资能够在战略性新兴产业的发展和成长过程中积极参与进来。1935年9月以来，创业投资行业历经数十年发展，已经在国内投融界形成不可小觑的影响力，其投资机构、投资项目和投资金额纷纷快速增长。随着国内经济持续向好发展、投资环境和相关法律法规的不断完善，创业投资行业的发展前景非常光明。作为近年来炙手可热的战略性新兴产业，创业投资出于自身追求高额回报的需要，也在不断地加大针对性的资金和人力的投入。

13.3 创业投资资本对技术链的投资机制

13.3.1 技术链与产业技术链

1. 技术链

目前，国内外文献没有对技术链（technology chain）进行统一的定义，但是其相关研究很丰富。国内外不少学者分别从不同角度研究产品或产业技术时体现了技术链的思想。

张宗臣和苏敬勤（2017）认为技术平台由核心技术、中间技术和基础技术三个梯级的技术构成，他们提出的"技术平台"这一概念其实就是一种技术链的表述。林则夫、温珂等（2018）把数字视频产业的技术分为核心技术、制造集成技术、实现技术与产品和服务技术。虞锡君等（2019）根据产业链的结构特质，将产业链划分为三链，也称"三链分析法"，三链即产业链、价值链和技术链。三链之间相互关联、相互依存，价值链是产业链的本质，最后将整个产业链完整地串联起来则要落实到技术链上，技术链具体来看，包括研发技术、工艺技术、装备技术和检测技术等方面，需要按照产品生产需要的科学性来有针对性地制定技术结构。高汝熹等（2019）对技术链作了明确的界定，他们认为发展某个产业所需的技术常常是由若干不同技术构成的技术链，既包括基础技术，也包括大规模生产、装配等商业化技术。

综上所述，技术链有两层含义：一方面，技术与技术之间可能有内在的承接关系，就是指某项技术的研发和使用要以另一项技术的研发和使用作为前提条件，这两者或者多者之间就形成了链条关系或者链接关系；另一方面，企业生产的产品或提供的服务也存在产业链上下游承接或者协调关系，不管是产品的承接还是服务的协同都可能涉及各种隐含在产品或者服务内的技术，因此产业链上下游产品或服务中的各种技术依托产业链关系就形成了一种技术链。

有学者对技术链进行了结构上的划分，技术与技术之间形成的技术链结构往往表现为中心放射状，体现为一种或少数几种关键技术链条中心，其应用领域广泛、发散，通过向外延伸形成多个分支节点，可向其他领域拓展，每个节点又可以继续细分，从而还可以将技术链条连接成一个领域细分的技术网。例如，5G 通信技术可以拓展到移动终端芯片、电子信息、新能源汽车、物联网、人工智能等领域。对于依托产业链关系形成的技术链而言，其本质是对应于产业链上下游生产需要，即产业链上下游不同企业所生产的不同产品或者上下游共同生产的产品均需要运用几种或多种技术。具体来看，就是某一产品或者某类型产品的生产需要多种技术的有效结合，通过产业链上不同产品中所包含的技术关联来形成技术链。

但是，技术链的形成不仅是承接关系和基于产业链上产品所内在的连接形成，很多技术链，尤其是对应于产业链上下游所形成的技术链，其结构和形态非常复杂。技术链上的不同技术可能既有承接关系又有产业链链条的对应关系，对于基于产业链上下游的技术链来说，产业链上某个生产环节或某个产品也许只需要单一的生产技术，也可能需要多种技术的配合，既可能是以某关键技术为核心辅以其他技术，也可能是多种技术并用。如果是多种技术并用，那么这些技术可能是前后承接关系，也可能是平行关系。

2. 产业技术链

产业技术链这个概念，最早由我国学者远德玉于 20 世纪 60 年代提出，其将产业技术链看作有特定内在联系的形成产业集群的一条链，并对产业技术链进行了技术形态理论角度的分析。生产技术只能完成产品生产的一部分或一个环节，只有产业技术才能生产出完整的产品。

丁云龙、柳琪等（2011）认为，产业集群就是产业技术链在空间层面形成的集聚形式。产业集群是产业的一种关联，这种关联主要是通过产业技术链来实现的。产业技术链也同产业链一样，具有上下游，其上、下游各节点、各环节间存在技术关联性和技术依存性。产业链上的技术链类似于"车厢连接绳"，将产业链上产品生产过程中的相关企业链接起来，织成一个链条或者网络，突破传统的产业界限，把整个产业链上的生产体系进行有机结合。

根据上述分析，可以将产业技术链定义为产业链上多个企业在生产技术上存在的相互衔接、协作和依赖的技术链条。其本质还是技术链，不够与单一的技术链相比，其反映了产业链上各生产主体内部和之间为生产产品或服务所经历的协作过程。事实上，它包含了产业链上产品或服务在产生过程中所经历的从原料到最终产品的所有阶段。

产业技术链的联系可以依据产业链划分为纵向联系和横向联系。

其纵向联系指的是产业链上企业间的投入产出关系，这种关系有前后两个方向区分，这里的前向后向是针对产业链对于产品生产的链条顺序来看的。对于产业链上有着纵向联系的企业来说，它们可依靠这种纵向关系来共享技术、信息以及经验技巧，从而协同抢占终端产品销售市场份额，形成协同优势。

其横向联系是针对产业技术链上某企业（主要是核心企业）与产业链外部的企业之间的关联，通过寻求产业链上的外部企业提供的各种服务，为产业链上的核心企业提供帮助。在分工协作日益细化的市场背景下，许多大型企业会按照自身的发展战略，持续地将非核心业务进行外包，不刻意去追求完全掌握某种产品生产过程中各环节所需的核心技术，而是充分利用自身比较优势、保留核心竞争力，再根据自身的综合实力将产业技术链上生产过程中的其他非关键节点进行分离，形成独立的企业或部门，也可以外包给其他企业，让独立的企业或者外部企业为自己提供持续性的服务或者中间产品，同样可以巩固自身所在领域的主导地位。

13.3.2　技术链与产业链的关系

通过前述分析可以得知，技术链与产业链是相辅相成的，技术链隐含在产业链之中，产业链的发展也需要与之匹配的技术链。发展某个产业需要多个技术构成的技术链条，技术链也在产业链的发展当中不断提升。前面分析了技术链的两种形成形式，一种是技术与技术之间由于本身的承接或者内在联系形成的相互为应用前提的技术链；另一种则是基于产业链上生产过程的链接关系所物化的技术链。所以，技术链与产业链两者的关系可简要分为以下几种情况：第一，产业链上某种产品只与一种技术（链）相对应；第二，产业链上某种产品对应多种技术（链）；第三，某种技术（链）并不对应于产业链上某种具体的产品，而是应运用于整个或者部分产业链生产过程当中。

技术链和产业链存在内在联系，其互动原理可以体现为：

第一，技术链决定产业链。科技是第一生产力，如果技术水平没有达到生产某种产品的要求，那么无论产业链是否完善，也不可能生产出对应的产品。对于单个产品的生产来说，技术水平决定了该产品的物理形态、产品属性和功能特征，也影响了其在市场上的销售表现；从整个产业链条来看，产业链的形成要求有与之匹配的技术链，产业链上各环节是劳动密集还是资本密集或是知识密集，这些不同技术特征，决定了整个产业链的发展方向和市场竞争地位。

第二，产业链会对技术链产生影响。产业链上各环节的生产或需求特征会对该环节所需的技术提出要求，并且产业链是动态变化的，这些变化会对技术链产生新的要求，也会对技术更新和升级起到重要的拉动作用；反之，如果产业链发生不利的变动，如核心企业经营状况恶化等情况会对技术链产生一定的不利影响。

13.3.3　创业投资技术链

创业资本的投资对象往往是高新技术企业，因为这些企业具有高风险高投资回报的显著特征。创业资本投资技术链是指创业投资家通过选择成长性高的以技术关联为内在联系的产业链上下游创业企业，达到分散投资风险，增加投资收益的投资过程。5G 通信技术链就高度契合创业资本追求高回报的本质特性，所以下文以高通公司设立创业投资基金投资 5G 技术链的案例对创业资本对技术链条的投资进行阐述。

1. 什么是 5G 移动通信技术

5G 中文全称为第五代移动通信技术，是第 4 代移动通信技术的延续。IMT—2020（5G）推进组认为，5G 通信技术是由一组关键技术和标志性能力指标来定义的。5G 通信技术的关键技术主要包括：新型多址和新型网络构架、超密组网、大规模天线阵列、全频谐接入等。5G 通信技术的标志性能力指标即"Gbps 用户体验速率"。根据 IMT—2020 数据显示，5G 通信技术相比前代通信技术的优势主要体现在流量密度、时延、用户体验速率和峰值速率上。对于移动通信技术而言，通信速率是判断其技术能力的核心指标。

2. 5G 技术链

5G 通信技术链就是以 5G 技术为核心所串联的一系列相关企业而形成的业务链条。链条上游的 A 类企业负责生产和安装 5G 通信设备，中游的 B 类企业，如芯片制造商、手机等通信电子设备制造商，下游的 5G 设备销售商或小程序商以及软件公司等。这就是 5G 技术链的基本构成。

3. 我国 5G 商用关键要素进展情况

我国 5G 商用关键要素进展情况如表 13－1 所示。

表 13 – 1   我国 5G 商用关键要素进展情况

序号	项目	详情
1	5G 标准	2020 年 7 月，R16 标准作为 5G 第一个演进版本标准宣告完成，正式冻结。R16 这一关键标准的如期发布，让 5G 从能用变得更加好用，其生命力也变得更强，5G 通信技术拥有了更丰富的应用场景，我国 5G 新基建也有了更强的动力
2	5G 组网	3GPP 将 5G 分为了两种组网模式，即非独立组网模式和独立组网模式。非独立组网模式指的是使用现存的 4G 基础设施来部署 5G 网络。5G 通信技术只传输用户数据，控制指令则仍由 4G 网络传输；独立组网模式则要求重新建设网络体系用于 5G，具体的项目有新基站、回程链路以及核心网等，并且需要引入全新接口和网元，采用大规模的软件和虚拟网络等新技术，其技术难度要高于非独立组网模式
3	5G 频谱	2013 年 12 月，中国移动、中国电信和中国联通三大运营商已获得全国范围 5G 中低频段试验频率使用许可。2017 年 11 月，我国发布 5G 的中频段频谱使用规划，明确将 3 300～3 600MHz 和 4 300～5 000MHz 作为 5G 的目标频段。2020 年 1 月，中国广播电视网络有限公司获得工信部批准，得到了 4.9GHz 频段 5G 试验频率使用许可，其能够在包括北京在内的 16 个城市内部署 5G
4	5G 牌照	2019 年 6 月，中国电信、中国移动等三大运营商获得中国广电或工信部批准，获得 5G 商用牌照。这一事件揭开了我国 5G 时代的序幕

资料来源：根据互联网信息整理。

4. 案例——高通成立风险投资基金投资 5G 技术生态圈

美国高通公司（Qualcomm Technologies，Inc.）于 1985 年在美国成立，其总部设于加利福尼亚州。美国高通公司是移动通信技术研发和应用的领先企业，其业务覆盖范围十分广泛，目前其业务领域基本覆盖全球，涉及了全世界所有主要的电信设备制造商和移动终端生产企业。

美国高通公司在 2018 年设立了"Qualcomm 创投人工智能（AI）风险投资基金"，该基金的重点投资对象是聚焦于人工智能（AI）产业创新的初创企业。高通公司通过设立 5G 生态系统风险投资基金，能够实现多种战略作用，高通公司可以发挥其既有的技术专长和优势领域，对那些既能驱动公司发展又可以提升技术竞争力的领域进行有针对性的投资。

2019 年 10 月 24 日，美国高通公司宣布设立 Qualcomm 创投 5G 生态系统风险投资基金（5G Ecosystem Fund），该基金的主要投资对象为 5G 生态系统企业，旨在推动 5G 通信技术的革新和应用领域的推广以及 5G 技术的普及。

高通公司高级副总裁李群（Quinn Li）指出：Qualcomm 创投以及 5G 风投基金的投资对象将集中在 5G 应用开发或处于 5G 技术链中的初创企业，那些利用 5G 的独特能力开发新应用的企业，以及能将移动通信技术与网络软件技术有机结合的智能连接架构的解决方案提供商。

5. 创业资本投资促进 5G 技术链的发展

刘星、陈汉曦（2019）认为，创业资本应从中底层技术链出发进行风险投资。

创业资本要对中底层技术创新价值进行准确判断，就要更深入地了解中底层技术的研发逻辑和发展脉络；要能够紧密追逐科学研究领域或实物工业领域优秀技术创新的动态和前沿，通过对这些内容的有效把控，一方面有利于创业投资机构降低投资风险，另一方面也有利于创业机构对 5G 技术链上企业的技术创新进行有利的助推。从行业发展规律角度来看，中底层技术对于 5G 技术链这类高新技术企业来说是必不可少的发展条件。

中底层技术创新较于表层技术创新，其发展潜力更大、覆盖面也更广。但其需要持续不断的资金注入，投资蕴含着巨大的研发失败风险。如果有创业资本的介入，就可以很好地缓解研发的资金压力，会极大地促进 5G 技术链这类中底层技术的发展和突破。而 5G 技术链上某项技术的一个突破都可能蕴含着一个市值数亿元的小型生态链，这些生态链条又会以自身为放射点，成长出更多的节点和领域，每个节点或者领域又可能培育出有影响力的科技企业。

所以，类似于 5G 技术链这类高新技术链条需要中底层技术的创新和发展，而这些技术的创新和发展需要持续性的资金注入和专业的信息咨询和辅导，这些就是创业投资机构恰好具备的能力。风险投资机构可以自身资源能力为基础，采取与企业相匹配的投资或注资模式，起到优化资源配置、培育产业创新的积极作用。

13.4 创业投资人才链

13.4.1 人才

人才与企业管理中的人力资源是现代化企业生产经营的一种稀缺性资源，企业家已经成为企业生产和发展必不可少的条件。人才并没有统一的定义，不同企业或者同一企业不同部门，甚至同一企业不同部门下的各个不同岗位均需要与之匹配的人才。人才往往体现在能解决实际问题、有潜力、脚踏实地、有扎实技能、创造力较强的特质。

13.4.2 创业投资的目标人才

在创业投资者中流传着一句话，那就是"一流的管理团队，二流的技术或者项目"，意思是对于创业投资家来说，比项目和技术更重要的是选择合适的人来投资。创业资本一般属于股权融资，不属于债权融资，也就是说创业项目失败后，创业者无须返本付息，其中就隐含了道德风险和逆向选择的问题。如果创业投资家没有选对合适的被投资人，那么投资行为将注定失败。因此，下文将分析创业资本所投资的企业家应具有哪些基本要求和选择标准。

创业资本所投资的企业创始人或者管理人是创业资本十分关注的对象，人选得好不好在很大程度上反映出了创业投资机构的眼光和素质高低。创业投资机构在对某个被投资人进行分析判断时，可以主要考察以下几个方面：创业者的素质、创业者的经验、创业者的能力，创业者的道德规范，创业者的管理水平以及创业者的执行力。

1. 创业者的综合素质

个人综合素质——就是自然人个人能力的全方位的综合体现，具体来看，可以表现为能做什么，能胜任哪些工作。个人综合素质的高低反映了其所拥有的特质属性，决定了个体的思考方式和行为能力，能够预测多种情景或工作中的行为。创业资本应该全方位、多角度去考察该创业者或其团队是否具备创业的基本素质（见表 13-2）。

表 13-2 创业者素质综合评价

序号	角度	评判内容
1	知识角度	考察该企业家的知识储备和学习能力，通过交谈、一定时间的相处或者进行相关知识测验来观察其是否拥有经营其企业所处行业的重要信息，是否具备收集该类信息、分析和提取该类信息的能力，并且是否能灵活运用这些知识来指导自己的行为
2	技能角度	考察被投资人是否具备其所要创业的行业所要求的技术和能力，能否完成该行业内的业务或达到行业要求的业务能力
3	内在角度	考察被投资人是否有积极向上、坚忍不拔的应对困难的态度，是否有正确的价值观，是否会维护自己的个人形象
4	特殊天赋	考察被投资人是否具备一定的天赋，即其所独有的特质，例如语言学习能力、艺术鉴赏能力很强
5	动机角度	考察被投资人是否真心实意地把企业做大做强，如果企业家只是"画饼"，则此类人坚决不能投资

这五个方面的特征组成了可以用以评价一个被投资人的综合素质。其中，知识和技能是外在特征，能够被轻易地观察到；而动机和特质是相对隐藏的、位于人内心深处的。知识积累和技能储备是能够进行补充和训练的，相对易变，可以通过交谈和培训进行改善和发展；态度、价值观等内在特质是个人长期以来形成的，相对而言，是个体根深蒂固的特质，较难改变。所以，创业资本需要寻找那些性格坚韧、内心强大、

315

乐于不断学习和提升的创业家作为自己的投资参考对象。

2. 创业者的经验

经验一般指人们在日常生活中根据实际生活经历或者抽象概况总结得出的应对某些事物的方式和方法,一般是感性认知,也可以是直接接触客观事物的过程的梳理和总结。是人们通过感觉器官获得的关于外部世界中存在的客观事物的联系和认识。

创业投资者所要考察的创业者的经验是指被投资者在其想要创业的行业内或者领域内是否具有工作经历,是否了解该行业的发展现状及问题,能不能利用自己的经验来帮助自己创业成功,能不能从别的企业中取长补短。对于被投资者来说,丰富的经验有时候比书本上的理论能产生更大的效用。

3. 创业者的能力

能力就是个体行为、活动力的简称,是指个体完成一项任务或者一定活动的本领。个人能力的高低能够直接影响甚至决定其能否顺利处理事务或者完成某项具体任务。

能力有多种表现形式,例如思考能力、总结归纳能力、语言表达能力、记忆能力、管理能力甚至体力。对于任何工作来说,都要求个体具有与之匹配的能力,在能力上足以胜任,才有可能取得好的工作表现。

创业资本考察被投资者的能力主要是考察其是否具有所从事领域内的知识储备,有没有与之匹配的业务能力,能否全面思考,能否把握市场动态,能不能有效地感知市场,有没有管理和经营能力,能不能调动好资金和资源融通资金,有无相关的技术技能等。

4. 创业者的道德规范

由于创业资本投资是以股权形式投资,不要求被投资者还本付息,那么就会存在道德风险和逆向选择问题。从这个角度来说,被投资者是否具有良好的道德规范和职业操守就显得格外重要，因为这关乎创业资本的投资是否有效，甚至是否有意义。被投资者应该至少诚实守信，否则创业资本的投资将失去意义。

5. 创业者的管理水平

创业者应具有以下基本管理能力：

（1）应能全面而准确地制订有效率的工作方案；

（2）对员工水平与业务能力间的差距具有敏锐洞察的能力；

（3）发现公司运营和管理问题并及时纠正偏差的能力。

创业者的管理能力，从本质上讲，指的是提升公司组织和运营效率的水平。一个合格的管理者往往要具备以下几种能力，包括决断力、应变力、承受压力能力、激励能力以及坚韧的领导风格等。

6. 创业者的执行力

执行力主要指的是根据预定的计划或者设想完成预设目标的实践能力。运用到企业经营管理中，则指的是管理者把企业的经营战略、发展规划转化成为实际效果的能力。执行力高低可用三个方面衡量，一是完成预定目标的意愿强弱，二是实现预期目的的能力强弱，三是最终实现预期目标的程度。执行力针对不同的主体有对应的具体体现，个人的执行力通常指的是办事的能力，团队的执行力通常指协同完成预期目标的能力，企业的执行力往往指的是企业发展和经营的能力。

风险资本作为股权资本介入风投企业的管理，有时候会要求协助创业者完成某些特定工作，被投资者是否有高效的执行能力就成为判断被投资者的重要指标之一。

13.4.3 创业投资所投资的人才链

1. 人才链

目前学界没有针对"人才链"的统一定义。基于上述分析，我们可以将人才和产业链联系起来理解，产业链上的人才链指的是某一产业链上下游不同生产主体内所存在的具有专项技能的人员的集合，其通过技术链条或者产业链条的连接关系形成协同连接关系。

2. 人才链的类型

创业投资所关注的人才链主要可以分为两类。

（1）基于产业链关系的人才链。现代市场经济条件下，产业链往往非常复杂，逻辑链条也非常多，每个环节和节点都会存在某个或者多个企业，这些企业的规模或大或小，但都会有具有特定能力的人才，正是这些人才的不断努力，才能将整个产业链的生产环节相承接和流通，产业链的发展会不断吸引人才加入，人才的不断加入也会促进产业链的进一步发展。

（2）基于技术链关系的人才链。前文中分析指出，技术链有两种形成方式，即技术本身的内在的承接关系所构成的数个技术形成的逻辑链条，或者由产业链形成的技术链。技术的创造和发展的主体都是人才，只有不断地往技术链输入人才，技术才能实现持续升级和革新。

3. 创业投资所投资的人才链

创业投资所投资的人才链是指由一群有投资价值的人构成的人才圈子。例如，创业资本投资 5G 产业链条上中下游创业企业的发起人或管理者，通过对该产业一系列人员的投资，借助创业资本平台，将这些人聚集在一起，集思广益，形成一个巨大的利益共同体，协助应对市场需求，共同开发出新的产品和业务模式。将单个企业家通过连接的方式整合到一条人才链上，以此来达到投资效益最大化和生产效益最大化，一方面可以提供被投资产业链条的整体经营运作能力，另一方面也降低了创业资本的风险，并在一定程度上提升创业资本的投资回报率。

13.5 创业投资生态圈

13.5.1 创业投资生态圈

1. 创业投资生态系统

目前学术界没有对"创业投资生态系统"作系统性的定义。本节所提出的创业投资生态系统，主要是依据前面所提到的产业链、技术链以及人才链，并结合生态学的视角研究和衡量创业投资产业提出的。可以认为，创业投资生态系统是指在一定的国家或者区域空间范围内，创业投资机构、创业投资产业链、创业投资技术链及创业投资人才链以及创业投资复合环境，通过投资行为所产生的资源流、资金流和信息流相互连接、相互依存所形成的有机统一体。

2. 创业投资生态系统的特征

第一，创业投资生态系统中的主体是创业投资机构以及创业投资企业。其中创业投资机构是提供创业投资资源和资金的公司、团队或者个人，投资形式主要有天使投资和风险投资。创业投资企业即结算创业资本资源、资金投入的主体，包括产业链、技术链、人才链等经济链条上的企业或者团队。

第二，创业投资环境体现在宏观环境和微观环境两个方面。创业投资的宏观环境主要有资本市场、体制政策、法律法规、市场参与者的投资意识等方面；创业投资的微观环境则包括促进创业投资事件产生的中介机构以及创业投资行业协会等。

第三，创业投资生态系统的结构（创业投资各参与主体和创业投资

环境）与创业投资生态系统的运行（资源、资金流和信息流的流动）有
密不可分的联系。

13.5.2 创业投资生态系统的构成

创业投资生态系统的概念可以由自然生态系统衍生而来，其既具备
独特的属性与特殊的运行规律，各形成主体又有内在的逻辑联系。

自然界中的生态系统往往是自律的，即不需要人为参与就可以正常
运行和发展，但与之不同的是创业投资生态系统是非自律的，是需要人
的不断介入和参与的，甚至人才是这一生态系统中最重要的因素。对于
自然界中的生态系统来说，其形成结构非常完善、构成结构也非常协调，
具有内在稳定性，最核心的资源就是太阳能，有了太阳能的注入，该系
统靠内部的物质循环、能量交换和信息传递，就足以维系各类生物的繁
衍和生存。但是创业投资生态系统所需的资源多种多样，内部结构也并
不完善，需要多种资源的注入、多个主体的协调才能实现系统的正常
运转。

创业投资生态系统不像自然生态系统有很强的自愈性和自调性，它
是一个层次丰富、结构可简可繁、需要人为调控的脆弱的有机系统。与
传统的自然生态系统类似，创业投资生态系统也有多个层次，其层次性
可以从不同角度切入，主要的角度有成分角度和主体行为角度。

从系统构成要素来讲，创业投资生态系统是由创业投资机构、创业
投资资源（资金）以及创业企业这一基础要素，再加上创业投资宏观经
济环境、法律法规等高层次元素构成。从系统内的主体行为来讲，创业
投资生态系统由个体行为到团队行为再到体系流通行为所构成，是从小
的资金链、信息链、技术链发展到生态圈的动态过程。

创业投资生态系统体系内部存在对立统一关系，它是一个动态联合
的变化过程。创业投资生态系统各个主体和层次间相互影响、相互作用。
体现在体系内部例如创业投资机构、创业企业、金融中介机构的相互作

用，它们联系在一起决定了整个系统的走向和变化；而创业投资生态系统的运行机制的适应性和匹配性，可以反过来制约着创业投资系统内各运行主体的发展条件和操作条件；创业投资系统的结构、功能越复杂，系统内的运行链条就越细化。

自然生态系统内部的能量流动一般是单向的，即基础层次慢慢向着高层次流动和转化，而创业投资生态系统与之不同，其能量流动是循环往复的。自然生态系统内部，最重要的太阳能和生物质能、有机物等流动是单向的、持续性的。而创业投资生态系统内的能量循环却是往复的、循环的，在整体上看是连续不断的，可是细分时点又可以是中断和不接续的，生态系统内的资金、资源以及信息流动是否通畅连续，决定了创业投资运行机制能否运行，生态链上的各个生产主体能否进行持续性的投入和产出。

13.5.3　创业投资生态圈

创业资本所投资的生态圈是指以产业为核心、以技术链为核心或者以人才链为核心的一群企业和创业资本所构成的闭环。创业投资生态圈可以理解为产业链＋技术链＋人才链的闭环。从现实角度分析，创业投资生态圈主要围绕产业生态圈展开。

创业投资生态圈包括：人脉（人力）资源生态圈、技术创新生态圈、商业运营生态圈、市场拓展生态圈、园区空间生态圈、中介服务生态圈、创投业务生态圈、产业智能供应链，也可以考虑外部环境生态圈等。

1. 产业生态圈的内涵

学术界和实务界对产业生态圈的定义基本可以概况为：产业生态圈指的是单个或多个产业在特等区域内形成了（或预期在未来形成），以单个或多个核心（主导）产业为中心，能够在市场上立足，能够可持续发展的以产业为主要维度的网络体系，这是近年来新型的产业发展和产业布局模式。

产业生态圈有狭义和广义之分。狭义产业生态圈主要指在某一领域（地域）范围内针对某一产品或服务的生产、提供，由该区域内产业圈内的企业/供应商等生产和供应，以及提供配套设施的能力合集。广义产业生态圈是除了在特定区域内市场主体提供生产配套所要求的种种条件外，还需要完善有关生产经营各个方面的配套条件，尤其是教育、文化、科技、金融、物流商贸、中介服务等。

创业投资产业链生态圈是指创业资本基于产业全局考虑，通过技术链和人才链的筛选与构建，将被投资企业及相关上下游企业进行联通，以整体的、全局的视角来看待整个产业圈系统。

2. 构建创业投资生态圈的优势

创业投资生态圈构建的核心和基础是创业投资产业链、创业投资技术链与创业投资人才链。在构建起富有竞争力的产业、技术以及人才群体后，创业投资对这一整体进行协调和优化，使上下游产业紧密联系，信息互通互享，产生整体协同效应；通过对技术的整合与升级，大大提高了整个生态圈的生产能力与生产效率，从生态圈整体来看，帮助整个圈层上的企业及创业资本获得超额回报；通过对人才的协调整合，大大提高了整个圈子的管理水平，从企业治理的角度去提升全体企业的运营效率，在整个生态圈内，所有创业者能够协同作战，上下配合，抢占市场份额，降低运营风险。总结起来，创业资本构造创业投资生态圈具有以下优势：

（1）整合产业链，提升协同效应

即创业资本通过投资某一产业链上下游的一系列企业，达到控制或参与整个产业链研发、生产与销售的效果，从整体的视角来统一和协调全部资源。提升整个产业链的生产效率，提升获利能力，产生协同效应。

（2）整合技术链，提高生产效率

即创业资本通过整合一系列被投资企业的技术和产能，通过高新的分配和协调，来促进好的技术持续发展和淘汰落后的技术，提升生产效率和产能，通过科技来获取超额收益，使整个生态圈上的企业获利，同时也提升创业资本的回报。

（3）整合人才链，提高管理效率

即创业资本通过协调和分配整个生态圈上的企业家，通过沟通协商或签订合约的形式，使链条上所有的企业家能够协同作战，积极分享和沟通管理经验和运营经验，通过取长补短来提升整个生态圈上的管理效率、运营能力等。

3. 小结

通过产业链、技术链和人才链的构建，创业资本可以将所有被投资企业构建成一个完整的生态圈。形成一个完整的企业生态系统后，可以通过调整资源分配，提高整体技术水平，共享企业管理和运营经验，达到提升创业投资生态圈整体生产效益、管理与运营能力，以及市场竞争力的作用。

与此同时，创业资本也可以通过构建完善的生态圈来分散投资风险，降低投资损失，增加投资回报额和提升投资成功率。

第14章　智能创业投资
组合机制

随着智能时代的到来，各领域都在进行"智能+"融合，创业投资组合这一"烧脑"又"烧钱"的金融活动也不落俗套地加入了这一潮流。那么，智能与创业投资会碰撞出怎样的火花呢？

14.1　智能金融

金融作为经济的血液，它以信息流和资金流为主要的业务特点。因此，在不断地扩大开放和不断地深化金融改革的过程中，大数据、人工智能、区块链等技术的广泛运用，将整个行业推向了一个新的智能金融的时代。

智能金融的定义已经不单单是"人工智能+金融"的简单叠加，而是人工智能技术与业务场景融合后的表现形式，体现了人工智能技术改造后的金融新业态和新模式。智能金融指的是将人工智能、大数据、云计算、区块链等高科技作为其核心因素，提高金融机构的服务效率，扩大金融服务的广度和深度，让整个社会都可以得到平等、高效、专业的金融服务，让金融服务变得更加智能化、个性化、定制化。智能金融是对金融的一次革命性改革，人工智能技术让原有的金融服务体系进入从"人"服务到"机器"服务的新纪元。

14.1.1　智能金融发展现状

智能金融涉及金融领域变革式的创新，对金融机构获取客户、投融资、风险控制以及交易方式都有了跨时代的影响。智能时代的到来，使金融领域的传统业务和流程方面的操作都发生了变化，表现在为客户提供服务方面、向客户提供投资顾问方面、进行风险控制等方面。

1. 智能客服

2015 年末，国内首个智慧型人工智能服务机器人——"娇娇"由交通银行推出，目前已经在上海、江苏、广东、重庆等地投入使用。这款机器人使用了世界上最先进的智能交互技术，互动的准确度超过 95%，它是国内首个"会听、会说、会思考、会判断"的智能服务机器人。此外，工商银行基于"企业通"平台，通过数据对接、智能化设备等手段，对其业务流程进行了优化，并对其进行了创新，为公户提供了一次自助账户，使客户只需要一次就可以办理开立账户、领取结算产品、打印资料、保留印章等各项业务。

2. 智能投顾

智能投顾，简而言之就是人工智能在金融投资顾问方面的运用，主要是在投资顾问和资产管理方面，为客户提供基于算法的在线服务。具体来说，它可以被划分为三种类型：一是面向销售前端的大类资产配置的智能投顾，它可以利用用户的数据进行分析来帮助客户进行大类资产的配置；二是投研式的智能投顾，它在投资分析中的运用，以大数据为核心，以逻辑链为核心，以大数据为核心，来解决投资研究中的难题；三是运用于策略、交易及分析的智能化定量交易系统，它主要是利用人工智能来代替交易员，用于投资交易。目前，国内已有众多公司开展了智能投顾业务，包括银行系统（广发智投、招行摩羯智投、工行"AI"

投等）；基金系统（南方智投宝、广发基智理财等）；大型互联网企业系统（百度金融、京东智投、同花顺等）；弥财、蓝海财富、拿铁财经等新兴企业。

3. 智能风险

智能风控的本质是将大数据、人工智能等技术作为风控工具应用到风险控制流程，提升风险控制效率和精准度，将风险控制在目标区间范围内。人工智能在风险控制和管理方面的应用主要包括以下三个方面：一是对数据进行了收集与处理，二是金融机构的风险防范与预警模式，三是信贷评级与风险定价。举例来说，一项传统的贷款业务的审批可能需要 2~3 天的时间，而一个以人工智能模型为基础的自动审批方案在几秒钟内就可以完成。与此同时，一些传统的风控模型的迭代周期可能要几个月甚至几年，但是人工智能的模型迭代可以非常方便并且自动。中国银行推出了贸易融资业务反洗钱核查项目，将文本分析、图像识别、机器学习等人工智能技术进行整合，将原来的每单审核时间从人工 2 小时下降到 2 分钟，从而大大提高了效率与质量，并显著降低了银行的人工成本。

智能金融涉及的创新，主要集中在银行关键业务的几个关键环节，一是营销获客，二是产品服务，三是数据运用，四是决策体系，五是运营管理。"在不断地进行创新的同时，许多银行从以前银行主导产品的模式，慢慢地变成了跟合作伙伴一起对产品进行定义、研发"。

4. 智能交易系统

智能交易系统主要指的是通过计算机程序，通过编写交易指令来模拟人的交易行为，进而实现自动化的交易。自动化交易策略包括三个要素：指令的执行、风险的控制和资金的管理。根据有关数据的分析，最近几年来，工商银行、农业银行、中国银行、建设银行四大国有银行，都在积极地改变着他们的网点工作方式，或者是撤点，或者是减少人员。

这里面固然有各大银行主动裁员的因素，但更重要的是，现代网络技术的快速发展，让所有的金融机构都变得更加智能，特别是智能交易。在银行裁员的过程中，其自助终端的数量一直在不断地增加，其基数很大。从这一点可以看出，财务管理的智能化已经逐步替代了人力管理。与此同时，智能金融交易系统的应用给传统金融体系的变革带来了深刻的影响。在此过程中，智能金融交易系统在服务方式和计算方式方面进行了一定的创新，这使我国金融行业在外部竞争环境日益激烈的情况下，可以快速地发展起来。

14.1.2　智能金融的特点与优势

相对于通过互联网管理理财产品来获取一定利益的传统互联网金融理财，智能理财是通过网络或移动平台，借助计算机模型和算法，为客户提供全自动的投资组合建议、管理、动态平衡调整的服务。

智能金融依靠后端的复杂模型和算法给出投资建议，比传统的互联网金融理财产品更加直观，避免了情绪、经验等人为因素的影响。运用智能算法，智能金融能够根据投资者的财务状况、风险偏好、理财目标等问题，量身设计资产配置方案。智能金融还能快速分析市场和投资者自身的资产甚至思维转变，并通过自我学习的方式推断用户自己不曾考虑到的投资意向，进行投资方案的改进。

智能金融就是将人工智能技术运用到金融科技领域，而金融科技则是指金融创新。在目前这个阶段，人工智能的发展非常迅速，它主要是利用算法和模型来模拟人类的思维、操作方法，来对数据进行应用，它的快速学习和处理问题的能力已经可以超过人类。由于人工智能拥有两项重要的技术，即机器学习与数据采集，所以它拥有最完备的资料库，再加上最强大的计算能力、最高超的学习算法，这三大特点缺一不可，相互依存，它们在计算机视觉、智能语音技术和自然语言处理中都有广泛的应用。机器学习的方法有很多种，其中使用最多的是深度学习，而数据收集的目的是可以准确、高效地找到自己需要的信息，对于一些隐藏的、不完整的数据，也可以及时地进行搜索和补充，通常使用的是聚类算法、分布式算法等。谷歌 AlphaGo 在 2016 年取得了巨大的成功，从那以后，人工智能就开始被人们所认可，并在日常生活中得到了广泛的应用。

金融行业在市场中始终占据着举足轻重的地位，不断对各种新兴科技进行试验，为金融科技的发展作出贡献，也推动了金融产业的发展和进步。从最基础的通信到网络，再到如今的人工智能。

14.1.3 智能金融的应用场景

智能金融并不只是一种前瞻性的理念，它是一种能够被运用到每一个金融细分领域的大趋势，它是金融和科技相结合的产物。在各个领域中，支付、个人信贷、企业信贷、财富管理、资产管理，以及保险六大板块，将成为智能金融未来发展的重点。

板块一：支付，智能创新最前沿

作为与消费者连接最紧密的环节，智能金融对广大用户的支付需求影响得最早、最广、最深。随着智能技术的进一步成熟，支付将进入"万物皆载体"的新阶段。

首先，基于生物特征的支付技术，如人脸识别、声纹识别、虹膜识别等，大大简化了付款过程。在安全、商业、娱乐等方面，生物辨识技术也被广泛应用。其次，区块链技术还会极大地有助于跨境支付。在付款过程中，大大降低了手工操作的时间，大大提高了交易的效率；在交易过程中，弱化了中介机构的角色，增强了资金的流动性，实现了对资金的实时确认与监控，从而有效地减少了交易各个环节中的直接与间接费用。

板块二：个人信贷，全链条智能化

针对不同类型的客户开发适合他们的信贷产品、提升客户体验，是金融业未来的努力方向。

随着移动互联网时代的到来，从"智能获客"到"智能反欺诈"再到"大数据风控"，"智能服务"将是我国个人贷款公司新的竞争优势。利用智能获客的方式，在获得具有信贷需求客户的基础上，利用智能技术来建立一个强有力的风控体系，对客户的信用风险进行准确的评估，这已经成为推动个人信贷健康发展的一个重要环节。

此外，在"智能反欺诈"层面，领先企业也已有所行动，百度就已推出"磐石反欺诈工程平台"。

板块三：企业信贷，新技术应用初显成效

智能金融在贸易融资、供应链金融、企业信用贷款等对公信贷业务中，将发挥完善企业信用体系、补充企业经营状况信息、降低放贷机构单据确权难度的作用。大数据能够缓解消费者和金融机构间的信息不对称，改变传统的信用评价方式，从而有效缓解小微企业的融资难题。大数据收集中存在大量的不可控因素，如何对其进行有效的真实性检验显得尤为重要。物联网能够对企业的动产、不动产等进行采集，对企业的运营情况进行补充。

板块四：财富管理，智能匹配初具雏形

智能技术在投资偏好洞察和投资资产匹配环节，可以大幅度地降低成本，提高效率，让财富管理逐步走出高费率、高门槛，让财富管理向中低净值人群渗透，达到高效、低费、覆盖范围更广的目的。

在互联网上，拥有多维的行为特征大数据，能够以较低成本深入了解用户的投资需求，并对用户的特征进行立体刻画，包括了人生阶段、消费能力、风险偏好等。在此基础上，结合多渠道的主动、适时、多次的智能触及策略，实现客户的高效获取。

板块五：资产管理，穿透资产底层试水期

资管市场的产品种类繁多，结构复杂，在资产方面、资金方面有更多的难点。通过智能化的手段，可以有效地缓解企业在跨时间点的资源配置过程中出现的信息不对称，从而有效地提高资本与资产的流动效率。

一方面，我国 ABS 市场尚未实现"主体与债权的完全分离"，传统方法难以透过资产包进行风险识别。而智慧金融利用了反欺诈、大数据风控等方面的积累，可以渗透到资产中，为客户提供详尽、实时的资产信息和资产评估。同时，利用"联盟链""智能合约""穿透式监管"等技术，在资产证券化的整个流程中，增加了交易及资产的信息透明度，实现了资产的全景式追踪，并在整个流程中进行了追踪，从而降低了人为操纵的风险，降低了效率，并极大地提升了存续期间的信息交流频率和质量。

在投资决策方面，利用人工智能技术，可以为资产管理者提供帮助。将"软硬"相结合，将智能金融运用到资产管理中。"硬"是指诸如 OrbitEAM 所提供的 Enterprise Mobile Management System 等系统服务。百度也已经基本建立起了一个比较完善的、标准化的资产管理制度体系；而基于大数据、人工智能技术的持续服务，并以收托为基础的"软"能力，如 OCR、知识图谱、特征因子等技术的运用，仍处于开发阶段。

同时，基于 OCR + NLP 技术的智能研报读取工具能够替代人工进行金融信息收集与整合，大幅提升投研效率。

板块六：保险，行业变革的开启

智能技术在保险行业中的应用越来越深入，逐步触及了核心的产品设计、精算定价等方面，从而真正地开始了保险行业的全方位改革。

物联网技术的运用与普及，进一步扩大了保险业数据的深度与广度，使更多以客户资料为基础的保险产品创新有了可能；同时，该系统还可以对顾客的风险进行准确的识别，并在此基础上对顾客进行个性化的、动态的定价，从而为顾客提供更好的服务。

智能理赔是在海量数据的基础上，通过影像识别，实现理赔的智能化，实现理赔的自动化，并生成理赔报告。一次点击，自动处理过程，为使用者节省大量的时间及交流费用。智能化的客户服务与销售实现了自动化，减少了人力成本。

14.2　智能投资组合策略

所谓投资组合策略是投资者根据在某一时期内按自己的投资理念制定的符合自己的操作对象和操作方法的组合。

14.2.1　自主基金组合策略

基金组合策略有三种。

第一种是低估指数基金的组合。在震荡市或者是下行的市场，很多人采取的一种策略，以定投低估的指数基金，来获取比较低的持仓成本。也是现阶段主流的基金投资方法。用时间尽量缓解风险，来换取收益。但是，亏损总是让人产生负面情绪，定投需要耐心，一年、两年，甚至是三年或五年都是有可能的。大部分人可能都坚持不到下一波牛市的到来。

第二种是"核心—卫星"策略，其实这是一个在股票投资里比较流行的投资策略。我们可以借鉴到基金组合中。这里的投资标的，都是主动管理型的基金，其实主要是选核心的基金经理，然后找一些新锐、业绩比较好的"卫星"基金经理。当然大部分仓位还是在核心的那边。在固定的时间段对核心—卫星基金经理进行考察，比如业绩是不是跑赢基准、投资风格是不是有所偏移、是不是有离职的倾向等，来定期作出调整。

第三种是资产配置组合。即根据行情来配置不同的资产，比如权益类基金还是债券基金，A 股还是海外美股、港股、印度股等，黄金还是其他对冲类基金。这类做得有点像基金经理，主要目的也是保值增值。

14.3　大数据在组合投资中的应用

大数据、云计算、物联网与其他产业的融合，让信息的处理和传播变得更有效率，更有针对性，这在极大节省了信息成本的同时，还有效提升了信息的使用效率。2015 年政府工作报告中八次提及网络，可谓史无前例。自此，"互联网＋"成为人们讨论最多的话题，也是投资界争相寻求的一个投资方向，比如从 2015 年开始逐步进入投资者视线的大数据基金就是从互联网这一题材中获益的一种新型基金。

大数据意味着对大量数据进行有效的分析和处理，从而产生商业和社会价值。比如，一些常用的搜索引擎网站、知名门户网站、电商平台网站等互联网企业，利用他们拥有的搜索数据、点击数据或网上消费数据等庞大的数据库，通过相关量化分析，可以帮助企业了解消费者行为、兴趣变化、竞争对手动向等。以往，对于消费品生产或零售业来说，要想知道消费者的消费行为与消费偏好，必须进行问卷调查。这种方法既费时又费力，还会漏掉一部分不愿意或者没有时间回答问卷的消费者和潜在的消费者。但是，资本市场可以利用大数据应用，对投资者的行为进行更加准确的分析，进而对市场的情绪进行有效的预测，获得超额收益，大数据基金就是其中的一个典型。大数据基金是指基金经理从互联网企业提供的大量信息中，通过建立专门的量化分析模型，从中提取与其投资行为有关的信息，并将其作为基金投资决策的重要依据。大数据基金分为主动与被动两种类型，天弘云人生精选灵活配置混合基金是国内第一只大数据基金，其依托天弘大数据研究平台，将大数据技术应用于投研模式，对大数据进行定量处理与筛选，为基金管理者提供决策依据。

14.3.1　大数据组合投资与传统组合投资的比较

我们现在所处的时代是信息大爆炸。百度日回应的查询请求达 60 亿次，处理的数据量达 100 多个 pb，这是中国 6 000 多个图书馆所拥有的图书信息量的总和。新浪微博一天的更新数量高达数亿次。而在偏僻的郊区，更是隐藏着无数大型企业的资料库，日夜不停地运转。

克托·迈尔 – 舍恩伯格相信大数据的核心在于预测。也就是说，当有足够多的数据时，我们可以对事件的概率作出预测。那么，如果将这样的预测能力运用到一个证券组合中呢？

与传统的量化投资一样，大数据的投资也是基于模型，只不过模型中的数据变量被成倍地放大，除了原来的金融结构化数据之外，还加入了社会言论、地理信息、卫星监测等非结构化数据，并对其进行了量化处理，使其能够被模型所吸收。

别小看了大数据的能力，在进行股票投资时，需要用到的大数据有两种，一种是结构化数据，另一种是非结构化数据。结构化的数据，简而言之，就是由"一堆数字"组成，其中往往包含了一些特殊的信息，如消费物价指数、PMI、市值、成交量等，这些都是在传统的定量分析中经常使用的；非结构化数据指的是社会词汇、地理位置和用户行为等"未被量化的信息"。

大数据的生成与应用离不开其庞大的数据规模，也离不开对非结构化数据的识别与处理，这也是其与传统投资组合方法的最大区别。大数据的应用，即将无结构化的深度模型代替单纯的线性模型进行定量化处理，需要使用自然语言处理、语音识别、图像识别等技术。

结构性数据与非结构性数据之间也经常发生转换。结构性和非结构性的数据，就像是一个篮子，里面的数据都是一样的。比如，在检索频度的研究中，使用者检索的资料是结构性的；百度的一位内部人员说："在财务战略分析方面，用户的搜索结果只是一个无结构的数据。"

很多非结构性的数据，其实都是用来传递一个信息的，那就是市场情绪。罗伯特·希勒（Robert Schiller）是 2013 年诺贝尔经济学家，他在接受采访时曾多次引用自己的观点。可以说，每一位创业家，都对席勒充满了信心。但是，在大数据技术出现以前，人们一直不能对市场情绪进行定量。

过去，我们只是利用计算机，通过对新闻、研究报告、社会资讯、搜索行为等进行分析，并利用自然语言处理的手段，抽取有用的资讯；然而，在机器学习的帮助下，传统的定量投资策略仅涵盖数十种，而大数据的投资策略却可以涵盖数千种。以网络搜索数据为基础，结合社会行为进行经济预测的研究，已经逐步成为一个新的学术热点，并在经济、社会、健康等方面取得了一些成果。

虽然目前美国的大数据投资看似风靡全球，但其实际运用还局限于中小规模的对冲基金及初创企业。在中国，大数据的战略投资首次得到了广泛的运用。

百度财务中心的负责人说，个体投资者的行为能够更好地体现在网络用户的行为大数据中，因此能够对市场的情绪和走势进行有效的预测。这也是中国的公募基金不会落后于国外，甚至会领先于国外的原因。

与传统的量化投资一样，百发 100 在选择样本股时，也会考虑到财务因素、基本面因素和动量因素，如净资产收益率、资产收益率、每股收益增长率、EPS、流动负债比率、企业价值倍数、净利润增长率、股权集中度、自由流通市值、近一个月的股价收益率和波动率。另外，百发百中的股票市场趋势与投资者信心，是基于传统量化策略而产生的一种创新性产品，也是百发百中的核心能力。

传统的量化方法更多地关注于利用专业金融市场的基础数据和交易数据。但是，百度财务中心的有关部门认为，不管是从专业的财务市场获取的结构性数据，还是从网络获取的非结构性数据，都是可用的数据资源。所以，前面提到的来自网络的用户行为、搜索量、市场舆情、宏观基本面预期，这些数据被百度"变废为宝"，可以根据网络上的投资者行为特点，筛选出那些投资者比较感兴趣的个股。

14.3.2 历史数据模拟在组合投资中的应用

历史模拟法是一个简单的、非理论的方法，有些金融商品不易取得完整的历史交易资料，可借由收集此金融商品的风险因子计算过去一段时间内的资产组合风险收益的频率分布，通过找到历史资料求出其报酬率，然后搭配目前持有资产的投资组合部位，则可以重新建构资产价值的历史损益分配，然后对资料期间的每一交易日重复分析步骤，如果历史变化重复时，则可以重新建构资产组合未来报酬的损益分配。

历史模拟法不必假设风险因子的报酬率必须符合常态分配。历史模拟的核心在于根据金融资产的价格或者是影响其价值的风险因子的历史样本变化来模拟金融资产的未来损益分布，利用分位数给出一定置信度下的估计。

所谓风险因子就是影响该资产价值的因子，例如，国内债券的风险因子为利率，外币债券的风险因子为外国利率和汇率。历史仿真方法是利用某一历史时段内已观察到的某一风险因素的变动情况，来描述该风险因素的变动情况。在评估模式上，历史仿真法使用全值评估法，以风险因素未来的价格水平为基础，重新评估头寸，并计算出头寸的价值变动收益和损失。最后，采用历史仿真方法，对投资组合进行盈亏由小至大的排列，得出盈亏分布，并以一定的可信度对其进行分位数计算。

14.3.3　遗传算法在组合投资中的应用

遗传算法是一种具有高度并行性、随机性、自适应特性的优化算法，它通过模拟生物体的自然选择过程和遗传机理来实现。该算法模拟了自然界中"优胜劣汰"的原则，提出了一种基于多参数多种群的协同优化算法。遗传算法从一系列被称作"种群"的随机生成的初始解决方案出发进行搜索。群体中的每一个体都是一个被称作"染色体"的问题的解决方案。染色体就是一个字符串，就像二进制字符串一样。在随后的迭代过程中，这些染色体一直在演化，这就是我们所说的"遗传"。一个"适应值"被用来衡量每一代染色体的质量，其结果被称作子代。后代是上一代染色体经过交叉或变异操作而产生的。通过对下一代染色体进行筛选，筛选出合适的子代，剔除合适的子代，保证了群体数量的恒定。具有较高适应性的染色体有更高的被选择概率。在此基础上，提出了一种基于遗传算法的算法。

遗传算法是从进化论、物种选择理论、群体遗传论等理论中衍生出来的，它的核心思想是通过仿真遗传机理和演化机理来寻找一些极限问题的最优解，是一种能够模拟自然界中生物演化过程和机理来解决极限问题的自组织、自适应的人工智能技术。自从霍兰德（Holland）提出以来，它因其本身的特性，在许多高维问题中都能得到有效的求解，因而在工程设计、自动控制、模式识别、计算科学等方面得到了广泛的应用。

在过去的十多年中，由于计算机硬件技术的进步，使遗传算法的性能得到了进一步的提高，并被广泛地应用于证券组合中。近年来，国内外许多学者对基因算法在股票市场上应用的理论、方法、权重等问题进行了深入的研究。本章首先给出了期望收益率，并以回报为约束，然后求出了最小风险下的资产组合权重。也有学者比较分析了遗传算法与二次规划在投资组合中的效果，结果表明，对于指定收益率时，遗传算法得出的投资组合的风险要高于二次规划得出的风险。

遗传算法是一种基于自然遗传学原理和生物进化理论的优化搜索方法，它以字符串为模型，通过对其进行模拟，从而得到最优解。在此基础上，提出了一种基于遗传算法的多目标规划方法，并将其应用到证券组合风险和收益双目标优化问题中。同时，对于一个问题，该方法可以给出多个可行解，这与证券的有效曲线特征相吻合。

遗传算法在组合投资中会如何应用呢？这也是投资者关心的问题。遗传算法在组合投资中的应用——用遗传算法来解决风险目标函数。从投资者角度而言，由于投资者根据个人的风险偏好程度、收益倾向来设置投资组合的目标，在进行投资组合的过程中也会体现出。遗传算法的精妙之处在于"遗传"二字，就相当于猩猩学习人类的动作，由于遗传，猩猩的后代学习能力会变得更强。遗传算法的加入，使投资过程变得智能和有思想化，在不断变化的市场形势下，会很快地作出符合投资者要求的决策。

14.4　人工智能在组合投资中的应用

简单来说，人工智能就是模拟人的思考方式，不断地学习并运用新知识去解决问题的一套系统。虽然从计算能力的角度来看，人类大脑在电脑面前都像是一部拙劣的机器；但从逻辑模式和综合分析能力来看，大脑又比电脑高级得多。例如，人可以通过陌生人的言谈举止，短时间内大致判断出对方的来意、是否友善、受教育程度等，而电脑要完成这一工作，需要诸多的输入变量和转换关系，效率远远没有人类高。目前包括最顶尖的人工智能研究，也没能解决此类问题。

14.4.1　人工智能组合投资与传统组合投资的比较

人工智能在组合投资中的应用主要有智能投顾和智能投研两个方面。智能投顾又称机器人理财顾问，即凭借人工智能分析客户需求，匹配金融资产的过程。它以个人投资者的风险偏好、财务状况与理财目标等特点为基础，利用智能算法及投资组合理论模型，为用户提供智能化的投资管理服务，并不断跟踪市场动态，调整资产配置方案。相比传统的投资顾问业务，它的核心特征体现在借助客观投资组合模型，实现服务流程的标准化，以及投资决策的纪律性。智能投研，指利用大数据和机器学习，将数据、信息、决策进行智能整合，并实现数据之间的智能化关联，从而提高投资者的工作效率和投资能力。

表 14-1 简单就人工智能组合投资与传统组合投资的区别进行了说明。

表 14 –1   人工智能组合投资与传统组合投资的比较

	人工智能组合投资	传统组合投资
决策理性与否	用到大量的客观数据，综合分析得出结论	行为、认知的偏差，导致了非理性的决策
能否确认偏差	客观地分析各种信息和可能性而后作出的公正判断	对根据过去和现在掌握的信息所作出的决策深信不疑
事前、事后的分析	作好事前的预测和决策	自我安慰的心理补偿
损失厌恶程度	根据客观信息得出的最优方案	根据对收益和损失的主观看法而定

除此之外，人工智能系统的另一个优势就是自我学习能力。传统的金融工程建模过程中，模型的搭建是根据前期数据分析选定的变量进行。这就对变量的挑选和模型的构建方式提出了很高的要求，一旦任何过程出现错误或偏差，都会导致模型失效。即使模型的搭建是成功的，模型也可能存在时效性。在经历了一段时间后，整个经济环境可能会出现变化，同样可能导致模型的失效。人工智能技术使金融模型的构建可以有选择地进行变量和参数的调整，是一种自我修正的动态系统。

14.4.2　传统神经网络分类器及其存在的问题

神经网络是当前机器学习中被研究最多、应用最广的一种模型。本章提出了一种基于神经元的神经网络建模方法，并给出了一种基于神经网络的神经网络建模方法。X 是神经元从前一神经获得的信号，通过有权重的连接（W），将这一信息传递到下一个神经元，下一个神经元对此进行信息滤波，若接收的电信号超出了该神经元设置的阈值，则由一个神经元内部的信号计算（函数 f），将此信号继续传递。

在计算每一个神经元的时候，大脑中最常见的就是阶跃函数。只有在达到一定的阈值时，这个神经元才能进行下一步的信息传输。但是，在实际情况下，由于阶跃函数本身是不连续的，因此，在神经网络的优化与计算中，必须对阶跃函数进行优化与平滑。因此，我们更多地会选择像 Sigmoid 函数等可以表达阶跃函数特征的连续函数。

　　通常情况下，在应用神经网络时，首先要设置的就是神经网络的层次和每个层次所包含的神经元数目。神经网络可以被分成三个部分：输入层、隐藏层和输出层。输入层就是我们输入的自变量入口，有多少个自变量即有多少个神经元。在计算时，按照目标函数及模型的应用目的，对输出层进行了设计；而中间隐藏层的数量和每一层神经元的数量，可以根据实际训练的需要进行调整。通常情况下，层数越多、神经元数量越多，整个模型训练出来的效果就会越好，但同时也会带来一个问题，那就是因为参数数量过多，会导致训练时间过长和过拟合。

　　由于线性分类器不能解决非线性问题，因此必须采用神经网络算法。

　　在投资过程中，对投资决策和投资结果造成影响的因素太多，其中并不是所有的因素都可以进行数字化描述，比如投资者的心理活动、市场或者个人的突发情况等，这些会对投资造成影响，但是在计入模型或者算法中进行计算时，这些因子无法进行量化，因而，这样得出的结果是失真的，甚至会出现偏离现实中会得出的结果。所以就需要有一个可以模拟人类大脑的算法，来解决现实中的那些非线性问题的考量，因此，传统神经网络分类器就派上了用场。

14.4.3　统计学习理论在组合投资中的应用

　　马科维茨的理论立足于综合考虑"预期回报最大化"与"最小化不确定（风险）"这两个方面。通过对投资损失的概率分布以及可能回报与预期回报的偏离程度（也就是在统计学中所谓的方差）进行归纳，得出了投资者应当以合适的比例同时买入多种股票，而不是只买一种股票，只有这样，他们的回报才能尽可能地被确定。这一结论是以量化分析为基础的，它满足了投资人的风险偏好。加强了对风险进行管理的能力，有助于该基金的繁荣。在短短数十年的时间里，伴随着对数量化研究的发展，组合理论和它在现实生活中的应用逐渐成熟，并逐渐成为当代投资领域的主要工具。也正是因为这种资产组合理论的提出,才使马科维茨在 1990 年荣获了诺贝尔经济学奖。

投资组合理论中有许多经典的理论与模型,它们在创立之初就受到了学者与投资者的广泛关注,但是有些理论与模型通常都是基于苛刻的假定条件。在实践中,因为假定条件不能被满足,所以这些理论与模型在实践中的作用并不能得到预期的结果。特别地,对于"安全第一"标准,为了实现这一标准,通常假设可投资资产的历史收益样本容量为无限大,但现实中的历史收益样本容量通常很小,这给标准的适用性带来了挑战。

定量分析可以帮助投资者进行风险管理、证券组合的设计、交易时机的选择、市场特征的判断等。在股票和金融市场中,统计方法的广泛运用,为提升交易技巧和管理水平作出了特别的贡献。如今,在国外,计算机交易系统已经非常普及,按照不同的需求,开发出了各种各样的建模软件,只需要将数据输入计算机中,投资者就可以根据分析的结果,随时作出并调整自己的投资方案。

在此基础上,提出了一种基于机器学习的新算法,并将其应用到其他领域。统计学习理论是针对小样本数据的统计学习问题而提出的一种新的方法,在人工智能领域已经形成了一个较为完善的理论体系。

14.4.4 深度学习与组合投资的结合

1. 深度学习的概念

深度学习是一种机器学习,是走向人工智能的必然途径。深度学习理论起源于人工神经网络理论,具有多重隐层的多层感知器就是其中的一种。深度学习将底层特征融合为更抽象、更高层次的属性分类或特征,从而实现对数据的分布式特征提取。深度学习的研究目的是通过构建人工神经网络,模拟人类大脑对图像、语音、文字等信息的理解,实现对数据的分析。

深度学习与浅层学习有如下区别。首先，深度学习注重模型的深层结构，一般都有五到六层，乃至十多层的隐含节点。其次，通过对深度的分析，说明了特征学习的重要意义。该方法采用分层特征转换的方法，将原始数据的特征表达转化为新的特征空间，便于分类和预测。相对于传统的基于人为规则的特征提取方式，从海量数据中提取特征，可以更好地表征数据中蕴含的丰富信息。

2. 深度学习分为有监督学习和无监督学习

无监督的自下而上的学习方法，是从最底层开始，逐级向上层进行训练。该方法利用不带校准数据（也可以带校准数据）对每一层进行分层训练，即非监督式的训练，这一步骤与传统神经网络最大的不同之处在于，它是一种特征学习。具体来说，首先使用无标定数据对第一层进行训练，在训练的时候，首先学习第一层的参数，这个层次可以被看成是得到一个三层神经网络的隐层，这样就可以利用这个三层神经网络来实现输出和输入的差异最小。在学习出 $n-1$ 层之后，用 $n-1$ 层的输出来作为第 n 层的输入，对第 n 层进行训练，从而获得各个层的参数。

而自上而下的有监督学习则是利用有标记的数据进行训练，并将错误传递到自上而下，从而实现对网络的精细调整。在此基础上，对每一层的参数进行优化，以提高神经网络的性能。第一个步骤，就像神经网络中的随机初始值一样，因为第一个步骤不是随机的，而是根据输入数据的结构来确定的，这个初值更接近于全局最优解，所以可以获得更好的结果。因此，深度学习能够取得较好的效果，主要是因为它的第一个步骤——特征学习。

3. 深度学习在组合投资中的应用

目前深度学习的主要用途是用于语音识别和图像识别等方面的应用。基于其数据处理功能，在组合投资中有许多环节可以用深度学习进行效率提升，以达到用新的技术进行组合投资机制升级的目的。可以利用带标签的投资数据进行深度学习的机器训练，以达到智能投资的目的。用一系列的组合投资信息和数据进行深层分析学习，并以最优投资决策作为最终"答案"进行监督式学习。其最终目的是模仿优秀的组合投资者在信息中进行的决策，让机器模仿人脑的投资决策过程。这样的组合投资项目选择与风险评估和预测等方面可以利用深度学习的强大功能提高投资决策的效率和准确度，并且通过大量的数据训练，深度学习可以让机器学习不同的优秀投资决策者的决策分析能力，集投资领域中佼佼者的决策和分析能力于一身。这不仅能降低数据的分析和信息处理成本，还能让被训练的机器投资决策能力超过人类，提高投资决策效率。

第15章　创业投资集群与战略性新兴产业集群协调发展创新机制

15.1　相关概念与理论基础

15.1.1　相关概念

1. 战略性新兴产业内涵

2009 年 9 月 21 日和 22 日，国务院总理温家宝召开三次新兴战略性产业发展座谈会，听取经济、科技专家的意见和建议。2010 年发布的《国务院关于加快培育和发展战略性新兴产业的决定》中指出："立足我国国情和科技、产业基础，现阶段重点培育和发展节能环保、新一代信息技术、生物、高端装备制造、新能源、新材料、新能源汽车等产业。"2020 年发布的《2021 中国战略性新兴产业发展报告》中归纳了现阶段战略性新兴产业发展取得的主要成绩，指出了战略性新兴产业中新一代信息技术产业、生物产业、高端装备制造产业、新材料产业、能源新技术产业、新能源汽车产业、能源新技术产业、数字创意产业的八大产业发展趋势。

关于战略性新兴产业概念的研究，波特（Porter，2012）认为，新兴产业的出现主要是由于创新、相对成本结构的改变和新的顾客需求，或是因为经济与社会的改变使某项新产品或服务而产生的。而国内学者李晓华（2010）指出，战略性新兴产业是新兴产业与新兴科技的高度融合。来亚红（2011）指出，这些产业不仅为经济提供了长期的导向和支柱，而且能够有效地整合和应用科研和技术成果。这意味着，战略性新兴产业是科技与商业之间的桥梁，能够迅速在国内外市场占据领先地位。特别是它们具备的七大特征，如战略导向、综合创新和国际开放，都使它们在全球竞争中处于有利位置。而王新新（2011）则强调了这些产业是新一轮技术和产业革命的产物，它们集合了最新的科研成果、技术发明和创意思维。更为重要的是，它们能够吸引关键的生产要素，如技术、人才和资金，从而为国家经济的长期战略发展提供强大的动力。因此，对于风险投资者而言，对战略性新兴产业的投资不仅是追求高回报，更是对未来经济趋势的预见和把握。指出战略性新兴产业的特征为创新性、高风险性、高投入性、高回报性、时间变化性、地域差别性。综上所述，战略性新兴产业被广泛视为最有吸引力的投资领域。这些产业通常基于重大的技术突破和发展需求，对经济和社会产生了深远的引领和带动效应。由于它们蕴藏着巨大的成长潜力，战略性新兴产业往往能够深度融合最新的科技和产业，代表着科技创新和产业发展的方向。其显著特点包括高科技含量、巨大的市场潜力、强大的带动能力和良好的综合效益。郑江淮（2010）认为，这些产业的发展紧密依赖于持续的创新。他强调了范围经济、规模经济和集聚经济在其中的关键作用。这意味着在一定的范围内、规模上或者地域内，这些产业能够实现更高的效益。施平（2010）进一步细化了战略性新兴产业的特性，指出它们具备面向未来和高增长率的基本特征。这些产业的特点是演化性、周期性、集聚性、主体交互性、信息密集性和专业化。这种深入的理解不仅为风险投资者提供了更为明确的投资方向，也为产业自身的发展提供了有力的指引。

综上所述，战略性新兴产业是指建立在重大前沿科技突破的基础上，代表未来科技和产业发展的新方向，体现当今世界信息经济、循环经济、低碳经济的发展潮流，尚处于成长初期，未来发展潜力巨大，对经济社会具有全局带动和重大引领作用的产业。

2. 战略性新兴产业集群

近年来，学术界对战略性新兴产业集群的研究已经进入深层视角，从产业集群与战略性新兴产业结合的角度看，我们可以重新定义和解读产业的发展模式。战略性新兴产业集群是以战略性新兴产业为核心，由一系列相关或互补企业在特定地理区域内集聚形成的一个整体。万钢（2010）强调，这样的产业集群不仅具备了产业化的能力，已经形成了完整的产业链，而且能在短时间内实现规模化的发展，其核心资源也在逐步强化。四个维度为我们提供了深入理解产业集群的视角：首先，从空间布局的角度，"地理邻近"不仅能节约成本和交易费用，还为集群内的成员提供了合作的机会，从而促进了企业的集聚。其次，李扬和沈志渔（2010）强调了产业分工的重要性，他们认为，众多中小企业应围绕核心企业开展业务，形成了一个有着明确产业分工和完备产业链的产业综合体。再次，组织机构的维度涉及多个部门，包括生产、营销、研发、中介服务和政府等。喻登科等（2012）进一步提出，在区域内，各种机构可以提供技术和信息创新服务，构建一个有机互动的产业网络。最后，王欢芳（2012）提出的社会嵌入的概念也十分重要。他认为，战略性新兴产业的发展与传统产业是紧密相连的，而这些传统产业为新兴产业提供了必要的物质和资金支持。

3. 创业投资集群

创业投资是一种对创业企业的股权投资方式，目标并不是获得企业的控股权，而是希望通过资本的援助推动企业更好地发展，并期望在未来通过转让股权来实现资本增值。而这种投资在一些特定的地域会聚集形成所谓的"创业投资集群"，这些集群由大量的创业投资机构构成，这些机构在地域内高度集中，对各类高技术或非高技术产业进行投资，它们之间存在相互依赖的关系。

麦克诺顿和格林（McNaughton & Green，1989）的研究发现，加拿大的创业投资存在集聚现象。而梅森（Mason，2001）指出，英国的创业投资在不同地区的分布并不均衡。再看中国，蔡莉、朱秀梅和孙开利（2004）进行了一次聚类分析，他们基于不同地区的优势为中国的各主要省市制定了相应的发展策略。佘金凤和汤兵勇（2007）的研究更进一步，他们发现创业投资的地域分布也呈现出集聚性特性，并深入探讨了导致地区间不平衡的各种因素和背后的形成机理。谈毅和冯宗宪（2004）对创业投资的制度环境进行了研究，发现风险资本在地理分布上呈现出集聚的特性，并且这种集聚带有竞争优势。而刘延明（2010）则从金融环境的角度对比分析了不同国家对创业投资公司的支撑作用。

总体来说，人们通常认为，创业投资主要是对那些高风险、高增长性的高技术企业的投资，这样的投资目的是获得更高的回报。这种投资往往会在某个特定地域内集中，形成一个有特色的投资集群，这不仅是一个投资现象，更反映了一个地区的投资环境、金融体系和经济发展策略。对于风险投资者来说，理解这些集聚特性和背后的机制是十分重要的，因为它将影响我们的投资决策和策略选择。

15.1.2 理论基础

1. 聚集理论

集群理论主要研究产业集群是在某一特定空间范围内具有相互联系和共同特征的大量企业以及相关支撑主体集聚在一起形成具有一定功能

的企业集合体。集群的研究最早可以追溯到马歇尔。1920 年，经济学家马歇尔（Marshall）对于企业为何会在同一地点聚集的现象进行了深入探讨，他从外部经济的角度出发进行了分析。外部经济，即企业在某一特定地域内由于聚集带来的规模效应和资源共享而获得的经济利益，与产业集群的形成有着密切的关系。从马歇尔的观点看，产业集群并非偶然出现，而是由这些外部性所驱动。他认为，正是因为企业可以在集群中共享资源、知识和市场，降低交易成本，从而获得更大的竞争优势，这使企业倾向于在某一地域内集中，形成产业集群。这种集聚不仅为企业带来了经济上的好处，也进一步推动了该地区的经济发展和创新。而最早提出聚集经济概念的是阿尔弗雷德·韦伯（Alfred Weber，1929），他在分析某个产业的区域分布时，使用"agglomerative factors"。1998 年，著名学者波特首次系统地提出了"产业集群"的概念，为全球经济学界和实践领域带来了新的视角。他定义产业集群为：在某特定领域或产业内，地理位置上相对集中的一群公司和机构，这些实体间存在着紧密的联系和互动。这种聚集带给成员公司众多的优势，如共享资源、知识互换、降低交易成本和提高创新能力。波特的这一理论强调，集群内的企业可以通过相互合作和竞争，实现更高的生产效率和创新潜力，从而在全球市场中获得竞争优势。之后的研究人员则主要对其形成原因、类型以及作用等进行了大量研究。梅特尔卡和法里内利（Lynn Mytelka & Fulvia Farinelli，2000）基于对产业集群内在的互动关系进行了深入研究，并据此对产业集群进行了创新的分类。他们认为，产业集群不应被视为一个单一、静态的实体，而是存在着多种形态和发展阶段。据此，他们将产业集群分为三个主要类别。每个类别都有其独有的特征和内在动态，这使企业、投资者和政策制定者可以更精确地理解并利用这些集群的潜力，从而实现经济增长和创新。这种分类方法为风险投资者提供了一个新的视角，帮助他们更好地评估和选择投资目标（见表 15 – 1）。

表 15 – 1　　　　　　　　　　产业集群的类型及其绩效

类型	自发产业集群		
	非正式集群	有组织集群	创新型集群
关键参与者参与度	低	中	高
企业规模	小	中	中或大
创新	低	中	持续
信任	低	高	高
技能	低	中	高
技术	低	中	中
关联	低	中	广泛
合作	低	中，不持续	高
竞争	高	高	中
产品创新	低	低	持续
出口	低	中	高

2. 协同理论

协同学起源于希腊语的"协调合作之学"，是一门独特的学科，探讨如何在各种系统中产生和维持有序结构。该学说由西德理论物理学家赫尔曼·哈肯于1971年创立，他提出了一个引人入胜的基本假设：即使在无生命的物质中，也有可能从原先的混沌状态中生成新的有序结构，并在一个稳定的能量供应条件下保持这种有序。哈肯在他的经典著作《高等协同学》中深入探讨了这个概念，并将其应用于性质完全不同的大量子系统，如电子、原子和细胞等组成的各种系统。对于风险投资者而言，协同学提供了一个理论框架，帮助我们理解和预测各种不同系统的互动和演化，从而更好地评估投资机会和风险。

协同学是一门深入探讨各种子系统如何共同作用并最终形成宏观有序结构的学说，以"序参数"为其核心理念。在协同学的视角下，各个子系统原本存在着自发的、无规则的独立运动，但当它们之间的关联逐渐强化，它们开始形成协同的运动。在系统还远离临界点时，这些关联相对较弱，因此子系统的独立运动占据主导，使整个系统处于一个无序的状态。但随着系统逐渐接近临界点并达到某一"阈值"，子系统间的关联便变得强烈，协同运动也开始主导，最终导致整个系统形成宏观的有序结构。

这里的"序参数"定义为子系统之间的关联程度，而一个系统的宏观有序结构往往不是由单一的序参数决定，而是由多个序参数共同作用所决定的。在这个过程中，协同有两层含义：第一，子系统之间通过协同合作形成宏观有序结构；第二，不同的序参数之间也进行协同合作，共同决定整个系统的有序结构。这种双重的协同机制为我们提供了深入了解复杂系统内部工作机制的窗口，也为风险投资领域提供了独特的视角，帮助我们预测和评估各种投资机会中潜在的风险和机遇。

15.2　战略性新兴产业集群与创业投资集群的风险控制分析

15.2.1　战略性新兴产业集群降低了创业投资的项目选择成本

从规模经济发展的角度出发，规模经济社会一般指企业可以通过不断扩大生产经营规模而导致我国经济环境效益得到有效提高，当厂商在达到一定的规模效应后，出于追求更大的市场份额和扩大影响力的动机，它们继续不断地扩大生产规模。然而，这种过度扩张往往会带来中国经济效益的下降。具体表现为，单位投入带来的收益逐渐减少，导致生产成本增加。最终，这种不断扩大的生产规模导致了"规模不经济"。也就是说，扩大规模不再带来经济效益的增加，反而会导致整体效益的下降。这种现象在风险投资企业的发展过程中尤为明显，因为这些企业在追求快速成长的同时，可能忽略了对经济效益的评估和管理，导致盲目扩张和资源的浪费。因此，作为风险投资专家，我们必须时刻警惕这种现象，确保投资的企业在扩张中始终保持健康、可持续的经济效益，也经历了规模扩张导致的经济效益下降趋势，战略性新兴产业集群的产生有效地缓解了规模经济效应的不明显。

风险投资和战略性新兴产业具有高度战略性、高度创新性、高风险性和高回报性的特点。在风险投资领域，我们的投资研究对象总是紧紧关注于产业经济发展的前沿领域，这是因为这些前沿领域往往具有较高的增长潜力和创新活力。然而，选择一个值得投资的企业并非易事。风险投资机构在选择投资企业时，为了确保资金的安全与回报，需要对每一个意向投资的企业进行独立的深入调查和审计，这无疑带来了相当高的交易成本。而与此同时，战略性新兴产业与风险投资之间存在高度的耦合性。例如，一个地理位置上的产业集群可能汇聚了众多在同一领域内的创新企业，这为风险投资家提供了一个宝贵的机会。他们可以对集群中的多个企业进行批量的调查和审计，从而大大降低了选择和审计的成本。此外，对于那些已经投资的企业，创投人员可以利用集群的特性，对集群内的企业实施批量管理。这意味着他们可以为这些企业制定统一的管理标准和考核制度，这不仅能够提高管理效率，还能确保各企业都在同一标准下进行规范运作，大大方便了管理与监督。

15.2.2 战略性新兴产业集群降低了创业投资的项目风险

在战略性新兴技术产业中，初创企业由于资源限制和市场的不确定性，其产品质量经常呈现出参差不齐的状态。这不仅给投资者带来了巨大的项目风险，而且容易产生"搭便车"的现象，即部分企业利用集群的优势，但未实际为集群创造价值。然而，战略性新兴文化产业集群带来了显著的信息集聚效应，这种效应明显增强了行业内的透明度，为缓解信息不对称问题提供了强有力的支撑。对于创业投资者来说，他们可以充分利用集群内部丰富的信息资源，迅速深入了解并掌握被投资企业的经营状况、技术实力和市场潜力等关键信息，从而大大降低投资风险。更为重要的是，产业集群营造的竞争与合作的双重氛围，为技术研发和创新创造了有利条件。这样的环境使风险投资家能够更加有效地筛选出那些真正具有低风险、高潜力的企业进行投资。综上所述，产业集群的公开透明运营环境和其中所蕴藏的竞争与合作的良性机制，共同作用于降低风险投资在集群中的投资风险，为投资者提供了更加稳健和有保障的投资选择。

15.2.3　创业投资集群的空间效应促进了区域创新发展的良性循环

多位国外学者在其研究中提到，风险投资活动呈现出明显的地理集中趋势，原因在于风险投资者具有空间邻近偏好。也就是说，风险投资者在考虑投资项目时，往往更偏向于与自己地理位置相近的企业，这种倾向与投资者对项目进行密切关注和管理的需要是分不开的。实际上，不同国家的研究数据均显示，风险投资机构在投资决策时，对当地产业集群内的企业确实存在着明显的投资偏好。例如，鲍威尔（Powell）等学者在研究美国大生物工业园区时发现，像波士顿、旧金山和圣地亚哥这样的生物技术中心，风险投资的地理集中现象尤为明显。从宏观层面看，创业企业的本地集聚不仅是战略性新兴技术产业集群形成的核心驱动力，而且为该产业的快速成长提供了强大动力，特别是当地的创业教育投资管理行业的积极参与和支持，为初创企业的成长和扩张注入了关键的资源和活力。此外，王建宙也曾提到硅谷对新技术公司的特殊看法，尽管具体内容在此未详细描述，但这进一步印证了风险投资活动与地域性产业集群之间的深度关联。风险投资的空间邻近效应已经成为创新资源聚集的强大催化剂。这种资源的聚集为地方战略性新兴产业集群的形成提供了良好的土壤，为创业者和投资者创造了高效、互动的环境。对于那些具有巨大经济增长潜力的战略性新兴企业来说，为了更方便地接触和利用资金、人才以及科技创新的最新成果，它们更倾向于在那些风险资本丰富、高技术研发活跃、企业密集度高的地区设立或迁移公司。事实上，随着我国部分区域内的企业成功率的持续上升，这些地区正逐渐吸引到更多的创业资本以及创新教学和研究资源，进一步强化了其区域内的创新生态系统。而当资本集聚和技术产品创新两者相互影响、相互促进时，产生的"马太效应"不仅加速了资金和技术的流动，更催生了区域内文化创新思维的良性循环，使整个生态更为活跃和持续繁荣。

15.2.4 创业投资集群的信息与技术溢出降低了创业投资风险

风险投资集群的信息和技术溢出效应也大大降低了风险投资的风险。从风险投资的空间邻近效应中获得的信息溢出主要包括两个方面：第一，投资者与企业家在交流和互动过程中产生的隐性信息溢出。风险投资的空间邻近效应可以为投资者和企业家提供更多面对面交流的机会，极大地促进了投资者和企业家之间的经验交流和隐性信息的传播。第二，风险投资促进了整个行业的信息溢出效应。风险投资集中的许多行业都具有明显的信息溢出特征。风险投资的空间邻近效应有助于产业信息溢出在当地实现利益最大化。从信息溢出的角度看，风险投资的空间邻近效应对风险投资的影响是促进信息流动，减少信息不对称。

创业企业投资集群对于国家战略新兴文化产业的影响因素在于战略性新兴产业是在科技密集型和信息流动性强的行业中，创业教育投资的空间邻近效应明显地催生了信息溢出现象。这种信息溢出不仅促进了知识的快速传播和分享，还为战略性新兴产业的发展铺设了坚实的基础，实现了一个强化机制。此外，由于风险投资和创新型企业地理上的接近性，双方在产业集群内的信息交流和合作变得更加紧密，使投资决策更为明智且高效。这不仅增强了行业的竞争力，也推动了产业技术创新信息的积累，为未来的技术创新和市场引领打下了坚实的基础。

15.3　双集群协调发展创新机制理论研究

对于战略性新兴产业的投资主要分为政府主导的创业投资与创业投资机构主导的创业投资。政府主导的创业投资在整个创新生态中扮演了至关重要的角色。由政府引领并通过精心制定的发展政策和引导基金等机制，这种投资模式专注于推动创业投资集群的成长，特别是在战略性新兴产业集群的初始阶段。这不仅为创新主体提供了必要的资金支持，而且更加强调创新的重要性，鼓励各个创业实体积极开展创新活动。与商业投资有所区别，政府主导的创业投资更多地体现了公益性，致力于为社会和经济带来长远的利益。机构主导的创业投资风险投资公司或创业投资机构等金融机构为主导，对战略性新兴产业企业的支持并不仅限于其初创期。实际上，从初创期到中后期，都需要稳定的资金支持以保持其发展势头。在进行投资决策时，我们会详细评估中小企业的创新项目，权衡其预期收益与潜在风险，从而确保只选择那些具有良好前景和潜力的项目进行投资。当然，投资的最终目的是获得利润，但我们同时也希望能够助力中小企业的成长与扩张，这样不仅可以帮助他们实现更大的商业成功，也为我们的投资带来了丰厚的回报。

从协同论的角度来看，创业投资集群和战略性新兴产业集群构成了一个高度协同的复合系统，它们相互依赖、相互促进。在这种关系中，创业投资集群不仅为战略性新兴产业集群提供所需的资金，还对创新研发进行监督和指导，确保其方向正确且富有前景。而当战略性新兴产业集群中的企业和项目逐步成熟，它们将为创业投资集群带来期望的回报。

观察战略性新兴产业的发展阶段，我们可以看到，从孕育阶段到发展阶段，每一个阶段都有其特定的资金和技术需求。在孕育阶段，产业尚处于研发初期，大量的资金流入是为了支持基础研究和原型开发；成长阶段则要面临产品推向市场的挑战，这是高风险但也是高收益的阶段；到了发展阶段，产业需要更加关注如何在市场中站稳脚跟、如何扩大规模和完善制度。

在这个复合系统中，政府的支持是为了推动创新活动和确保产业健康发展，而创业投资集群则更多地注重从市场中获得利润。这种关系构建了一个相互影响的双向反馈机制。正因为有了这种协同关系，创业投资集群和战略性新兴产业集群能够持续并协同发展，形成一个互补和共赢的局面。

总体上，创业投资集群和战略性新兴产业集群之间的互动和协同关系如同生态系统中的相互依赖关系，只有当两者都健康发展、持续产出时，整个系统才能够实现长期的稳定和繁荣。

15.4　双集群协调发展的实证研究

15.4.1　创业投资集群与战略性新兴产业集群协调发展创新指标体系构建

在最近的研究中，我们根据《战略性新兴产业分类（2018）》和《高技术产业分类（2018）》进行了深入的对比分析。图 15-1 清晰地展示了我国的高技术产业与战略性新兴产业在多个重要领域中的交叠情况。值得关注的是，这些交叠领域包括信息技术产业、高端制造产业、新材料产业、新能源产业、生物产业以及节能环保产业及其相关服务业。这些产业都秉承了高技术、绿色环保和创新三大核心特点，被普遍认为是未来发展的前沿领域。然而，战略性新兴产业在我国的发展仍然处于初级阶段，例如数字创意产业。另外，令人遗憾的是，我国目前并未为战略性新兴产业提供单独的统计数据。因此，本节在进行实证分析时，只能采用高技术产业的数据作为替代，以便更准确地了解战略性新兴产业的真实情况。

战略性新兴产业类别	高技术产业类别
1. 新一代信息技术产业 2. 高端装备制造产业 3. 新材料产业 4. 生物产业 5. 新能源汽车产业 6. 新能源产业 7. 节能环保产业 8. 数字创意产业 9. 相关服务业	1. 电子信息技术 2. 生物与新医药技术 3. 航空航天技术 4. 新材料技术 5. 高技术服务业 6. 新能源及节能技术 7. 资源与环境技术 8. 高新技术改造传统产业

图 15 - 1　产业分类

从区域内创业投资集群与战略性新兴产业集群协调发展创新的角度看，在充分研究国内外现有关于创业投资集群与战略性新兴产业集群协调发展创新能力评价研究文献的基础上，本节借鉴了欧光军《产业集群视角下高新区协同创新能力评价与实证研究》（2012）中高新区产业集群协同创新评价指标体系建立了创业投资集群与战略性新兴产业集群协调发展创新指标体系。具体指标体系如图 15 - 2 所示。

创业投资集群	战略性新兴产业集群
1. 创业投资案例数 2. 创业投资金额 3. 创业投资公司上市数量 4. 创业投资披露案例数	1. 高新技术企业数 2. 高新技术产业 R&D 项目经费 3. 高新技术产业 R&D 人员折合全时当量 4. 高新技术产业新产品开发经费支出 5. 高新技术产业工业总产值

图 15 - 2　指标体系

15.4.2 创业投资集群与战略性新兴产业集群协调发展创新模型构建

1. 创业投资集群协调发展创新有序度模型

创业投资集群协调发展创新过程中的序参量变量为 $e_1 = (e_{11}, e_{12}, \cdots, e_{1n})$。其中，$n \geqslant 1$，$\beta_{1i} \leqslant e_{1i} \leqslant \alpha_{1i}$，$i \in [1, n]$。

在本节中，创业投资集群的序参量变量可以看作是创业投资集群协调发展的评价指标。不失一般性的，假定为 e_{11}，e_{12}，$\cdots$，e_{1j} 慢驰序参量，其取值越大，系统的有序程度越高，其取值越小，系统的有序程度越低；e_{1j+1}，e_{1j+2}，$\cdots$，e_{1n} 为快驰序参量，其取值越大，系统的有序程度越低，其取值越小，系统的有序程度越高。因此，有如下定义：

定义 1：式（15.1）为创业投资集群序参量分量 e_{1i} 的系统有序度：

$$\mu_1(e_{1i}) = \begin{cases} \dfrac{e_{1i} - \beta_{1i}}{\alpha_{1i} - \beta_{1i}}, & i \in [1, j] \\[4mm] \dfrac{\alpha_{1i} - e_{1i}}{\alpha_{1i} - \beta_{1i}}, & i \in [j+1, n] \end{cases} \tag{15.1}$$

由以上定义可知，$u_1(e_{1j}) \in [1, n]$，其值越大，e_{1i} 对创业投资集群协调发展创新有序的"贡献"越大。需要指出，在实际中，有些 e_{1i} 取值过大或过小都不好，而是集中在某些特定周围最好，对于这类 e_{1i}，总可以通过调整其取值区间 $[\beta_{1i}, \alpha_{1i}]$ 使其有序度定义满足定义 1。

从总体上看，序参量变量 e_{1i} 对创业投资集群协调发展创新有序程度的"总贡献"可通过 $u_1(e_{1i})$ 集成实现。然而"集成"法则取决于系统的具体结构具有不同的组合形式，为了简明起见，本节采用线性加权求和法来处理：

$$u_1(e_1) = \sum_{i=1}^n \omega_i \cdot u_1(e_{1i}), \ \omega_i \geqslant 0 \ \text{且} \ \sum_{i=1}^n \omega_i = 1 \tag{15.2}$$

定义 2：式（15.2）定义的 $u_1(e_1)$ 为创业投资集群协调发展创新有

序度。

由定义 2 可知，$u_1(e_1) \in [0, 1]$，$u_1(e_1)$ 越大，e_1 对创业投资集群协调发展创新有序度的"贡献"越大，系统有序程度就越高，反之则越低。

2. 战略性新兴产业集群协调发展创新有序度模型

与创业投资集群协调发展创新系统类似，同理可得：

定义 3：式（15.3）为战略性新兴产业集群序参量分量 e_{2i} 的系统有序度：

$$\mu_2(e_{2i}) = \begin{cases} \dfrac{e_{2i} - \beta_{2i}}{\alpha_{2i} - \beta_{2i}}, & i \in [1, j] \\[3mm] \dfrac{\alpha_{2i} - e_{2i}}{\alpha_{2i} - \beta_{2i}}, & i \in [j+1, n] \end{cases} \tag{15.3}$$

定义 4：式（15.4）定义的 $u_2(e_2)$ 为战略性新兴产业集群协调发展创新有序度：

$$u_2(e_2) = \sum_{i=1}^{n} \omega_i \cdot u_2(e_{2i}), \quad \omega_i \geqslant 0 \text{ 且 } \sum_{i=1}^{n} \omega_i = 1 \tag{15.4}$$

由定义 4 可知，$u_2(e_2) \in [0, 1]$，$u_2(e_2)$ 越大，e_{2i} 对战略性新兴产业集群协调发展创新有序度的"贡献"越大，系统有序程度就越高，反之则越低。

3. 创业投资集群与战略性新兴产业集群协同度模型

创业投资集群与战略性新兴产业集群协同度模型是指创业投资集群系统和战略性新兴产业系统之间在发展演变进程中相互和谐一致的程度，它决定了区域内创业投资集群与战略性新兴产业集群由无序走向有序的趋势与程度。假设在初始时刻（或某个特定时间段）t_0，创业投资集群系统有序度为 $u_1^0(e_1)$，战略性新兴产业集群系统有序度为 $u_2^0(e_2)$，而对于信息产业组织系统在演变进程中的时刻 t_0 而言，如果企业绩效系统有序度为 $u_1^1(e_1)$，企业融合系统有序度为 $u_2^1(e_2)$。

定义 5：式（15.5）为信息产业组织系统内子系统的协同度：

$$C = \lambda \cdot \sqrt{|u_1^1(e_1) - u_1^0(e_1)| \times |u_2^1(e_2) - u_2^0(e_2)|} \qquad (15.5)$$

其中，

$$\lambda = \begin{cases} 1, & [u_1^1(e_1) - u_1^0(e_1)] \times [u_2^1(e_2) - u_2^0(e_2)] > 0 \\ -1, & [u_1^1(e_1) - u_1^0(e_1)] \times [u_2^1(e_2) - u_2^0(e_2)] \leq 0 \end{cases} \qquad (15.6)$$

关于式（15.5）和式（15.6）进行补充：

①$C \in [-1, 1]$，其值越大，创业投资集群与战略性新兴产业集群系统协调发展的程度就越高，反之则越低。

②参数 λ 的作用在于判断创业投资集群与战略性新兴产业集群系统之间的协调方向，当 $[u_1^1(e_1) - u_1^0(e_1)] \times [u_2^1(e_2) - u_2^0(e_2)] > 0$ 时，协调度 C 表现为两个子系统同方向发展的协调程度；反之，当 $[u_1^1(e_1) - u_1^0(e_1)] \times [u_2^1(e_2) - u_2^0(e_2)] \leq 0$ 时，协调度 C 表现为两个子系统之间反方向发展的程度或根本不协调。

③当 $[u_1^1(e_1) - u_1^0(e_1)]$ 与 $[u_2^1(e_2) - u_2^0(e_2)]$ 均大于零时，协调度 C 表现为两个子系统向低级有序化发展的协调程度；当 $[u_1^1(e_1) - u_1^0(e_1)]$ 与 $[u_2^1(e_2) - u_2^0(e_2)]$ 均小于零时，协调度 C 表现为两个子系统向高级有序化发展的协调程度。

④定义 5 的概念显得尤为重要。它强调了两个子系统之间平衡的必要性。简而言之，如果我们仅关注提高一个子系统的有序程度而忽视了另一个，那么，尽管单一子系统的效率得到了显著提高，整体系统的协调状态仍可能遭受破坏。这是因为一个高效运行的子系统可能会对其他子系统产生压力或需求，如果这些需求没有得到满足，整个系统可能会出现失衡。因此，当我们进行整体信息产业组织系统的协调状态分析时，必须认识到这是一个动态过程，需要不断地监控、调整和优化，以确保所有相关的子系统都能和谐共存，共同推动整体的成功。

15.4.3　创业投资集群与战略性新兴产业集群协调发展创新模型实证分析

战略性新兴产业作为我国创新发展的核心产业，已成为我国经济发展的支柱产业。这些产业不仅为我国的经济增长作出了显著贡献，而且其高度的协同程度也为其他产业提供了强大的战略基础和先进的生产力支持。这种协同不仅增强了产业间的相互依赖性，还进一步加速了整体经济的发展势头。然而，研究这些支柱产业并不总是容易的，特别是在数据获取方面可能存在许多挑战。为了更好地理解这些产业的发展态势和影响力，本节选择了北上广深地区的上市公司作为战略性新兴产业的代表进行深入研究。这四个城市不仅经济发展水平领先，而且拥有大量的上市公司，为我们提供了宝贵的数据和研究资源，从而使我们能够更准确地揭示战略性新兴产业的真实面貌和其对我国经济的影响。建立与四个城市创业投资集群的协同度模型研究创业投资集群与战略性新兴产业集群协调发展问题。

创业投资集群的数据均来自《中国风险投资年鉴》，而战略性新兴产业集群所选择企业的数据来自 Wind 数据库。

由于数据计量单位不同存在着影响，为了便于对数据进行直接比较，本小节将采用实际中应用最多的标准化方法对数据进行处理，基本原理为：

$$X'_{ij} = (X_{ij} - \overline{X}_j)/S_j \, (i = 1, \ 2, \ \cdots, \ n; \ j = 1, \ 2, \ \cdots, \ n)$$

$$(15.7)$$

其中，X'_{ij} 表示标准化数据，$\overline{X}_j = \dfrac{1}{n} \sum\limits_{j=1}^{n} X_{ij}$ 表示变量 j 的均值，S_j 表示变量 j 的标准差，其计算公式为：

$$S_j = \sqrt{\frac{1}{n} \sum_{j=1}^{n} (X_{ij} - \overline{X}_j)^2}$$

本节对于各系统的子系统评价指标的赋权，采用较为普遍的 CRITIC

方法，其基本原理为 $\xi_j = \sigma_j \cdot \sum_{i=1}^{n}(1-r_{ij})(j=1,2,\cdots,n)$。其中，$\xi_j$ 表示第 j 个指标对体系的影响，σ_j 表示第 j 个指标的标准差，r_{ij} 则表示 i 与 j 指标的相关系数。第 j 个指标权重的计算公式为：

$$\omega_j = \frac{\xi_j}{\sum_{j=1}^{n}\xi_j}(j=1,2,\cdots,n) \qquad (15.8)$$

根据式（15.7）进行计算，对各项指标数据进行标准化处理，得出标准差；再根据式（15.8）进行权重的计算；最后根据有序度模型计算出两个子系统的有序度（见表15-2、表15-3），进而计算出31个省份四年的复合系统协同度（见表15-4）。

表 15 - 2　　　　　　　　　风险投资子系统有序度

风险投资					
区域	2014 年	2015 年	2016 年	2017 年	2018 年
北京	0.095534	0.538085	0.53956	0.678893	0.586594
天津	0.463856	0.625826	0.228065	0.586095	0.366433
河北	0.440276	0.523935	0.361366	0.515966	0.375822
山西	0.00004	0.608926	0.181519	0.555584	0.320089
内蒙古	0.115283	0.452387	0.207119	0.547613	0.221276
辽宁	0.013324	0.689007	0.192897	0.581469	0.192506
吉林	0.000604	0.129952	0.573386	0.582544	0.295741
黑龙江	0.043912	0.456174	0.56484	0.387257	0.082201
上海	0.068486	0.485038	0.423805	0.801401	0.580341
江苏	0.01304	0.30475	0.607698	0.992457	0.515799
浙江	0.016113	0.356586	0.616446	0.973091	0.469633
安徽	0.046273	0.548722	0.464723	0.595982	0.394795

续表

区域	2014 年	2015 年	2016 年	2017 年	2018 年
福建	0.002398	0.687444	0.517896	0.586329	0.515779
江西	0.0143	0.345604	0.26009	0.586473	0.641675
山东	0.064313	0.530681	0.268363	0.848972	0.364949
河南	0.070789	0.559074	0.259034	0.557294	0.415444
湖北	0	0.13841	0.703963	0.595035	0.662673
湖南	0	0.598198	0.37616	0.540336	0.491146
广东	0.011104	0.280042	0.540536	1	0.432035
广西	0.004767	0.624996	0.559555	0.301733	0.442595
海南	0.539359	0.539359	0.310811	0.47168	0.582292
重庆	0.035791	0.404914	0.471331	0.424913	0.210357
四川	0	0.543392	0.284503	0.594068	0.567606
贵州	0.03333	0.559075	0.248881	0.580215	0.215282
云南	0.095593	0.518227	0.246266	0.584529	0.382875
西藏	0.351429	0.42308	0.172397	0.57692	0.665516
陕西	0	0.609945	0.282938	0.572766	0.196111
甘肃	0.034873	0.586917	0.555709	0.206387	0.129536
青海	0.386598	0.186362	0.661422	0.503832	0.309806
宁夏	0	0.486855	0.941269	0.509634	0.369233
新疆	0.006509	0.224318	0.661402	0.553357	0.247914
均值	0.095739	0.46988	0.428515	0.593317	0.39497

表 15 – 3　　　　战略性新兴产业子系统有序度

战略性新兴产业					
区域	2014 年	2015 年	2016 年	2017 年	2018 年
北京	0.512737	0.165477	0.501382	0.835961	0.587171
天津	0.07666	0.724204	0.455202	0.555064	0.602561
河北	0.042831	0.385595	0.494547	0.781767	0.550855
山西	0.113851	0.03062	0.272207	0.713328	0.717855

续表

区域	2014 年	2015 年	2016 年	2017 年	2018 年
内蒙古	0	0.361276	0.600738	0.574564	1
辽宁	0.626338	0.264232	0.08268	0.406623	0.769684
吉林	0.532049	0.261974	0.420311	0.549228	0.476952
黑龙江	0.650851	0.462194	0.510187	0.652283	0.47011
上海	0.19385	0.327043	0.766996	0.569098	0.559113
江苏	0.011516	0.137804	0.496511	0.562597	1
浙江	0.010283	0.201373	0.379779	0.569677	1
安徽	0.033167	0.154551	0.575861	0.659861	1
福建	0.351818	0.060456	0.252038	0.578487	1
江西	0.00042	0.092185	0.212183	0.558768	1
山东	0.123604	0.399428	0.460313	0.675605	0.653903
河南	0.110582	0.186211	0.302809	0.561025	0.963167
湖北	0.478922	0.353289	0.266449	0.341632	0.603089
湖南	0.396724	0.22455	0.227797	0.515584	0.527984
广东	0.027342	0.091206	0.219002	0.357303	1
广西	0.344944	0.414621	0.653013	0.618571	0.46521
海南	0.24538	0.554617	0.494089	0.187864	0.718165
重庆	0	0.299201	0.581154	0.861195	0.973422
四川	0.470878	0.068172	0.248568	0.516329	0.95018
贵州	0.439422	0.197364	0.200495	0.533285	0.629793
云南	0.045723	0.263961	0.274057	0.899607	0.93749
西藏	0.487014	0.075749	0.434533	0.248334	0.575343
陕西	0.477826	0.210565	0.504698	0.608064	0.571371
甘肃	0.169193	0.054625	0.469312	0.540494	0.879074
青海	0.023948	0.191415	0.400646	0.54328	1
宁夏	0	0.211238	0.548209	0.68193	0.841024
新疆	0.017596	0.216391	0.33023	0.795817	0.789042
均值	0.226305	0.246503	0.407613	0.582362	0.768147

表 15 – 4　　　　　　　　　　　　复合系统协同度

区域	2015 年	2016 年	2017 年	2018 年
北京	– 0.39202	0.022258	0.215912	0.151536
天津	0.323856	0.327106	0.189086	– 0.10214
河北	0.169338	– 0.13309	0.210723	0.179891
山西	– 0.22512	– 0.32134	0.406211	– 0.03265
内蒙古	0.348981	– 0.24235	– 0.0944	– 0.37261
辽宁	– 0.49464	0.300116	0.354789	– 0.37579
吉林	– 0.18691	0.264976	0.034361	0.143975
黑龙江	– 0.27888	0.072217	– 0.15885	0.235739
上海	0.235545	– 0.16413	– 0.27336	0.046981
江苏	0.191937	0.329651	0.159459	– 0.45661
浙江	0.25507	0.215315	0.260242	– 0.46546
安徽	0.246961	– 0.18812	0.105003	– 0.26159
福建	– 0.44676	– 0.18023	0.149466	– 0.17245
江西	0.174363	– 0.1013	0.336332	0.156067
山东	0.358658	– 0.12638	0.353554	0.102488
河南	0.192167	– 0.18704	0.277516	– 0.23884
湖北	– 0.13187	– 0.22161	– 0.0905	0.132983
湖南	– 0.32093	– 0.02685	0.217365	– 0.0247
广东	0.131055	0.182456	0.25208	– 0.60418
广西	0.207884	– 0.1249	0.094233	– 0.14698
海南	0	0.117617	– 0.22195	0.242193
重庆	0.332328	0.136845	– 0.11401	– 0.15517
四川	– 0.46779	– 0.21611	0.287905	– 0.10715
贵州	– 0.35674	– 0.03117	0.332061	– 0.18767
云南	0.303702	– 0.0524	0.46	– 0.0874
西藏	– 0.17166	– 0.2999	– 0.27445	0.17021
陕西	– 0.40375	– 0.31013	0.173084	0.117561

区域	2015 年	2016 年	2017 年	2018 年
甘肃	− 0. 25149	− 0. 11376	− 0. 15769	− 0. 16131
青海	− 0. 18312	0. 315273	− 0. 14993	− 0. 29768
宁夏	0. 320691	0. 391311	− 0. 24025	− 0. 14946
新疆	0. 208085	0. 223063	− 0. 22429	0. 045488
均值	− 0. 01003	− 0. 0046	0. 092572	− 0. 08628

15.4.4　创业投资集群与战略性新兴产业集群有序度、协同度结果分析

在进行风险投资的区域性分析时，对样本地区进行合理的划分是至关重要的。本节选择了 31 个样本地区，并将其聚类为七个具有代表性的区域：华东、华南、华中、华北、西北、西南和东北。这样的划分优势明显：首先，它成功地反映了各区域的战略性新兴产业集群的独有特点。其次，根据不同区域的实际情况进行因地制宜、有针对性的分析，可以为我们提供更加精准的发展对策，确保资源的有效利用。以东北地区为例，该区域包括黑龙江、吉林、辽宁三省。尽管近年来其风险投资的有序度已经逐渐上升，但与全国平均水平相比，仍然偏低。这意味着东北地区的风险投资集群发展水平尚有很大的提升空间，需要进一步加强其投资策略和产业集群的培育。而东北战略性新兴产业子系统有序度大部分时段均高于全样本平均水平，说明战略性新兴产业集群在东北地区发展水平较为优秀，战略性新兴产业较为聚集。在复合系统协同度方面，东北的协同度总体呈现愈加改善的趋势，虽然多数年份为正值，但为负值的年份依旧有四成左右，说明其协同并未完全达到正反馈状态，两个子系统协同性上升趋势不明显，制约区域的总体发展速度。

华东地区主要包括山东、江苏、安徽、浙江、福建和上海。华东地区的创业投资集群和战略性新兴产业集群的有序度为 7 个代表性区域中

的最高数值，有序度呈现明显上升趋势且除绝大多数均高于全国平均水平。启示江苏、浙江、安徽、福建的有序度水平在 2018 年均达到了峰值。复合系统协调度方面华东地区的总体水平高于平均水平，体现出华东地区的创业投资集群和战略性新兴产业集群协调程度在全国领先，但需要注意在 2018 年华东地区的复合系统协调度大部分为负数，警惕未来因为两个子系统不协调而制约地区发展。

华中地区主要包括湖北、湖南、河南和江西。从创业投资集群观测出，大部分地区的有序度大致等于全样本平均水平，而且基本呈增长趋势，说明中部战略性新兴产业集群发展水平在不断提高，目前处于国内中等水平。战略性新兴产业集群子系统中，中部的有序度也基本持平。虽然中部开展创业投资和战略性新兴产业的时间起步较晚，但是后期提高速度还是较为明显。但在复合系统协同度方面，大部分均为负反馈，严重制约了华中地区发展。

西北地区主要包括宁夏、新疆、青海、陕西和甘肃。这一区域创业投资集群子系统的有序度均处于低下状态，低于全样本平均水平，说明西北金融发展相对滞后，在国内目前处于落后地区，但西北地区战略性新兴产业集群发展呈现好转趋势，说明该地区战略性新兴产业集群发展水平不断提高，这也导致其复合系统协同度基本呈现负值，创业投资集群与战略性新兴产业集群两个子系统严重不协调，容易发生市场萎缩、经济恶化等问题。

华南地区包括广东、广西和海南。华南地区发展水平有所差别。其中，广西和海南地区战略性新兴产业子系统的有序度明显高于其他地区，但呈现下降趋势，而广东战略性新兴产业集群则呈现上升趋势。风险投资集群则是广东地区发展较好，其他地区较为落后。而在复合系统的有序度方面，广东前三年的情况较为优秀而 2018 年与华东地区各省一样出现明显的下降趋势，而其他两省则上下浮动，协同度未达到稳定的状态。

华北地区包括北京、天津、河北、山西和内蒙古。在风险投资集群方面北京市的有序度和协同度明显高于其他四个省或直辖市。北京是我国的政治经济中心地区，基础设施良好、资金充足，创业投资企业与战略性新兴产业集群聚集。其中山西和内蒙古的风险投资有序度和复合系统协同度数值均低于平均水平，说明还需要加快产业发展速度，改善投资环境。

西南地区包括四川、云南、贵州、西藏和重庆。与华北地区类似，西南地区的发展呈现两极分化，成渝经济圈在子系统的有序度和复合系统的协调度方面均领先于其他地区，其他地区的创业投资集群和新兴产业集群均明显低于全国平均水平，严重影响双系统的协调创新发展。

15.5　结论与启示

通过以上计算结果表明，在各省与直辖市，我国创业投资集群与战略性新兴产业集群协调发展创新，各地区协调程度不同，但总体协调程度较差，落后地区容易出现不协调发展情况，而发达地区则仍需谨慎防止出现协同度大幅下降。

就不协调发展而言，本节认为有两点原因：其一，企业观念问题，由于对大多数企业都以企业绩效的高低来衡量企业的得失，而忽视了战略性新兴产业中企业长期发展的收益；其二，投入回报问题，由于战略性新兴产业的投入相对较大，投入所给予企业的回报取决于其当年的利用率，因此，未必就能在当年实现，这样就可能导致企业绩效与企业融合呈反方向变化，创业投资集群与战略性新兴产业集群协调发展创新协同度的不同区域间的差异表明，产业集群正在迅速发展，但与此同时，产业集群的发展状况应该相互匹配，各个集群间的发展不平衡很大程度上影响不同集群间的协调度。

政府作为信息产业的调控者，一方面，应该积极引导企业改变陈旧的观念，让企业从协同竞争和长期利益的角度出发；另一方面，战略性新兴产业企业作为国家经济发展的支柱，应该完善企业技术创新制度，优化企业组织结构。当战略性新兴产业集群与创业投资系统发生不协调发展时，政府应该调整政策、税收政策、融资政策，提供市场信息、项目投资计划、技术支持等，促使战略性新兴产业向高级的有序化发展。

第16章 我国创业投资高风险管理的创新与应用

16.1 我国创业投资高风险管理的应用

16.1.1 风险源的识别与分析

1. 技术风险

（1）技术成功的不确定性，即一个新技术是否能在实际中得以验证和应用？

（2）技术效果的不确定性，即这项技术是否真的能达到预期效果和性能？

（3）产品试制成功的不确定性，即原型和初步模型是否能顺利转化为可行的产品？

（4）技术前景的不确定性，即新技术在未来是否具备市场潜力和持续的竞争力？

（5）技术寿命的不确定性，即这项技术的生命周期有多长？会不会很快被新技术所取代？

2. 生产风险

（1）设备工艺的不适应性，即生产过程中的设备和技术是否匹配？

（2）原材料供应的不确定性，即是否能够确保持续、高质量的原材料供应？

（3）批量生产成本的不确定性，即规模化生产时是否能控制成本？

（4）企业员工专业能力的不确定性，即团队是否具备足够的专业知识和经验来支持生产？

（5）企业管理层的偏好，即管理层的决策方向是否会影响生产？

3. 市场风险

（1）市场接受能力的难预测性，即消费者是否会接受和购买这一新产品或服务？

（2）市场接受时间的不确定性，即需要多长时间才能在市场上建立起良好的声誉？

（3）产品扩散速度的不确定性，即产品在市场中的传播和采纳速度如何？

（4）产品竞争力的不确定性，即与竞争对手相比，产品的优势在哪里？

（5）产品生命周期的不确定性，即产品在市场中可以维持多长时间的热度？

（6）市场需求变动的不确定性，即市场的需求和偏好是否会快速变化？

4. 财务风险

（1）融资的能力，即公司能否获得足够的资金来支持其运营和扩展？

（2）资金供给的非时效性，即资金能否在关键时刻得到及时的注入？

（3）财务指标的非全面性，即财务报告是否完整真实，反映了公司的真实状况？

5. 管理风险

（1）风险意识的匮乏，即管理团队是否重视风险管理？

（2）决策的失误性，即管理层的决策过程是否健全，避免了常见的决策陷阱？

（3）组织机构的不合理性，即公司的组织结构是否有助于其高效运作？

6. 信用风险

（1）信息的不对称，即双方在交易中是否拥有同等的信息？

（2）利益的冲突，即交易双方的利益是否存在冲突？

7. 道德风险

（1）企业家的机会主义倾向，即企业家是否可能为了短期利益而损害公司的长期利益？

（2）企业家的有限理性，即决策过程是否可能受到非理性因素的影响？

8. 人力资源风险

（1）人力资源流失，即关键人才是否可能离职？

（2）人力资源效应发挥不足，即员工的潜能是否得到了充分的利用和发展？

9. 环境风险

（1）国家政策变化，即政府政策的调整是否会影响业务？

（2）产品技术是否合规，即产品是否满足所有相关法规和标准？

（3）产品与目标市场文化是否相符，即产品是否适应目标市场的文化和习惯？

（4）产品与当地消费习惯是否相符，即产品是否符合消费者的使用和购买习惯？

（5）资本市场的完善程度，即资本市场是否成熟，能否支持公司的融资需求？

10. 知识产权风险

（1）技术成果权属不清，即技术创新的权属是否明确？

（2）技术转移手续不完备，即技术转让和许可的程序是否完备？

（3）技术流失和泄密，即是否存在技术被非法复制或传播的风险？

（4）技术专利被抢占，即其他公司是否可能申请相似的专利，与公司的技术成果发生冲突？

16.1.2　风险投资不同阶段的风险管理

由于风险投资的高风险和高收益特性，对于风险投资中的风险控制，需要在风险投资中的各环节采取有针对性的风险识别和风险控制手段，以达到降低风险投资整体风险的目的，提高风险投资的成功率。

1. 风险投资的项目选择阶段的风险控制

（1）对商业计划书的分析

商业计划书是风险投资者了解项目信息的首要途径。它不仅提供了项目的基本概述、市场分析、财务预测等关键信息，而且揭示了风险企业的历史发展和管理层的战略思考。然而，仅依赖商业计划书是不够的。通过与创业者的交涉和深入对话，投资者可以进一步验证商业计划书的真实性，深入了解潜在的投资风险，并衡量创业团队的能力和承诺。

（2）对项目团队的分析

在风险投资领域，一个成功的项目很大程度上取决于企业家及其团队的能力和执行力。尽管项目的商业计划和市场潜力很重要，但风险投资成功与否的决定性因素之一始终是风险投资对象的企业家。在评估风险项目时，风投目标企业的企业家及团队的背景、经验和历史表现都是关键的考察点。对于初创企业，由于它们通常缺少稳定的商业记录和实质性的资产信息，企业家及团队的经验和背景变得尤为关键，因为它们常常是投资者评估项目潜力的重要参考。

（3）预测项目的市场表现

市场风险无疑是风险投资面临的主要风险之一。对于投资者来说，理解并预测项目的市场表现是评估项目投资价值的核心。通过深入分析市场的需求变化、增长率和其他宏观经济因素，投资者可以对项目的市场潜力有一个初步的预测。此外，评估项目的市场竞争力也非常关键。例如，项目是否拥有专利保护，能否为其提供独特的市场地位？其商业模式是否具有创新性和独特性，使其在未来市场中脱颖而出？这些因素都将直接影响到项目在市场中的竞争优势和长期成功的可能性。

16.1.3　风险投资管理阶段的风险管理

1. 提高企业管理效率

风险企业在前期往往因为各种原因，如资源有限、经验不足等，存在一定的管理上的不足。这正是风险投资方介入的一个核心价值所在。风险投资方不仅提供资金，他们还能通过自己的管理经验助力风险企业渡过初创阶段的各种难关。在投资后，风险投资机构会积极参与企业的管理，例如通过人事调整来提升管理效率，或者直接参与决策过程，从而减少私利行为和委托代理风险，确保企业沿着正确的方向发展。

2. 分阶段投资

风险投资的一个特点是分阶段进行。而不是一次性注入大量资本，投资者通常选择对项目按照不同的发展阶段进行注资，确保每一阶段的资本都能够满足下一阶段的需求。这种分阶段的投资方式能有效降低代理成本，为风险企业家提供了强烈的激励和约束，确保他们全心全意地为企业的发展付出。同时，这也允许风险投资者逐渐深入了解风险企业的运营情况，从而降低后续投资的决策风险。

3. 投资工具选择

风险投资机构在考虑投资时，会根据项目的特点和需求，灵活选择不同的投资工具，如债券、普通股或可转换债券等。这种灵活性不仅可以为投资者提供多种风险控制策略，还能够满足风险企业在不同发展阶段的资金需求。例如，可转换优先股就为投资者提供了在不同情况下转换股票或保留优先股的策略选择，进一步降低了投资风险。

4. 增值服务

除了纯粹的资金投入，风险投资家还可以为风险企业提供各种增值服务，从而进一步降低投资风险。这包括但不限于参与企业的决策，帮助企业进行战略规划，提高项目选择和决策的效率。同时，利用风险投资机构的资源和关系网络，风险企业可以更容易地进行后续的融资和发展，而有经验的风险投资者甚至能够为企业提供上市咨询，降低企业上市的难度和风险。

16.1.4　风险投资退出阶段的风险管理

1. 风险投资的退出机制是风险投资的最后一个环节

风险投资的过程并不仅是为初创企业或成长型企业提供资金，它的核心目的是实现资本增值。而风险投资的退出机制，就是这一过程的最后环节。只有通过有效的退出，风险投资者才能真正实现其资金的增值目标，同时也为其他待投资的项目腾出资金和资源。

2. 只有成功退出，风险投资人才能收回投资并获得收益

风险投资的本质是追求高回报的投资，而这些回报主要来源于成功的投资退出。如果一个项目无法成功退出，那么风险投资者可能面临资本被锁定或甚至损失的风险。因此，成功退出不仅是收回资本的途径，更是获得预期回报的关键。

3. 风险投资的主要退出方式有：公开上市、股权回购、兼并收购和破产清算

风险投资的退出机制多种多样，以应对不同的投资情境。公开上市通常是最理想的退出方式，因为它不仅能带来资金回报，还能增加公司的市场认知度。股权回购是由公司根据约定价格回购投资者的股份。兼并收购则是其他企业或投资者购买该公司，而破产清算则是在企业经营困难时，对其资产进行变卖，以偿还债务。

4. 对风险小、发展前景好的企业，可采用公开上市方式退出，获得高投资收益和名气

公开上市不仅可以带给风险投资者丰厚的投资回报，还能提高企业的品牌知名度和市场份额。对于那些具有良好发展前景和较小风险的企业，公开上市无疑是最佳的选择，因为这不仅能吸引更多的投资，还能进一步加速其业务扩张。

5. 对于资金管理有误、后期发展困难的企业，可通过变卖股权退出，保障资金的流动性

当企业面临资金流动性问题或发展前景不佳时，风险投资者可能选择通过出售其股权的方式来退出。这样可以确保投资者能够在短期内收回部分或全部资金，减少持续的资金损失。

6. 对经营不善、有破产风险的企业，投资方应尽快清算，减少投资损失

在某些情况下，企业可能由于各种原因，如市场变革、管理失误或外部冲击，面临经营困境或破产风险。对于这类企业，风险投资者应该尽快采取行动，进行资产清算或寻找其他的退出途径，以最大限度地减少投资损失。

16.2　组合投资的创新分析

16.2.1　基于企业竞争视角

革命性的技术往往为社会带来飞跃性的进步，而区块链正是这样一种技术。这一创新技术彻底颠覆了传统的支付清算系统，让资金的流转更为迅速和高效，节省了大量成本。不同于传统的中心化资金运作方式，区块链优化了资金流动，消除了资金滞后的问题，其去中心化的特性更使清算成本降低，缩短了交易时间，并为资金监管和第三方测评提供了有力支撑。在证券业务方面，区块链也展现出了巨大潜力，无论是在证券发行、交易、清算结算环节，还是在股东投票和司法监管环节，都显现出其独特的优势，为市场带来了更高的效率、透明度和安全性。此外，区块链还能支持低成本的跨境支付，保证了实时到账，大大提高了支付效率。更值得注意的是，区块链技术也为数字货币领域注入了强大的动力，特别是像比特币这样的去中心化数字货币，不仅价格上涨，更吸引了全球的关注和投资。这些都充分证明了区块链技术在现代金融和经济领域中的革命性地位和价值。

16.2.2　基于产业集聚视角

产业集聚是指同一产业在特定地区的高度聚集，为该地区带来了明显的经济增长和技术进步。我国在产业发展策略上主要采用政府导向的方式，特别是在高新技术和未来产业的发展上。例如，上海金融科技产业园正是基于此理念建立的，它将信息技术作为其发展的核心，同时融合了云计算、大数据、人工智能和区块链等前沿技术服务。此外，上海也积极采用"互联网＋"的模式，推动了影视产业带和电子商务示范基地的建设，并专注于智能制造和智能服务领域，力求打造出一个国际领先的智能科技产业区。另外，海南省近年来也发布了"区块链＋"的相关政策，通过五大核心措施，如政策支持、服务平台建设、产业集聚、发展基金设立和产业成果转化等，来规划和推进当地的科技产业发展。这些举措都反映出我国对于产业集聚和高科技产业发展的重视与战略布局。

16.3　联合投资的结构与效率创新

联合投资在创业投资中是一种常见的运作模式，它允许两家或更多的创业投资机构共同对同一个创业企业进行投资。在我国，这种联合投资方式通常出现在两种项目中：一是规模较小但风险较高的项目，二是资金需求巨大的项目。尤其在风险较高或涉及大额资金的项目中，中外创业投资机构的联合投资成为一种趋势，旨在分享和规避风险，从而提高投资的成功率。在实践操作中，联合投资可细分为两种：同时联合投资，即多家机构同时对项目投资；分轮联合投资，即不同机构在不同轮次中投资。值得注意的是，在联合投资的合作项目中，投资机构的角色也有区别。主导投资方通常负责决策和组织协调工作，起到项目的主导作用；而跟进方则更多地在投资中起到辅助和跟随的作用，确保投资流程的顺利进行。这种模式旨在整合资源，共同把控风险，实现投资的最大化效益。

16.3.1　联合投资的团队建设

联合投资不仅是一种资金合作模式，更是一种战略联盟。在决策过程中，由于存在信息不对称和共同管理的复杂性，选择合适的合作伙伴成为联合投资成功的关键。过去的合作经验、公司声誉和投资风格是评估合作潜力的重要指标。具体来说，首先，一个值得信赖的合作伙伴应当具备良好的声誉，这意味着他们在历史上的投资决策和行为都得到了市场的认可。其次，合作方之间的相容性也至关重要，这意味着两家公司的战略目标、企业文化和管理风格应该相互契合。最后，合作方的资源互补性也是选择合作伙伴的重要依据。只有当合作伙伴在资源、技术或市场方面存在互补时，联合投资才能发挥最大的价值，实现 $1+1>2$ 的效果，共同把控风险并分享投资回报。

1. 合作方的声誉

企业的声誉是其竞争力的核心组成部分，它综合反映了企业在管理、技术和资金等多个领域的实力和状况。在联合投资中，这一元素更是被放大。主导投资方，作为投资网络中的核心节点，其声誉的好坏直接影响到整个投资的成功与否。他们不仅要连接项目和跟进投资方，还要承担起协调各方利益和责任的重要角色，这要求他们不仅要有深厚的投资实力，还要具备高度的责任担当和协调能力。而对于跟进投资方来说，其声誉同样关键，因为这直接决定了主导投资方是否愿意与其合作。一个声誉良好的跟进投资方更容易得到合作机会，因为它们被认为是更可靠和更有价值的合作伙伴。总体来说，当双方都具备良好声誉时，可以更加顺畅地进行信息交流，有效降低监控和交易的成本，从而大大提高合作的整体绩效和投资回报。

2. 合作方之间的相容性

在风险投资领域，联合投资合作伙伴之间的相容性往往集中体现在各自独特的投资风格上。这种投资风格不仅关乎投资的特定领域和阶段，还涉及投资者对风险的容忍度。当然，每位创业投资家都有自己的投资风格，他们基于自身的经验、资源和策略进行投资决策。然而，当涉及联合投资时，合作伙伴间的投资风格需要相互兼容，从而促进双方或多方的顺畅合作。过大的风格差异可能会引发合作中的矛盾，这种矛盾会对项目的进展产生不利的影响。与此同时，合作伙伴间的相互学习在联合投资中尤为关键，这不仅可以充实双方的知识储备，还可以加深双方的合作纽带。最终，这种合作伙伴之间的相互兼容性和学习能够促进组织学习，从而直接提高合作绩效，为双方创造更大的价值。

3. 合作方的资源互补性

在风险投资领域，选择合作伙伴时，资源的互补性被视为一个核心因素。当我们提到"资源"时，很多人可能首先想到的是资金，但实际上，资金仅是考虑联合投资时的一个资源要素。除了资金外，更为关键的资源还包括人力、社会网络、管理能力和技术支持等无形但至关重要的资源。例如，一家拥有丰富资金但缺乏某一技术领域专家的公司，与另一家在该技术领域具有深厚积累但资金紧张的公司合作，可以达到互补效应。联合投资的目标正是基于这种资源互补性，从而为项目创造最大的价值。当各方资源得到最优整合，不仅能够缩短项目的实施周期，还能够提高项目的成功率，从而确保投资回报的最大化。

16.3.2　联合投资的契约结构与治理机制分析

联合投资的契约结构是指联合投资合作双方对项目筛选评估、投资决策、交易结构安排、投资后管理、投资退出全过程中的权利义务关系以及其他双边合作关系与违约责任所作出的明确界定。

1. 合作期限、资金额度与投资准则

对于风险投资，特别是针对早期企业，我们建议联合投资的总体合作期限为8~10年，这样的时间跨度能够更好地适应初创公司的成长和变革。当与创业投资引导基金达成合作协议时，资金金额会被一次性授予。然而，这并不意味着资金可以随意使用。合作伙伴在获得资金后，必须在三年内完全使用这些资金来投资合适的项目。如果合作伙伴未按约定使用这些资金或未按承诺及时拨付，这将被视为违约行为。值得注意的是，实际的资金拨付不是一次性完成的，而是根据每个项目的具体情况逐一进行。每当有新的投资机会，合作伙伴需提交详细的投资申请，然后由受托管理机构进行评审，评审结束后才确定资金的具体拨付金额。这样的机制确保了资金的合理使用，同时也为投资决策提供了充分的考虑时间。

2. 项目投资决策

在风险投资领域，为了减少合作伙伴之间的"道德风险"，我们遵循严格的投资流程和准则。所有的投资决策均采用"项目对项目"以及"同时联合投资"的方式来进行，这样可以确保每一个项目都得到充分的关注和评估，而不会因为某一方的轻率决策而受到影响。当合作伙伴发现有潜力的投资机会时，他们会根据《联合投资合作协议》中的准则进行细致的项目筛选、评估和尽职调查，确保每一项投资都基于充分的信息和理性的分析。一旦双方确定了投资意向，为了明确双方的权利和义务，合作伙伴会与被投资企业签订《投资意向书》，这不仅为双方提供了法律保障，也确保了整个投资过程的透明性和公正性。

3. 项目投资决策

为减少合作伙伴的道德风险，创业投资引导基金联合投资的投资决

策应以"项目对项目"并且"同时联合投资"的方式进行。

第一步，由合作伙伴依据《联合投资合作协议》约定的投资准则对项目进行筛选评估和尽职调查，并与被投资企业签署《投资意向书》。

第二步，合作伙伴向创业投资引导基金受托管理机构提交《投资推荐表》和《投资意向书》，提交项目投资申请。

第三步，创业投资引导基金受托管理机构理清并依据合作伙伴提交的申请材料和《联合投资约定的投资准则》与其他相关规定，在约定的时间内，对签署"评审合格"或"评审不合格"意见的《合规性评审函》。

第四步，合作伙伴在收到受托管理机构的《合规性评审函》后，如评审意见为"合格"，则与被投资企业签署工作伙伴和被投资企业的双边《投资合同》并拨付投资款取得付款证明。同时，按"同等条件"拟订受托管理机构与被投资企业的双边《投资合同》并提交受托管理机构，提出创业投资引导基金投资协议签署和资金拨付申请。如评审意见为"不合格"，则放弃该项目联合投资或作出补充评估后再行申请。

第五步，受托管理机构依据《联合投资合作协议》约定的投资准则和其他相关规定，对照合作伙伴与被投资企业已签署的双边《投资合同》，在约定的时间内，对受托管理机构与被投资企业拟签订的双边《投资合同》进行审核。

4. 项目股权管理

为充分发挥市场化运作的机制优势，本着责权利相统一的原则，创业投资引导基金受托管理机构将联合投资所形成的全部股权委托合作伙伴代理行使，但股权转让权、股东转让出资的优先认购权、参加清算权、年度分红权和涉及合作伙伴关联交易的表决权除外。创业投资引导基金受托管理机构向合作伙伴出具《股东代表委托书》并通知被投资企业，授予合作伙伴作为创业投资引导基金受托管理机构的股东代表享有重大决策权和管理者的选择参与权。

5. 项目投资退出

创业投资引导基金联合投资的项目投资退出由创业投资引导基金受托管理机构依据其商业判断和创业投资引导基金政策目标的实现程度来决定。

为减少合作伙伴的"道德风险",创业投资引导基金受托管理机构和合作伙伴应就创业投资引导基金投资退出作出如下约定。

第一,原则上,除非被投资企业要求或有严重损害投资方利益的行为发生,创业投资引导基金联合投资双方均不得在投资后 3 年内要求被投资企业回购其出资或对被投资企业提出清算要求。

第二,联合投资合作伙伴拟退出其投资时,应事先向创业投资引导基金受托管理机构提出投资退出申请,经受托管理机构书面同意后方可进行。而且合作伙伴投资退出时,受托管理机构有权要求按同等条件、依投资比例同步退出。未经创业投资引导基金受托管理机构书面同意,合作伙伴不得先于创业投资引导基金受托管理机构退出其在被投资企业中的部分或全部投资。

第三,创业投资引导基金受托管理机构可先于联合投资合作伙伴退出创业投资引导基金投资所形成的股权,但合作伙伴可要求按同等条件、依投资比例同步退出或行使优先认购权。

第四,联合投资合作伙伴可随时行使受托管理机构授予的购股期权,按"原始出资额＋银行同期存款利息"收购创业投资引导基金受托管理机构在被投资企业中的股权,以实现创业投资引导基金投资退出。

第五,除因联合投资合作伙伴行使购股期权退出外,创业投资引导基金投资退出实现投资收益的20%(在第二种支付选择下为50%),应在投资退出并实现资金回收的同时作为管理费的一部分支付给合作伙伴。投资退出时,如创业投资引导基金发生投资亏损,则合作伙伴之前收取的该投资对股权的分红应予以扣回。

具体而言,投资后的 3 年内,除非有特殊情况,合作伙伴不得要求对投资项目进行回购或清算。如果合作伙伴计划退出某一投资项目，必须提前向管理机构提交申请并获得其书面同意。此外，当管理机构决定退出时，合作伙伴有权选择同步退出或优先认购。但值得注意的是，管理机构也可以选择在合作伙伴之前退出投资项目，这时合作伙伴依然享有上述权利。同时，根据特定条件，合作伙伴还可以选择购买管理机构在被投资企业中的股权。关于退出的经济效益，部分收益将作为管理费支付给合作伙伴；但如果投资出现亏损，之前给合作伙伴的分红将需要被扣回。这一系列的规定旨在确保投资退出的公平、公正和高效，同时保护各方的权益。

16.3.3 创业投资家的目标取向与行为分析

对于创业投资家来说，联合投资不仅是一种策略选择，更是一个实现多重目标的手段。首先，联合投资的核心目标是降低风险。这一目标通过两种方式实现：其一，是通过增加投资组合的数量来降低非系统性风险；其二，是优化项目筛选和评估方法，从而减少因信息不对称引发的逆向选择问题。此外，联合投资也是一个资源整合的过程。这里的资源不仅指的是资金，随着企业从种子期到成熟期的发展，所需的资金量会逐步增加。但同样重要的是非资金资源，这包括技术、企业经营经验、创新的商业模式以及专业投资家的智慧和经验，它们在识别、评估和增值投资机会中起到了至关重要的作用。更进一步说，联合投资还可以扩大投资机会。这主要得益于投资家之间建立的广泛人际关系网络。通过这种网络，投资家可以分享并获取更多的投资机会，更早地发现并投资早期企业，并扩大其投资的地理和产业范围。总之，联合投资不仅能为创业投资家提供风险分散的机会，还能帮助他们更好地整合资源、分享机会，并更好地服务于他们自身的长期发展目标。

16.4 联合风险投资的效果分析

16.4.1 风险控制

1. 决策和信息共享

风险投资是一个充满挑战和机会的领域,其中每一位风险投资家的经验、学识和信息渠道都有所不同。这导致了他们对风险企业和投资机会的理解存在一定的片面性。例如,一位在医药领域有丰富经验的投资家可能对技术创新领域的项目不太了解。在这种背景下,联合投资成为一种有效的策略,它允许投资人共享决策过程、整合各方的专长和经验,从而优化整体的投资决策。这种合作方式显著提高了决策的正确性、科学性和安全性。更进一步地说,由于每位投资人所接触的信息渠道和内容存在差异,他们之间可能存在信息的互补。通过联合投资,投资人可以相互分享这些信息,大大扩大了他们的决策信息集。这种信息的交流和分享使投资人能够进行更全面、深入的风险企业和项目分析,减少盲点,增加投资成功的可能性。总的来说,联合投资不仅是合作的体现,更是智慧和资源的整合,它为风险投资家提供了一个更广阔、更深入的视角,帮助他们更好地把握投资机会。

2. 联合投资可实现对投资的较优选择

在风险投资领域,常会出现两个或多个风险投资基金选择共同对某个风险项目进行投资的情形。这样的联合投资策略要求投资者进行集体决策,以确保每位参与者的利益都得到考虑。通常,这样的决策是基于投票制度的,大多数情况下会采用"少数服从多数"的原则来决定是否进行投资。但有时，特别是在涉及重大项目或关键策略的时候，可能需要所有投资者的一致同意才会决定接受项目。这种决策模式背后的原因在于，各个投资者都拥有不同的经验、学识、思维方式，对不同的行业和市场都有各自独特的了解。因此，将各方的意见和评估结合起来，可以确保对潜在投资项目进行全面、深入的考察。这样的严格考察和筛选机制使被选中的项目具有更高的投资价值和更可控的风险，从而增加了投资成功的概率。这不仅能提高投资回报，还能确保资金的安全性，达到多赢的效果。

3. 风险分散

风险投资，常被描述为"高风险，高收益"的投资方式。对于投资家来说，他们时刻关注如何在追求高收益的同时，将风险控制在一个可接受的范围内。因此，风险分散和回避成为他们决策过程中的首要任务。为了实现风险的有效管理，投资家采用多种方法来分散风险，如深入筛选和评估投资项目、选择多种投资工具、积极参与项目管理，以及采用组合投资策略。其中，联合投资被视为一种非常有效的风险分散手段。通过联合投资，多个投资者或机构可以共同参与一个项目，这样，单个投资者只需要承担部分资金和风险。这种共同投资的方式不仅可以减少单个投资者的风险敞口，还能使他们有机会用有限的资金投资更多的项目，进一步实现风险的分散。这样的策略，既能够增加投资的安全性，又能够确保投资家在多个项目中获得可能的高收益，最大化资金的效益。

4. 增强对风险企业的控制话语权

在风险投资领域，投资人在投资的企业中往往不能占据控制地位。这意味着，在某些关键决策上，尽管投资人可能有自己的看法和策略，但由于创业家通常具有企业的控股地位，投资人可能会发现自己在争议中难以维护自己的利益。为了应对这种局面，投资人经常选择联合投资的方式，通过集结多个投资人的力量，增强与创业家的议价和决策权。当多个投资人联手，他们不仅可以共同维护和增强自己的投资利益，还能更好地引导风险企业朝着有利于投资方的方向发展。这样的合作模式，不仅可以保障投资人的权益，还有助于促进风险企业的健康、稳定和长远发展，实现双方的共赢。

16.4.2　投资收益

1. 信号作用

联合投资项目不仅是多个风险投资人共同的财务决策，更重要的是，它反映了这些经验丰富的投资者对所投资的风险企业的积极评价和信心。当多个投资人联手投资某一项目时，这无疑为外界提供了一个强烈的信号，显示这家风险企业具有良好的市场前景和潜在增长空间。这种来自多方的信号作用对于风险企业而言是至关重要的，它能够极大地提高企业在市场中的可信度，使风险企业更容易获得外部的认可。而这种广泛的认可，无疑会助力风险企业在未来更容易地融资，同时也会吸引更多的合作伙伴和商业资源，为其持续发展创造良好的外部环境。

2. 规模收益

优质的投资项目往往具有巨大的发展潜力和回报前景，但这也意味着其可能需要大量的初始资金来推动其发展，超出了单个投资者的承受范围。此时，联合投资成为一个理想的解决方案。通过联合投资，多个风险投资者可以集结他们的资金，这不仅拓宽了他们的投资选择，更增强了他们的投资能力，使原本单一投资者难以触及的大型、高质量项目变得触手可及。此外，当多个投资者共同参与一个项目时，单个投资者所承担的风险也被有效地分散，因为他们不再需要为整个项目承担全部的财务责任。这种风险的分散不仅减轻了投资者的压力，更使大型项目的执行变得更为稳健，为投资者带来更加稳定的预期回报。

3. 资本退出

风险投资，如其名所示，旨在投资于具有一定风险但也有巨大增长潜力的企业。其核心目的是在数年后，当这些风险企业价值增长时，出售其股份，从而实现投资回报。在整个风险投资流程中，成功的退出策略是确保投资盈利的关键环节。传统的单一风险投资者模式可能会导致投资者的持股比例过大，限制了投资形态的多样性，从而增加了投资退出的难度。而当多个投资者采用联合投资的方式时，他们可以分散股权，提供多种投资和退出方式，这样不仅增加了投资的流动性，还为股份转让和资本退出提供了更为灵活的渠道。简而言之，联合投资模式能够带来更为多元化的投资策略，使投资者在追求回报的过程中，更容易实现资金的高效流转。

4. 上市优势

当风险企业发展到一定阶段并展现出潜在的盈利前景时，风险资本通常会考虑退出，以实现其投资回报。退出的方式有多种，其中最常见的包括：公开上市、股权回购、兼并收购以及破产清算。在这些方式中，公开上市并通过证券市场出售股权被认为是潜在回报率最高的策略。因此，风险投资人往往会致力于推动风险企业走向公开上市，使其能够通过资本市场实现资本退出。然而，推动企业公开上市并不是一件容易的事情，单个风险投资者的力量和资源可能会受到限制。这时，联合投资策略显示出其独特的优势，它可以汇集多个投资人的资源和经验，共同助推风险企业成功上市。这种合作不仅提高了风险企业上市的成功率，还有助于最大化投资人的退出收益，实现各方的共赢（见表 16 - 1）。

表 16 - 1	风险投资不同退出方式的收益			单位: %
年份	上市	并购	回购	清算
2007	436. 07	- 15. 37	- 26. 8	- 42. 63
2008	916. 66	28. 25	- 40. 98	- 29. 13
2009	327. 75	4. 74	- 29. 47	- 42. 66
2010	736. 68	44. 95	- 21. 19	- 24. 43
2011	799. 38	44. 16	- 30. 51	- 65. 37
2012	486. 1	162. 23	29. 18	- 15. 34
2013	448. 03	24. 09	- 32. 28	- 43. 37
2014	601. 66	41. 86	- 21. 72	- 37. 56

16.5　风险投资的应用——阿里巴巴案例

阿里巴巴是风险投资领域的典范。1999 年，马云与他的 17 位合伙人在杭州创立了这家公司，最初仅有 50 万元的投资预算。然而，仅 8 个月后，公司陷入了资金困境。这是阿里巴巴的"种子期"。

在面临困境时，高盛等基金公司第一轮融资注入了 500 万美元，为公司提供了喘息之机，使其得以继续发展。此后，2000 年，软银等公司的 2 000 万美元 B 轮投资进一步推动了阿里巴巴的增长。这一时期被称为公司的"初创期"。

随着业务的壮大，阿里巴巴在成长期获得了两轮融资，分别为 500 万美元和 8 200 万美元。而公司的关键一步是与雅虎达成的交易，雅虎投资了 7 000 万美元，并提供了软银 1.8 亿美元可转债资金。这些资金的注入加速了阿里巴巴的扩张，使其从一个小型创业公司转变为一个领先的电子商务平台。

最终，阿里巴巴在 2007 年成功进行了 IPO，首次在纽约证券交易所上市，股票代码为"BABA"。这一步吸引了庞大的资金，达到了 1 500 亿美元和 4 530 亿港元，尽管公司仅售出了其 17% 的股份。这标志着阿里巴巴进入了"成熟期"。

此后，阿里巴巴于 2019 年 11 月 26 日在港股上市，市值超过 4 万亿港元，进一步巩固了其在全球电子商务领域的领先地位。从种子期到初创期、成熟期，再到如今的巅峰，阿里巴巴成功的故事展示了良好的战略规划、风险投资和商业洞察力的力量。这个案例是风险投资中的一个成功范例，为其他初创企业提供了宝贵的启示。

参 考 文 献

［1］白雪. 创业投资的组合决策模型研究［J］. 时代金融，2016（36）：345，353.

［2］蔡景澈. 我国创业投资领域的联合投资行为研究［D］. 大连：东北财经大学，2012.

［3］蔡宁，徐梦周. 我国创投机构投资阶段选择及其绩效影响的实证研究［J］. 中国工业经济，2009（10）：86－95.

［4］曹国华，廖哲灵. 联合投资在分阶段创业投资中的约束机理研究［J］. 科技管理研究，2007（7）：167－168，181.

［5］陈健. 风险投资项目选择指标体系研究［D］. 武汉：江汉大学，2013.

［6］陈劲，李佳雪. 一流创新企业成长路径［J］. 企业管理，2020（4）：113－116.

［7］陈敏灵，党兴华，薛静. 项目新颖性对联合创业投资形成的作用机理研究［J］. 软科学，2013，27（5）：16－20.

［8］陈伟德. 论创业投资中的信息不对称和委托代理问题［J］. 海南大学学报（人文社会科学版），2011，29（5）：95－100.

［9］陈艳萍，王心怡，赵柳霞. 新冠肺炎疫情对企业的影响及应对建议［J］. 财政科学，2020（5）：40－48.

［10］程惠芳，冯煜. 工业行业龙头企业产生与发展分析［J］. 浙江经济，2010（15）：26－27.

［11］党兴华，张晨，王育晓. 风险投资机构专业化与投资绩效——

来自中国风险投资业的经验证据［J］. 科技进步与对策，2014，31
（12）：7 - 11.

［12］邓行智. 创业投资中的联合投资研究［D］. 西安：西安理工大学，2006.

［13］丁海涛. 中国创业投资机构联合投资行为研究［D］. 成都：西南财经大学，2012.

［14］丁世国，张保银，酒莹莹. 运用创业投资促进区域经济发展的思考［J］. 当代经济研究，2013（2）：68 - 71.

［15］丁香香. 我国风险投资项目选择的指标体系研究［D］. 北京：北京交通大学，2019.

［16］豆红莲. 创业投资项目选择评价研究［D］. 秦皇岛：燕山大学，2010.

［17］杜传忠，李彤，刘英华. 风险投资促进战略性新兴产业发展的机制及效应［J］. 经济与管理研究，2016，37（10）：64 - 72.

［18］付启敏，刘伟. 供应链企业间合作创新的联合投资决策——基于技术不确定性的分析［J］. 管理工程学报，2011，25（3）：172 - 177.

［19］高汝熹，纪云涛，陈志洪. 技术链与产业选择的系统分析［J］. 研究与发展管理，2006（6）：95 - 101.

［20］葛丽媛. 互联网时代企业生态圈战略协同研究——基于乐视生态圈危机［J］. 中小企业管理与科技（上旬刊）. 2018（5）：28 - 29.

［21］官丽艳. 创业投资中联合投资的阶段分析及战略功能研究探讨［J］. 财会学习，2016（11）：246.

［22］巩长青. 解析风险投资的运作机制［J］. 科技经济导刊，2020，23（11）：223.

［23］管河山，刘玎玎. 证券投资组合策略的有效性实证［J］. 金融经济，2015（6）：93 - 95.

［24］郭江明. 创业投资项目评估与风险管理研究［D］. 南京：南京航空航天大学，2007.

［25］郝旭东．创业投资决策中的实物期权理论方法研究［D］.上海：上海交通大学，2008.

［26］洪瑜．创业投资策略研究［J］.商场现代化，2017（13）：167 - 168.

［27］侯青．投资基金组合的投资问题研究［J］.经济导刊，2011（12）：34 - 35.

［28］侯诗夏．创始人声誉对风险投资获取的影响［D］.重庆：重庆大学，2019.

［29］侯志杰，鉴成．风险投资与新兴产业发展的关系研究［J］.管理观察，2019（1）：154 - 155.

［30］胡国良．金融智能化转型的变革与风险［J］.中国发展观察，2018（18）.

［31］胡艳，张光辉．风险投资生态系统的构建及其特征分析［J］.武汉理工大学学报（信息与管理工程版），2007（3）：93 - 100，105.

［32］华勇．风险投资的契约机制以及风险评估对策探讨［J］.市场周刊（理论研究），2016（12）：96 - 97，177.

［33］黄利红．风险投资中的委托代理及其制度化研究［D］.长沙：中南大学，2003.

［34］黄西川，刘国柱．基于技术链与产业链交互效应的创新集群构建路径研究［A］.中国科学学与科技政策研究会．第六届中国科技政策与管理学术年会论文集［C］.中国科学学与科技政策研究会：中国科学学与科技政策研究会，2010：6.

［35］黄友艳．风险投资支持战略性新兴产业发展探究［J］.中国商论，2013（25）：55 - 56.

［36］蹇令香．基于区域产业结构理论的经济学专业人才培养［J］.航海教育研究，2018（3）：73 - 76.

［37］焦媛媛，韩文秀，杜军．组合投资项目的风险度分析及择优方法［J］.系统工程理论与实践，2002（7）：30 - 34，112.

[38] 康永博，王苏生，彭珂. 风险投资发挥监督作用了吗？——风险投资对公司创业投资（CVC）信息披露制度作用发挥的影响研究 [J]. 管理评论，2019，31（5）：203-212.

[39] 克里斯·斯金纳. 金融科技时代的来临 [M]. 杨巍，张之材，黄亚丽译. 北京：中信出版集团，2016.

[40] 孔淑红. 创业投资与融资 [M]. 北京：对外经济贸易大学出版社，2010.

[41] 李昌奕. 创业投资项目的层次化选择标准 [J]. 中国科技论坛，2007（10）：78-81.

[42] 李春宇. 风险投资项目风险预警系统研究 [D]. 大连：东北财经大学，2017.

[43] 李家凯，邹倩倩. 产业链精神：内涵、特征与意义 [J]. 商业经济，2020（9）：49-51.

[44] 李建良. 创业投资引导基金的联合投资 [M]. 北京：社会科学文献出版社，2016.

[45] 李骏. 创业投资的风险成因分析及管理对策 [J]. 企业导报，2015（17）：147-148.

[46] 李萌，包瑞. 风险投资支持战略性新兴产业发展分析 [J]. 宏观经济研究，2016（8）：123-128.

[47] 李英燕. 分散化投资降低证券组合风险的探讨 [J]. 知识经济，2018（24）：43-44.

[48] 李永周，姚莉萍. 高技术产业创业投资的风险分散机制 [J]. 科技进步与对策，2006，22（4）.

[49] 李治，陈述. 期权博弈理论在创业投资项目评价中的应用 [J]. 财经科学，2012（11）：57-65.

[50] 梁银霞. 试论风险投资中的风险控制 [J]. 财会学习，2020（9）：217.

[51] 林森，苏竣，张雅娴，等. 技术链、产业链和技术创新链：

理论分析与政策含义［J］．科学学研究，2001（4）：23－31，36．

［52］刘东霞．对创业投资中联合投资策略的研究［D］．西安：西安科技大学，2004．

［53］刘丽．联合投资在创业投资中的应用［J］．财会通讯，2014（14）：9－10．

［54］刘曼红，胡波．风险投资理论：投资过程研究的理论发展和前沿［J］．国际金融研究，2004（3）：8－14．

［55］刘琰．证券投资组合模型理论研究及应用的综述［J］．全国商情，2016（28）：77．

［56］刘洋．基于投资组合理论的创业投资财务运作研究［J］．财会通讯，2014（20）：8－9．

［57］卢军朋．风险投资对技术创新的作用研究［D］．杭州：浙江工商大学，2015．

［58］罗睿．区域经济增长差异影响因素探究［J］．中国商论，2018，762（23）：149－160．

［59］马畅，彭华淘，谢科范．联合风险投资的双赢机理与风险分析［J］．科技与管理，2003（3）：12－17．

［60］马莉，郭春荣，干秋燕，等．人才链与产业链的动态耦合分析——基于高等教育视角［J］．对外经贸，2016（6）：139－140．

［61］母海林．论创业投资构建中的"逆向选择"［J］．科技创业月刊，2006（11）：42－43．

［62］穆发兵．创业投资项目风险管理相关问题研究［D］．广州：暨南大学，2011．

［63］倪文新，袁娜．我国风险投资发展区域失衡的影响因素研究［J］．武汉金融，2012（11）：22－24．

［64］彭福扬，曾广波，彭祝斌．创业投资的风险分散机制研究［J］．财经理论与实践，2003（2）：41－46．

［65］齐亚伟，陈洪章．我国区域产业结构的投入产出关联特征分

析［J］. 宏观经济研究，2017（9）：81 - 92.

［66］祁梦昕. 云计算与大数据环境下的互联网金融［M］. 武汉：武汉大学出版社.

［67］钱水土，周春喜. 风险投资的风险综合评价研究［J］. 数量经济技术经济研究，2002（5）：45 - 48.

［68］钱颖，孙竹. 中国清洁能源产业中风险投资现状及发展对策研究［J］. 中国能源，2019，41（7）：24，41 - 46.

［69］饶建，刁节文. 新兴行业风险投资研究［J］. 物流工程与管理，2016，33（11）：129 - 130.

［70］阮娴静，刘骅. 产业链技术链接中供求双方关联效应分析——基于武汉汽车电子产业链的实证研究［J］. 科学管理研究，2003（5）：25 - 23.

［71］赛迪区块链研究院.《2018 - 2019 中国区块链年度发展报告》解读：210 - 218.

［72］帅领. 基于实物期权的创业投资决策方法探讨［D］. 南昌：江西财经大学，2010.

［73］宋佩萱. 组合投资与科技创业风险投资特性研究［J］. 中国市场，2017（26）：83 - 86.

［74］孙翠翠. 创业投资项目决策中的实物期权方法研究［D］. 青岛：青岛理工大学，2012.

［75］孙丰，司景成，张振兴，等. 紧扣"产业链"锻造"人才链"［N］. 承德日报，2017 - 12 - 16（001）.

［76］孙洁. 浅析中国风险投资业的发展现状［J］. 黑龙江科技信息，2016（7）：298.

［77］孙晓梅. 风险投资发展影响因素评析［J］. 学术交流，2009（11）：105 - 107.

［78］孙欣睿. 我国创业风险投资在投资阶段的倾向性变化及其原因［J］. 经营与管理，2014（6）：65 - 69.

[79] 谭人友，房四海．风险投资的组合投资策略：实证文献回顾的视角［J］．武汉金融，2016（7）：13 – 18.

[80] 唐海滨．企业成长的主要途径和方式［J］．企业活力，1992（12）：36 – 38.

[81] 田文奇，邱家学，吴江．创业投资的分阶段投资策略［J］．中国医药技术经济与管理，2008（11）：78 – 81.

[82] 田洋洋．联合创业投资对战略性新兴产业企业技术创新能力的影响研究［D］．无锡：江南大学，2017.

[83] 万潇，清科研究中心．清科报告：《2018 年中国独角兽企业研究报告》重磅发布，谁是下一个独角兽．

[84] 王春华．论风险投资的风险控制机制［J］．求是学刊，2001（5）：60 – 64.

[85] 王恩群，周莉．风险投资策略［J］．北京商学院学报，2000（5）：22 – 25.

[86] 王发明，毛荐其．技术链、产业技术链与产业升级研究——以我国半导体照明产业为例［J］．研究与发展管理，2010，22（3）：19 – 23.

[87] 王君萍．风险投资中的委托代理问题研究［D］．咸阳：西北农林科技大学，2006.

[88] 王丽燕．风险投资的组合投资决策模型研究［J］．武汉理工大学学报（信息与管理工程版），2006（10）：146 – 148.

[89] 王琳．深创投投资运作方式对被投资企业技术创新的影响研究［D］．石家庄：河北经贸大学，2018.

[90] 王千华，林晖．论高新技术创业投资市场的法律制度体系［J］．学术研究，2001（6）：84 – 89.

[91] 王庆民．国有创业投资风险管理研究［D］．北京：北京交通大学，2009.

[92] 王荣德．诺贝尔科学奖中的"人才链"及其启示［J］．科学

学研究，2000（2）：70－76，112.

［93］王瑞珍. X 创投公司风险投资项目决策方法应用研究［D］. 西安：西安石油大学，2020.

［94］王艳蕊. 智能金融对银行业带来的影响［J］. 全国流通经济，2018，2186（26）：92－93.

［95］王育晓. 创业投资机构间的资源互补与联合投资的形成［J］. 西安工业大学学报，2013，33（9）：724－730.

［96］王峥. 风险投资对创业企业投资行为的影响［J］. 金融经济，2019（6）：33－34.

［97］温红钰. 新基建——风险投资的新出路［J］. 现代商贸工业，2020，41（20）：127－123.

［98］吴后宽. 价值投资理论与组合投资理论思想逻辑比较——兼论价值投资理论的应用原则［J］. 财会通讯，2012（12）：98－100.

［99］吴静杰. 风险投资项目筛选决策的特征研究［J］. 中小企业管理与科技（上旬刊），2020（3）：167－163，174.

［100］吴亦婷. 风险投资双重委托代理关系风险与控制［D］. 北京：北京交通大学，2016.

［101］吴远. 风险投资的风险识别及评价、控制分析［J］. 中国商论，2019（14）：32－33.

［102］夏恩君，许春永. 风险资本组合投资研究［J］. 科技与管理，2005（2）：72－74.

［103］向俊文. 基于马克维茨投资组合理论的股票投资策略［J］. 中国证券期货，2012.

［104］项海容，刘星，李建军. 风险资本联合投资研究综述［J］. 中州学刊，2008（5）：78－80.

［105］肖国金，毛冬，徐红艳. 创业投资的组合管理［J］. 煤炭经济研究，2001（9）.

［106］解龙菊. 我国创业投资的风险管理对策［J］. 中小企业管理

与科技（下旬刊），2011（11）：85 – 86.

[107] 谢雅萍，宋超俐 . 风险投资与技术创新关系研究现状探析与未来展望［J］. 外国经济与管理，2017，39（2）：47 – 59.

[108] 徐晓凯 . 风险投资业在我国的现状及发展对策研究［J］. 东方企业文化，2013（8）：33.

[109] 徐旭初 . CAPM"导入"项目投资决策分析初探［J］. 财贸研究，2002（3）：100 – 103.

[110] 徐志稳 . 私募股权投资对创业企业经营绩效影响的研究［D］. 上海：上海师范大学，2018.

[111] 燕飞，张崇岐 . 组合投资的试验设计方法研究［J］. 数理统计与管理，2016，35（1）：142 – 153.

[112] 杨帅 . 智能金融交易系统对传统金融交易模式的冲击［J］. 商场现代化，2018，881（20）：129 – 130.

[113] 杨涛 . 互联网金融创新走向何方［J］. 浙江经济，2017（11）：10 – 11.

[114] 杨艳萍 . 创业投资的风险分析与风险控制研究［D］. 武汉：武汉理工大学，2003.

[115] 姚菲 . 风险投资文献综述［J］. 科技经济导刊，2020，23（6）：224.

[116] 叶金 . 创业投资机构的风险管理研究［D］. 郑州：河南工业大学，2015.

[117] 殷小敏 . 中部地区市域经济发展差异及影响因素分析［D］. 蚌埠：安徽财经大学，2018.

[118] 于德海 . 发展自己的产业链、人才链、技术链［J］. 经济导刊，2019（9）：60 – 62.

[119] 袁继国 . 风险投资对公司治理的作用机制研究［D］. 成都：西南财经大学，2013.

[120] 袁新敏，张海燕 . 创业投资推动区域创新发展机制研究——

基于专利与高新技术产业视角 [J]. 青海社会科学, 2018, 231 (3): 119-126.

[121] 曾星瑞. 互联网行业创业投资项目风险类型及控制措施分析 [J]. 商业经济, 2018 (1): 88-90.

[122] 张蓓佳, 侯合银. 基于技术创新影响下的创业企业组合投资研究 [J]. 企业经济, 2012, 31 (11): 16-19.

[123] 张东生, 刘建钧. 创业投资基金运作机制的制度经济学分析 [J]. 经济研究, 2000 (4): 36-40.

[124] 张光辉. 我国风险投资生态系统的构建及演进机制研究 [D]. 武汉: 武汉理工大学, 2007.

[125] 张辉. 风险投资中的组合投资探讨 [J]. 科学管理研究, 2002 (4): 46-49.

[126] 张明喜, 郭戎. 中国创业创业投资的发展近况及思考 [J]. 中国科技论坛, 2015 (2): 20-26.

[127] 张学勇, 廖理. 风险投资背景与公司 IPO: 市场表现与内在机理 [J]. 经济研究, 2011, 46 (6): 118-132.

[128] 张忆琳. 我国创业投资空间布局及影响因素实证分析 [D]. 杭州: 浙江大学, 2018.

[129] 张铮, 高建. 创业投资退出理论研究 [J]. 特区经济, 2005 (5): 202-203.

[130] 赵骅, 钱进. 基于信息不对称条件下的创业投资组合激励模型 [J]. 工业工程, 2008 (4): 86-89, 104.

[131] 赵静梅, 傅立立, 申宇. 风险投资与企业生产效率: 助力还是阻力? [J]. 金融研究, 2015 (11): 159-174.

[132] 郑辉. 风险投资双重委托代理研究 [D]. 上海: 复旦大学, 2007.

[133] 郑又源, 陈洋林, 何砚. 风险投资决策影响因素文献综述 [J]. 经济研究导刊, 2018 (23): 8-11.

［134］郑云涛. 创业投资企业的经营风险管理机制探讨［J］. 市场研究，2019（4）：52－53.

［135］中国创业投资研究院. 创业投资家 创业投资从业培训教程［M］. 2017.

［136］周伶，郭戎，王乃磊. 影响企业获得风险投资的特质因素研究［J］. 中国软科学，2014（11）：105－114.

［137］朱斌，吕鹏. 中国民营企业成长路径与机制［J］. 中国社会科学，2020（4）：138－158，207.

［138］朱剑裕，清科研究中心. 清科报告：投后管理助你实现弯道"超车"，《2018 年中国 VC/PE 机构投后管理调查研究报告》.

［139］朱文彬. 实物期权理论与创业投资价值评估［J］. 中国创业投资与高科技，2003（10）：56－57.

［140］Aoki，Masahiko. Innovation in the Governance of Product－System Innovation. The Silicon Valley Model［J］. SIEPR Policy Paper，2000，No. 00－03.

［141］Carmelo Cennamo，Juan Santalo. Platform competition：Strategic trade-offs in platform markets［J］. Strategic Management Journal，2013，34（11）.

［142］Florida R I，Martin K. Venture Capital，High Technology and Regional Development［J］. Regional Studies，1988，22（1）：33－48.

［143］Paul Gompers，Josh Lerner. An Analysis of Compensation in the U. S. Venture Capital Partnership［J］. Journal of Financial Economics，1999（51）：3－44.

［144］Saku J Mäkinen，Juho Kanniainen，Ilkka Peltola. Investigating Adoption of Free Beta Applications in a Platform－Based Business Ecosystem［J］. Journal of Product Innovation Management，2014，31（3）.